# 最美的教育最簡單

尹建莉 著

最美的教育最簡單：做孩子的後盾，以最自然的
養育建立內在力量／尹建莉著 . -- 初版 . -- 臺北
市：遠流 , 2015.08
面；　公分 . --（親子館；A5029）
ISBN 978-957-32-7671-5（平裝）

1. 親職教育 2. 子女教育

528.2　　104011812

親子館 A5029
最美的教育最簡單
做孩子的後盾，以最自然的養育建立內在力量

作者——尹建莉
主編——林淑慎
特約編輯——楊菁
美術設計——雅堂設計工作室
行銷企劃——葉玫玉、叢昌瑜

發行人——王榮文
出版發行——遠流出版事業股份有限公司
100 臺北市南昌路二段 81 號 6 樓
郵撥——0189456-1
電話——（02）2392-6899
傳真——（02）2392-6658
法律顧問——董安丹律師
□ 2015 年 8 月 1 日　初版一刷
售價新台幣 350 元（缺頁或破損的書，請寄回更換）

ISBN 978-957-32-7671-5
遠流博識網
http://www.ylib.com　E-mail: ylib@ylib.com

# 順其自然，海闊天空

洪蘭

這本書獲選大陸二〇一四年的好書，八月份出版後立刻躍居中國亞馬遜網路書店家庭教育類排行榜的第一名。只要讀過尹老師前面作品的人完全不會覺得驚訝，因為尹老師的書寫行雲流水，理論與實務兼備，讓人拿起來就捨不得放下，是一本滿足心靈饗宴的好書。

她的第一本書《好媽媽勝過好老師》一語道破教育的真諦——品德。在小的時候教好了品德，孩子一生受用不盡。她的第二本書《最美的教育最簡單》更重要，教育本來就不是複雜的事，順著孩子的天性去帶他，水到渠成，樸素而簡單，如同柳宗元在《種樹郭橐駝傳》中說的：「凡植木之性，其本欲舒，其培欲平，其土欲故，其築欲密。」順其自然，樹就長大了。眼看現在的教育被搞得這麼複雜，不由得教人好奇，究竟有沒有必要？我們是不是該檢討一下？

臺灣的教改已改得父母無所適從，我每次看到報上在討論比序、積分，都很慶幸我孩子生得早，所以逃過了這個浩劫，也慶幸我生得更早，在那個聯考時代，把課本搞懂便天下搞定，我不曾補過習，家裡也沒有錢送我去上才藝班，我一樣成長，在專業上找到自己的天地。所以我特別喜歡尹老師的第二本書，最美的教育就是最簡單的教育，給他環境，適度的監督，只要不長歪，海闊天空，長多高多大都沒關係。這也是我對臺灣（或是整個東南亞的教育）要不停的考試很反感的原因。一千多年前，柳宗元就告訴我們種樹不可以一直挖起來看長根了沒有，現在的教育卻一個月挖起來一次。只要做過園藝的人都知道，這種方式樹活不了，因為它沒有機會 settle down。每個孩子開竅的早晚不一樣，如果你的孩子開竅在段考之後，你想他有多可憐？在小學階段，一年會考一次就好了，不必每個月不停的考。

另外中國的教育也不准孩子犯錯，其實給孩子一點犯錯的自由是必要的，現在的孩子可以安心做自己、展現自己的空間太少了，甚至可以說幾乎沒有。我小時候臺灣貧窮，大多數孩子沒有自己的房間，晚上是睡榻榻米的通舖，白天家裡也到處都有大人在活動，不論做什麼事都有眼睛在監督。當時家裡只有外公外婆和父母有獨立的房間，有一次，我趁媽媽外出時，偷偷進她房間想試穿她的高跟鞋，當我打開衣櫥的門，拿出鞋子還未穿上，突然有個聲音說「不可以，放回去」，我大吃一驚，回頭一看，原來外婆睡在我媽媽的床上，因為房間黑我沒有發現床上有人。這次事件使我後來一直主張給孩子一點做壞事的空間，滿足他的好奇心；鞋子穿一下不會壞，卻可以滿足我體會踮腳走路的好奇心。所以對尹老師敢違背當時的社會風氣，讓她的女兒圓圓去畫牆，給她空間，真是敬佩。

請記得當你說「不行」時，要指出一條可行的路來。黃春明家的牆有兩條平行的塗鴉，上面那一行是老的塗的，下面那一行是小的塗的。黃春明說得很對，探索是動物的本性，給孩子一個空間去表達他的想法，牆塗滿了，用白油漆一刷又是一面新牆，為什麼不准孩子畫牆？他之所以辦《九彎十八拐》就是要給年輕人一個發表的空間。

其實，書中每一則故事都是一個觀念的啟發或革命，例如父母太有本事，孩子自然就沒出息，對照靈長類的研究者發現，黃昏時小黑猩猩會把藤蔓牽在一起做一張床，這時大黑猩猩就會去搶小黑猩猩搭好的床來睡，可見好逸惡勞是動物的本性，要養成勤勞的習慣必須要從小訓練；「不要把牛頓培養成牛倌」使我想起一個學生曾經跟我說：假如牛頓的媽媽像他媽媽一樣嘮叨，牛頓不會有今天；「隔代教養隔開生命的聯結」很值得今天魚與熊掌都想要的父母三思；「求完全是最不完美的做法」真是說得太對了；看到書中關於「選擇幼兒園的建議」我才發現雖然兩岸分隔了六十多年，父母對孩子教育的態度竟然在這方面是完全相同的。

總之，這是一本生動、實用的教養書，父母在忍不住把孩子跟別人比時，不妨拿出來再看一遍，它會導正你很多錯誤的觀念。（本文作者為中央大學教授，教育與神經科學專家）

推薦序2

# 選擇一條無人拜訪的美麗小徑

吳曉樂

這是一本非常美的書。

對於坊間的育兒書，我時常是抱持遠觀的微妙心態。根據過往的經驗，當我們在討論教育時，因著臺灣向來對於成功神話的情有獨鍾，也或許是瀰漫亞洲社會的風氣，習慣將優異的個人成就歸於適宜且「正確」的家庭教養。多種壓力的匯流之下，時常可以見到一群焦慮又自我懷疑的父母，在各家經典學說面前戰戰兢兢、反覆諮詢比較，就怕稍有閃失，自己的小孩沒有順遂搭上成功典範的列車。

我曾簡單地將教養書籍依照問市先後做個分類，第一代瀰漫著濃濃「我一定要成功」的氛圍，那時的書多半會有一個「就讀國外名校」的亮眼範本作為參考；而相較第一代，第二代顯得比較有彈性，除了展現出部分對臺灣教育風氣的反思外，最主要的特色就是洋溢著濃濃的異國風情，借鏡大量國外的育兒經。我無法預測更之後的教養書該是做什麼模樣，但有個小小的心願是，希望在那樣的風景之中，向孩子偏心一點吧。過往的教養書，不管怎麼更易，都不脫一個特色，那是身為家長對於一個「完美的」、「有想像力的」、「有競爭力的」、「有金錢觀念的」，在那些凝視之中，得以清晰看見家長本人對孩子的期待與藍圖規劃，而看不清楚這個孩子自身的存在，包括他的想法（是否喜愛這樣的凝視？）。這點一度讓我深感不安，教育，既是發生在人與人之間的事，也許是親子，也許是師生，當我們在討論教育時，是否該讓兩者的聲音對稱一點？

是以，這本《最美的教育最簡單》很快地就得到我的共鳴，在每一個章節與標題之間，都可以感受到作者很清楚地意識到，教育不應只停留在家長單向的想望與凝視，其中絕對有小孩存在發聲的空間。所以在作者的想法與觀念錯落之中，都能找到一個可愛的小女孩的身影──圓圓，她不僅現身，非常具有生命力，她有自己的聲音，有自己的思維，有她理解世界的方式，每一次她的出場，帶來另一種思維，也可以讓我們更具體地意會到：教育如同裁衣，必須柔軟、彈性、量身設計、重視對方的感受，唯有如此，穿衣的對象在行止時，才可以得到最大程度的發展而不是制約，下一次他又穿衣，心中的感受是期待，而不是排斥。

這點我覺得是彌足珍貴的。如今，說到教育，每一層面都顯得舉步維艱，甚至有些人直接表達對於討論這一議題的不情願。我曾感到不解，後來仔細地詢問之下，才發現他們下意識拒絕地不是「教育」，而是從前那些不歡快的「教育經驗」，可能是來自師長方面的攀比心、長期處於競爭心態下的抑鬱、以及表現不盡人意時所遭遇的挫敗與被遺棄感。而這些失落的感受，在這本書中，作者都做了很清晰的解釋與說明，在閱讀的當下，既欣喜於這本書的出現，卻又冷不防想起那些對教育、對自己不再感到信賴的面孔，若在他們的成長經驗中，也有人以這樣充滿從容與尊重的目光陪伴在旁，也許他們此時踏出每一步時，是更有自信的。

最後，這本書之於我個人，還有個特殊意義，作者在很多思考的脈絡與行動的採擇上是師法約翰．杜威（John Dewey）。最初我開始思考教育議題時，大塊出版社董事長郝明義先生立即從架上取來杜威的《民主與教育》一書，要我仔細精讀。捧卷時確實深受啟蒙，杜威的主張是非常有活力的，強調實踐的重要性，也很珍視每一個「孩童」存在的價值。然而，杜威的描述偶爾不那麼近人。在此，必須感謝作者用一些俏皮、活潑且充滿畫面感的故事，讓讀者得以從容、優雅地走入這樣一條親近生活教育的途徑。這條小徑也許不那麼知名，拜訪的人跡也不特別多，但是我相信，當你願意走進來，你可以看見比過往更清麗的風景。（本文作者為新生代作家，《你的孩子不是你的孩子》作者）

推薦序3

# 兩個書名，兩個教育發現

朱旭東

幾年前，尹建莉拿來她的第一部家教書稿《好媽媽勝過好老師》，書中傳達的有心無痕的教育理念已讓我略有驚訝。現在又讀到她的第二部書稿，流淌在字裡行間的教育的美麗和質樸，再次讓我有眼前一亮的感覺。她的第一本書已獲得很好的社會反響，從這部《最美的教育最簡單》來看，尹建莉的研究和寫作又上了一個台階。

在這本書中，她的角色從家長完全進入到研究者的身份中，寫作更進一步地從個體經驗進入到群體經驗，從經驗理性進入到學術理性，從個案思考進入到對更廣泛社會教育問題的關注。尹建莉在自己的專業上一直不斷成長，同時又引導著廣大家長進入專業成長的軌道，這種引導力在本書中呈現得更為突出。

本書的每篇文章各自獨立，整本書卻渾然一體，因為其內部始終有一個非常清晰的邏輯框架。這個框架不是文字結構上的教條，而是遵循了發現問題（problem）、提出問題（question）、分析問題和解決問題這樣一個科學認知的規律。她深入地觀察生活，敏銳地發現問題，勇敢地剖析問題，並且積極地給出建議，這樣的思考路線和專業素養貫穿始終。

尹建莉的這本書和她的前一本書《好媽媽勝過好老師》主要落腳點在家庭教育上，兩部作品一定程度上填補了教育學在家庭教育方面的空白，彌補了政策和學院理論無法對個體教育生活形成細節關懷的不足。

一個兒童的成長，任務很多，如認知與情感的發育，道德與公民性的成長，個性與社會性的協調，健康與安全意識，藝術與審美品味，興趣與學業平衡等等。這些需要家庭和學校兩方面合力完成。兒童的智力、情感等方面的發育主要經由家庭來實現，社會性和認知發展等方面則主要通過學校來完成，家庭教育和學校教育必須相輔相成。比如一個孩子，他在學校哪怕僅僅是和同學打一場籃球，除了表面上的碰撞和衝突，更多地領略到的是競爭、合作、角色、關心、幫助、接納等意識，這些體驗是家庭教育難以孤立地給予的。

教育要發展兒童的個性。個性不是孤僻，是在遵循社會普遍規則、準則基礎上所表現出來的與眾不同。越是個性越應該具有融合性、社會性，大家因為不一樣才會在一起，由個性組成的群體，才是豐富的，才會和諧。家庭教育和學校教育合力而為，才能塑造出優秀的人才。

從《好媽媽勝過好老師》到這本《最美的教育最簡單》，兩個書名概括出兩條教育真理，對當下很多人的認識來說，猶如新發現。雖然從書稿中也看到了尹建莉在面對種種教育問題時，有糾結和煩惱，但相信她對教育的熱情始終飽滿，希望她在今後的研究和寫作中繼續有佳作誕生，為家庭教育的研究拓展出更寬的路。（本文作者為北京師範大學教授，博士生導師）

# 目錄

前言

# 生命中最美的饋贈

小時候聽過一個「手端銀碗討飯吃」的故事。說的是有三位父親經常到廟裡為兒子祈福，天長日久感動了菩薩。有一天他們同時被菩薩請去，允許他們從眾多的寶物中每人挑一樣，回去送給兒子。第一位父親挑了一只鑲嵌著寶石的銀碗，第二位父親挑了一輛包滿黃金的馬車，第三位父親挑了一副鐵鑄的弓箭。

得了銀碗的兒子每天熱中於吃喝，得了金馬車的兒子喜歡在街市上招搖，得了弓箭的兒子整天在山野間狩獵。多年後，三位父親去世，愛吃喝的兒子坐吃山空，把碗上的寶石摳下來變賣完，最後不得不手端銀碗討飯。愛招搖的兒子失去了招搖的資本，每天從金馬車上剝一小片金子，換點糧食辛苦度日。會打獵的兒子練就了一身狩獵好功夫，經常扛著獵物回來，一家人有酒有肉有穿有吃，一輩子不發愁。

這個樸素的民間故事寓意是深刻的：作為父母，如果我們留給孩子的只是一些消耗性的財富，是不可靠的；只有給孩子留下一些生產性的、可持續性的財富，才是真正對他們一生負責。

時代發展到今天，什麼是我們能送給孩子、可保障他們一生幸福健康的最可靠寶物呢？從教育的角度來說，這幾樣東西最重要。

第一件寶物是「閱讀」。閱讀不但可以塑造一個孩子的智力，還可以塑造他的心理品質。因為任何一部書，只要它是一本好書，往往充滿真善美的情懷，會對孩子形成潛移默化的影響。

第二件寶物是「自由」。給孩子自由，不是對孩子放任不管，而是意味著你必須給孩子「三權」：選擇權、嘗試權、犯錯權。一個人，首先是個自由的人，才可能成為一個自覺的人。

第三件寶物是「良好表率」。給孩子做出表率，不僅是你在外人面前是什麼樣子，更重要的是你和孩子相處時是什麼面貌。和孩子如何相處，是最直接最有效的教材，你能教給孩子的，全寫在這裡面了。

孩子和孩子是一樣的，又是不一樣的。家長的任務，是幫助孩子健全地發展自己。教育家杜威（John Dewey）說過：「一切教育的最高目的是形成性格。」在每個人的生命成長中，沒有比家長更重要的老師。

不過，教育的匪夷所思之處，或者說和其他事情最大的區別，就是目的和結果的背離。很多家長的願望和努力，不但沒轉化成生產力，反而變成了破壞力，這樣令人痛心的例子比比皆是。無數相似的兒童，每天會有千萬種不同的生活細節；而當下關於教育的新概念、新名詞越來越多，使很多家長反而不知所措——所有這些情況，讓不少家長感歎，教育孩子這件事好難好複雜。

一位諾貝爾物理學獎得主曾說過，「物理是最簡單的科學」。教育學亦如此，最美的教育最簡單。教育不是一堆技術指標、專業術語和硬梆梆的言行，教育有其精美的內在秩序，即教育原理。把握到原理，就是把握到教育的萬能鑰匙，可以打開無數癥結之鎖。這對每位家長來說，其實都不是難事。家長和家長的差別，經常不是身分、地位或文化程度的差別，而是教育理念決定的手段上的差別。手段的不同，區分出你給孩子的到底是銀碗、金馬車還是一副良弓。

本書是我的第二本家庭教育作品，較前一本《好媽媽勝過好老師》，本書感性描述略少，理性分析較多，仍採用案例寫作的方式，同時繼續堅持雅俗共賞的風格。每篇文章的切入口或核心案例往往很小，大家都司空見慣，陳述的道理卻比較大，但這種「大」往往是歸於簡潔，而不是繁複。我希望通過自己的專業知識，簡化教育這件事，讓所有的家長都能意識到，原來美好的教育是簡單的，自己也可以成為教育專家。

書中有不少觀點會對某些流行的認識形成衝擊，但所有觀點都是我經過審慎的思考後寫下的。因為每一篇孤立的文章都篇幅有限，不可能對所涉及的觀點進行全方位的鋪陳。所以如果你在讀某篇文章時，覺得作者說話有失偏頗、解釋不足或不易理解，請不要急，這一篇中沒能盡情闡釋的東西，可能在另一篇中有比較詳盡的論述。本書有著統一的邏輯和價值觀，它的一切論點都建立在經典教育學和心理學基礎之上。經典永不過時，而人性總是相通的。一切教育如地球上的陸地，表面看各板塊距離很遠，有大洋相隔，其實大海下面它們全部是相連的。只有深入地看，才能全面地看、簡單地看。

我自己有一個閱讀經驗，一本有深度的書必須讀幾遍，才能理解得透徹。在這裡我也把這個經驗分享給本書的各位讀者，分享的意識也是源自很多閱讀過《好媽媽勝過好老師》的讀者的回饋。他們說，讀我這本書時，會經歷以下不同的階段。

第一遍，認可作者的觀點，也羨慕作者能做得那麼好。但覺得自己遇到的情況和作者遇到的不一樣，並且作者的做法太細膩，感覺自己學不來。放下書後，遇到事情還是不知道該怎麼處理。

第二遍，會發現前一次閱讀原來很粗略，儘管每個字都讀過，卻忽略了很多重要資訊。直到再次閱讀，才發現不少迷惑的事情原來書中是有答案的。而且新的閱讀會讓自己透過故事開始領略背後的教育原理，對於自己該如何做，開始心中有數了。

第三遍，發現許多不同的故事背後運用的原理其實是相同或相通的，歸納起來也很簡單。這其實就是有了融會貫通的能力，這時再遇到什麼事，就會不知不覺地把一些原理運用到孩子身上，效果也能立即顯現。

這裡說到的「三遍」，不是一個非常確定的次數，因為家長的閱讀基礎和認知基礎不一樣，因人而異吧。總之，閱讀的次數和獲得的教育水準及信心肯定是成正比的。希望大家在讀過本書後，最終都會說：教育孩子原來好簡單啊！這就是對我的最大的肯定與讚美。

我的這本書主要是寫給家長的，它能在多大程度上被大家接受並感覺受益，一方面取決於我的努力程度，另一方面也取決於讀者，取決於你的接納程度。這本書雖然由我寫成，但要實現它的社會價值，卻需要由親愛的讀者和我共同完成。世間萬事常講一個「緣」字，我的書如果讓我們雙方有緣，那是我們彼此的福分，除了珍惜，唯有向上蒼感恩。

不是會生孩子就會做父母，在當代，做個好家長必須學習，教育的真正準備是完善自己。一個人沒辦法選擇自己有什麼樣的父母，但可以選擇自己成為什麼樣的父母。無論你置身都市還是鄉村，是貧窮還是富有，是高官還是平民，你都可以把最好的教育送給孩子——讓孩子成為一個身心和諧的有用的人，這是每位父母都有能力送給孩子的最寶貴的財富，是生命中最美的饋贈。

# 第一篇

# 保衛純真童年

# 1 給孩子一面塗鴉牆

一個缺少嘗試、不犯錯誤的童年是恐怖的，它並非意味著這個孩子未來活得更正確、更好。也許恰恰相反，由於沒有童年探索的鋪墊，他的認知基礎反而很薄弱，在未來的生活中不得不花費更多的力氣去辨識世界、適應生活；很有可能一生都活在刻板、無趣和謹小慎微中，甚至是自暴自棄的墮落中。

畫畫是兒童的一種天性，到處亂畫幾乎是一種必然。

我女兒圓圓在兩歲左右發現了筆的奇妙後，就興致勃勃地往她所有能接觸到的東西上亂畫。奇怪的小人兒和線條開始是落在童話書上，然後就上了我和他爸爸的書、日記本及我們的相簿。我們當然也給她白紙，讓她盡量畫在紙上，但她似乎不願受此約束。既然管不了，我們一般就不管她，實在不能讓她亂畫的東西，就收起來，不讓她接觸到。她後來還往傢俱上畫，我們告訴她不可以這樣，並趕快把傢俱擦乾淨了，有的擦不乾淨的，也不會因此責罵她。遇到這種情況，只能換個想法，把她的破壞看成是可愛的創作，想著等她長大了，如果這些傢俱還在，正好可以讓她看看自己小時候多麼淘氣。

後來，圓圓不知從什麼時候開始對畫在牆上發生了興趣，一開始我們有些心疼白白的牆壁被她畫得亂七八糟，就在牆上貼了很大的白紙，告訴她畫在白紙上。但很快發現她真正的興趣除了在「畫畫」上，更是在「畫在牆上」。這個小傢伙表面聽我們的話，背地裡總是偷偷越出紙界，在牆上落下筆墨，彷彿是一種挑釁。

意識到她的興趣後，我們趕快修正自己的想法，不但沒批評她，反而饒有興致地欣賞她在牆面上的「創作」，我還故意對她爸爸說，難怪古人要畫壁畫，原來畫在牆面上的東西和畫在紙上的感覺確實不一樣。圓圓看我們不在意她的破壞行為，又往牆上畫了幾次，就不再有興趣了。而我們的心態放平了，確實也越來越能看出她的塗鴉之美。

到她小學一年級時，我們換了一間新房子，很精心地裝修過，雪白的牆壁似乎又刺激了圓圓的繪畫興趣，搬到新家時，她表示很想在這上面畫些什麼。我和她爸爸就決定空出大大的一面牆，不擺放傢俱，專門給她塗鴉。圓圓一聽高興極了，立即拿出一盒彩筆創作起來。

因為我們一直以來很聽她的話，所以已是小學生的圓圓也學會了「聽話」，我們要求她只畫在這一面牆上，不要亂畫到別處，她答應了，也能做到。當時她有幾個同學喜歡放學後來我家玩一會兒，小姑娘們第一次來我家看到塗鴉牆時，總是很吃驚。當她們知道自己也可以像圓圓那樣隨意往這面牆上畫或往上粘貼東西時，更是驚喜，往往會立即行動起來。

到圓圓小學畢業時，這面牆已是非常豐富了。不少到我家的人看到這面牆都覺得有點不可思議，精心裝修的房子，怎麼捨得讓孩子把一面牆弄成那樣子？我總是開玩笑回答說，這是一堵藝術牆啊，多好看！

我說的是真心話，我越來越意識到，兒童都是繪畫天才，也是創意天才。在他們拿著一支筆恣意塗畫時，其實是在啟動自己的藝術才華。我經常在端詳一些兒童畫時心生感動，那種真誠、樸素和表達上的自由灑脫，是任何人教不出來、任何技巧難以到達的境界。如果你真的能用心去看一幅孩子的畫，就一定不會把孩子在牆面上的創作看成是破壞。我由衷地喜歡家中這面牆，擺一組傢俱或掛兩幅字畫難道就能比圓圓和小朋友們畫上去的公主、王子或不知所云的線條、各種顏色的貼紙更美更動人嗎？一面牆的光潔值多少錢？即使你不喜歡孩子亂塗亂畫，也可以「忍痛割愛」，把這份自由和快樂送給孩子，過幾年把牆重新修整一下不就行了。而孩子回報你的，往往是無法以價錢衡量的才華和豐沛的情感。

經常有人問我如何培養孩子的想像力，我的答案是：想像力不用培養，不限制就是培養。在教育上，並非家長做得越多越好，有時恰恰相反。尤其在培養孩子想像力方面，我認為「少就是多」是一條黃金法則。

因為成人常常受制於經驗和常識的束縛，自己如果不是想像力豐富的人，在培養孩子想像力方面其實非常有限。賣菜的小販可以秤出一筐馬鈴薯的重量，但他不相信有人會秤出地球的重量，在他的常識中，秤重只有一桿秤。家長不要以自己的有限，來理解和指導一個有無限可能的孩子。如果你想培養一個能算出地球重量的人，最好不要把他的思維早早地固定在秤桿上。減少干涉，才能給孩子留下開闊的思考空間。

兒童本身都有豐富的想像力，如果他在生活中很少遇到這個不許動、那個不能那樣做之類的限制，並且他早早地接觸了書籍，能從書籍這扇窗中望出去，看到現實以外的世界，那麼想像力就可以得到正常發展。大約在圓圓四、五歲時，我給她買了一套《恐龍》，通過那套書圓圓了解到，恐龍生活在很久很久以前，曾是地球的主宰，後來因故滅絕，現在只能在博物館看到牠們的化石。圓圓有一天又翻看這本書，突然問我，「媽媽，以後是不是就該有本《人》書了？」我乍一聽，愣了一下，然後就明白了。是啊，現在人是地球主宰，誰能保證億萬年後，「人」不是另一種文明生物談論到的遙遠的「恐龍」呢？

有人說過，兒童是天生的哲學家，我十分相信這句話，只有在一個自由的靈魂中，才能產生真正的自我思考，才能產生想像力和創造力。這種力量，必須在幼兒期萌發、茁壯，否則就會萎縮。

圓圓大約四歲時，有一天在茶几上擺弄一根鞋帶，她把鞋帶中間繞個大圓，兩頭在圓的兩側直垂下來，像一個梳著直披肩髮的頭像，她說這是媽媽。我一看，真的很像，表示出驚喜。她接著用這根鞋帶擺出了蝴蝶結、小豆苗、大蟒蛇、蜜蜂、剪刀、帶把的氣球等等，甚至擺出了一個紮著羊角辮的小圓圓，都十分傳神。因為當時只有傳統相機，捨不得浪費底片，我就找張紙，把她擺出來的造型都畫下來。後來，幾乎所有看到這張紙的人都會為圓圓的造型能力驚歎。這當然首先是圓圓的天賦所在，但我們作為家長，至少沒有壓抑和破壞她這份天賦。

幾乎每個孩子都帶著某種天賦和偏好出生，「給孩子一面塗鴉牆」並非宣導孩子滿家亂畫，這裡想強調的是：不要阻止孩子的創造力和好奇心，給他一些「搞破壞」的機會，它價值千金。家長為此付出的不過是一點時間、一點金錢和一點耐心。假如孩子在自己家中活得縮手縮腳，經常為一些無心之過遭到責罵，家庭就沒有為他提供最適宜的生長條件。牆面可以修舊如新，損失的錢可以賺回來，孩子的愛好和創造力掐滅了，可能永遠無法重新燃燒。

檢驗你的孩子在家中是否獲得了尊重和自由，家庭是否為他提供了一個放飛想像的空間，這裡有一道簡單的自我測驗題：當孩子不小心闖了禍，如打破杯子或碰翻電腦，他的第一個反應是為那損壞的東西而難過，出現內疚情緒，還是急於看你的臉色，出現辯解的行為？

有位家長說她很用心教育孩子，可是兩歲的孩子特別不聽話，總是什麼都要亂動，不讓動就大哭，她每天為此和孩子發生好多次衝突，感覺很抓狂。

也許這位家長理想中的孩子應該除了玩具什麼都不亂動，要動也會提前徵求家長意見。天下有這樣的孩子嗎？如果她知道我女兒圓圓小時候不僅是什麼都喜歡動一動，還經常搞破壞，是否會大吃一驚？

大約也是圓圓兩歲多的時候，有一天只有我和她在家。我當時忙著做自己的事，圓圓似乎在我的梳粧檯那邊玩，感覺她很安靜，就沒去關照她。過一會兒，忽然聽見圓圓說「呀，不好吃」。跑過去一看，發現她兩隻小手、臉蛋上都是白白的東西。我嚇了一跳，馬上就明白發生了什麼事。我剛買的一瓶面霜，全被這小傢伙抓出來，抹到臉上、鏡子上，而且嘴裡也有！可能是我的樣子把圓圓嚇著了，她臉上一瞬間浮起害怕的表情。我趕快笑著對她說：「沒事，別動，媽媽給你拍張照片！」抓起手邊相機給她拍了照，然後開始清理。我先用白紗布擦她嘴裡的油，一邊擦一邊問她：「寶寶是不是聞著這個很香，以為很好吃，就吃了一口？」她點頭。我問她好吃嗎，她搖搖頭說不好吃。我笑笑，對她說，嗯，這個不是吃的東西，不好吃，也不能吃，只能往臉上搽。然後又告訴她，再香的東西，如果不是吃的，都不能往嘴裡放。圓圓閃著眼睛，在認真聽我的話，看樣子她聽懂了。

我一邊給她洗臉洗手，一邊又對她說：「你把油搽到臉上是對的，不過搽得太多了，你有沒有注意到媽媽每天給自己和小圓圓搽臉時，都只用一點點？」我給她用毛巾擦乾淨臉和小手後，從她的兒童霜中沾一點油出來，讓圓圓看看手指上的量，然後塗到她的臉蛋上。一邊塗一邊告訴她，每次洗過臉，用這一點點就夠了，不需要太多。圓圓乖乖地讓我塗油，聽我給她講這些，很配合很滿意的樣子，洗過臉後，蹦蹦跳跳玩去了，以後再也沒破壞過我的任何一瓶面霜。

後來，我的一位鄰居看到我給圓圓拍的那張照片，聽完我講的故事後，感歎地說：「你真是好脾氣，要是我，得罵她一頓。一瓶油就這樣被她糟蹋了！」鄰居的想法可能有一定代表性，不過我覺得遇到這類事情發不發火，和「脾氣」無關，其實和對事情的認知有關。

如果家長看到這種「破壞」的潛在價值，知道孩子的自尊比一瓶面霜更重要，知道一次大膽的嘗試能讓孩子獲得一種常識和探索的興趣，就會知道一瓶面霜被孩子破壞了，有可能比它搽到臉上更有價值——這樣想的話，心中還會有不快，還會發脾氣嗎？

「教育」並不是單純的規範和監督，其實，「放縱」也是一種教育，是一種形式消極、意義卻積極的教育。在這種「縱容」下，孩子可能損壞一些東西，可能製造更多家務，甚至可能受點小傷，而這正是走在受教育的軌道上。「規矩」固然是社會生活的必需，人們常說「沒有規矩，難成方圓」。但是，在兒童教育中，則是「規矩太多，難成方圓」。

不要急於給孩子立規矩，尤其在他們認識世界的初期。有人說「規矩是用來打破的」，這句話用在兒童教育上是再恰當不過。兒童對一切事物都充滿好奇，探索的欲望充滿體內的每個細胞，而且，他們不知道行為的邊界，所以常常會做出格的事或闖禍。在這樣的一個關鍵期，家長要以正面心態面對孩子的種種「壞行為」，只要不危險，不妨礙他人利益，都可以放手讓孩子去嘗試。有的孩子甚至對某種「壞東西」表現出偏好，這種情況下，家長也要盡量滿足孩子的願望，不跟孩子鬧彆扭，不要用強硬的手段。

其實，在孩子那裡，一切東西都是純潔的、有趣的，「好壞」之別其實常常是成人的一種偏見。家長要正確評估一件事的可行性，盡可能為孩子提供豐富的生活體驗，不要簡單否定，不要強硬地限制，更不要輕易進行道德的或善惡的評價，哪怕這件事看起來非同尋常。

在我女兒圓圓不到兩歲時，我假期帶她回我父母家，她外公和外婆每天中午要喝兩小杯酒，圓圓看到了，也咿咿呀呀地叫著要喝，我就用筷子蘸一點給她嘗嘗。小孩子剛剛開始認識世界，對一切都充滿好奇，我基本上都會滿足她。圓圓第一天嘗過後，第二天還想嘗，我照樣給她嘗一筷頭。她外公喝的是高度白酒，小傢伙居然一點不嫌嗆，把筷頭吮得有滋有味的。我在父母家住了一個月，圓圓天天都和外公一起「品」一點點酒，熱情不減，看到酒瓶拿上飯桌就興奮。對此我從未表現出異樣，總是平和以對，既不制止也不慫恿。

不擔心她會形成酒癮，我相信，除了毒品，物品本身都是中性的，自身並沒有道德傾向。酒是天使還是魔鬼，帶給生命的是享受還是墮落，取決於一個人內心有何種接納基礎。一杯酒，不過是一杯氣味有些濃烈的飲料，沒有決定一個人品格面貌那麼大的力量。那個最後死於酒精中毒的人，如果世界上沒有酒這種東西，也會有別的東西讓他沉溺其中。「癮」是一種心病，心理健康的人不會得這種病。

家長都希望孩子有良好的道德和習慣，但道德或習慣的教育不能僅僅以「限制」來實現，它應該是以「榜樣」和「信任」來實現。

我的家族也許有好酒的遺傳，我父親和母親酒量很好，酒品也好，我家的孩子都對酒有好感，但沒有一個酒鬼，沒有一人因酒生事。我二哥像圓圓一樣，自小對酒表現出超乎尋常的喜愛，父親也經常給他嘗一點點，他同樣一直品學兼優，是縣裡的高考狀元，在後來的工作中也一直很出色。而且他很早就對酒失去興趣，現在除了親友聚會有度地喝一點，平時是不會喝的。

我舉這個例子並不是提倡給孩子喝酒，想說的是，在任何事情上，只要家長自己做出了好榜樣，而且信任孩子，不總以狐疑的眼光打量孩子，孩子沒有為某件事長期和家長處於拉鋸戰中，那麼孩子是不會對一種內涵不深的東西有太長久的興趣的，而且他也是樂意聽家長的意見的。

一個缺少嘗試、不犯錯誤的童年是恐怖的，它並非意味著這個孩子未來活得更正確、更好。也許恰恰相反，由於沒有童年探索的鋪墊，他的認知基礎反而很薄弱，在未來的生活中不得不花費更多的力氣去辨識世界、適應生活；很有可能一生都活在刻板、無趣和謹小慎微中，甚至是自暴自棄的墮落中。

愛因斯坦（Albert Einstein）說過：「想像力比知識更重要，因為知識是有限的，而想像力概括著世界的一切，推動著進步，並且是知識進化的源泉。」①如果家長急於以一種成人世界的思維和標準來限制、規範孩子，很容易壓抑孩子的正面激情，使他們的自由意志和創造力停止生長，乃至萎縮；壓抑感還容易刺激出負面情緒，讓孩子出現叛逆或是自我封閉的症狀。有的家庭，甚至孩子把沙發巾弄皺了都要遭到訓斥。一個表面上纖塵不染、井井有條的家，維護它的代價是孩子失去了自在和放鬆的生活。二十年後，整潔的家中坐著一個規規矩矩、毫無創造力、沒有自我調整和選擇、判斷能力的人——這是你想要的結果嗎？

幾乎所有人在培養孩子的目標方面都是一致的，但在方法上卻大相逕庭。有太多的家長或老師表現出行為與目標的分裂，這些分裂表現為：一邊讚美著創造力，一邊刻意培養謹小慎微的人；一邊欣賞著寬容，一邊對孩子苛求挑剔；一邊呼籲著要尊重孩子，一邊執行棍棒或羞辱教育。

近年來國人喜歡探討的一個話題是，為什麼中國本土沒有獲諾貝爾獎的科學家。人們總喜歡把板子打到中國的學校教育上。學校教育固然有其弊端，但如果孩子在家庭生活中處處受限，不能做一點點反常規的事，不能有一點點出格行為，創造力和探索意識被處處壓抑，早早萎縮，如何能指望學校培養出愛因斯坦呢？

「給孩子一面塗鴉牆」，這是一種教育理念，目的並非把孩子都培養成藝術家或科學家，也不是慫盡可能理解孩子的嘗試需求，盡可能愚孩子做出格的事或幹壞事，而是盡可能讓孩子有一個無拘無束的童年。理解孩子的嘗試需求，盡可能地為他們提供嘗試機會，給他們一份自信快樂的思維方式，使他們的天賦和潛能在日後成長中充分發揮出來。

①《愛因斯坦文集》，商務印書館，2009 年第 2 版，409 頁。

# 2 兒時不競爭，長大才勝出

童年的任務不是向外延展，而是向內積累。一個人內在力量強大，才能好好地把控自己，未來才有可能處理好自己和世界的關係，在人生事務中獲得主動權——這才是培養競爭力的正常順序和邏輯。

「兒時不競爭，長大才勝出」這樣的觀點如同一個悖論，可能挑戰了人們的習慣。一直以來，我們的習慣是崇尚競爭，猶如崇尚美德一樣；而且很多人認為競爭意識要從小培養，如同美德需要從小培養一樣。這實際上是一個認知錯誤。此一錯誤的出現有兩個主要原因，一是過分高估了「競爭」的正面意義，二是沒明白童年的主要任務是什麼。

人生並非完全不需要競爭，我們不否認競爭給人們帶來的成就感，能推動社會進步。但競爭一定要守住兩個「度」，一個是心理程度，一個是年齡向度。前者說的是「適度」的競爭是好的，不要「失度」；後者說的是並非任何年齡的人都適宜參加競爭，老人和孩子的生活中就不該有競爭。因為他們是弱勢人群，體內能量本身就很少，而競爭會消耗能量，對於老人來說會加速枯萎，對孩子來說會影響其正常成長。

老人競爭一直不是個普遍的社會問題，兒童競爭卻愈演愈烈。希望孩子未來有出息，能在社會競爭中勝出，這個目標本身沒錯，就像少年懷有理想從來沒有錯一樣。但如果認為孩子的競爭意識要從小培養，在孩子年幼時就推動他參與競爭，這就錯了。

童年是一個非常獨特的年齡階段，有自己獨特的任務。小孩成長為一個成年人的正常過程，是一個由「小動物」向「人」進化的歷程，即「自然人」向「社會人」過渡的歷史。初生嬰兒和一頭剛出生的小牛犢一樣無知，體力上比小牛犢更柔弱，從童年走向成年的時間也比小牛要長得多。這是大自然的精心安排，它要為每一種有巨大潛能的生命，保留足夠的積蓄能量的時間。就像麥苗從小綠芽過渡到麥穗碩壯需要時間和陽光雨露一樣，孩子的成長也需要較為漫長的歲月以及嚴格的、不可逾越的順序。

童年的任務不是向外延展，而是向內積累。一個人內在力量強大，才能好好地把控自己，未來才有可能處理好自己和世界的關係，在人生事務中獲得主動權——這才是培養競爭力的正常順序和邏輯。

成年人的責任則是不打擾孩子的自我發展，有條件的給孩子一些助推力——即我們常說的要給孩子良好的啟蒙教育，呵護兒童的好奇心，發展孩子的自由意志，讓孩子有幸福感——這些教育學上恆定的真理，正是發掘兒童內在潛力、成全他未來競爭力的最簡單最重要的手段。

可惜的是，現在很多人看不到這些簡單教育要素中深藏的力量，卻更願意把精力花在一些眼前的競爭事務上。其理由是，社會需要競爭，應該從小培養孩子的競爭意識。不能不說，這看似長遠的想法，實際上是短見。

有這樣心理的家長，往往自己的攀比心比較重，喜歡給孩子灌輸一些弱肉強食的道理，喜歡計較一些可量化的外部得失，如會背的唐詩比別人多幾首，是否上了明星學校，成績排名如何，獲得了多少種證書等等，不僅引導孩子和他人比，更推動孩子和自己較勁，較少關心孩子內在的感受。表面看來這些家長站得高，其實並沒有看得很遠。

當孩子的注意力被轉移到各種「比」的事情上，自我成長力量就開始分散，而競爭帶來的焦慮感又會消耗孩子更多的精力……孩子內心變得越來越羸弱。

我曾收到這樣一封信，寫信的是一個二年級小學生的家長，信是這樣寫的：昨天，我兒子放學回家，晚上做作業時還好好的，一會兒拿出了一張試卷就開始掉眼淚，我以為沒考好，瞄了一眼分數，是99分，我問是怎麼回事，他就問：「媽媽，我數學一考就是100分，語文考試怎麼老考不了100分呢？」說著就開始哭了。我用您的方法告訴他，你自己把試卷訂正完，如果全對了，還是100分。可他含著眼淚說，可是在老師那裡不是100分，老師今天讓我們反省為什麼沒得100分。我告訴兒子，沒得100分沒關係，重要的是學過的東西有沒有掌握。孩子點頭好像明白了，但做作業時還是傷心，情緒不高，注意力也不能集中在作業上，顯得心不在焉。我想請教尹老師，如何才能引導孩子面對考試時有個好的心態？

雖然信件只是孤立地陳述了一個生活小片段，但可以肯定的是，這絕不是一個孤立事件，冰凍三尺非一日之寒，一個才上二年級的小男孩為了一分之差而流淚，背後要多少相關事件才會孵化出這個結果呢？老師要孩子「反省為什麼沒得100分」，這真是瘋了，家長又在多大程度上推波助瀾了呢？雖然這封信中家長開導孩子的話說得不錯，但從孩子的反應可以看出，他並不相信家長的話。孩子像雷達一樣，能準確感覺父母的態度。如果父母只是為了開導孩子而說些言不由衷的話，孩子是會聽出來的，他不但不相信，反而會更難過。沿著這樣的心理軌跡一直走下去，十年、二十年後，這個小男孩會是個有競爭力的人嗎？

我們常用「格局」來評判一個人的發展潛力。有的人你會感覺他身上有宏大氣場，體內蘊蓄著蓬勃的能量，在困難面前無所畏懼，我們會說他「格局大」。有的人則心胸狹隘，或有小聰明小心眼小鑽營，凡事很用心卻很無力，內涵讓人一眼望到底，我們會判斷他「格局小」。

我認識一名年輕人，他的微博大約只發兩種內容，不是勵志就是抱怨和罵人，情緒總在兩極上惴惴不安。他的父母都是當年經過艱苦奮鬥，從農村走出來的，在事業上小有成就。年輕人遺傳了父母的智商，小時候很聰明，父母對其寄予厚望，一直不停地給他勵志，要他處處勝出，孩子達不到，父母就不停地失望，不停地訓誡……現在孩子成年了，對自己不滿意，總想做出個樣子給父母看，又力不從心，集合不起體內的能量，只能在勵志和咒罵中糾結著過日子。

如果童年的生活總處於斤斤計較中，大格局從何而來呢？

不能不說，現在的童年生態環境太差了，成人把自己的焦慮過多地轉嫁到孩子身上，即使有「拼爹」（編按：意指比的不是各自的條件，而是彼此父母的經濟能力或社會地位等）這一說，壓力實際上最終都落在孩子身上，太多的孩子過早地被賦與競爭的責任，背負了攀比的重擔。

我曾收到一封這樣的家長來信，說他為了給孩子選一所明星幼兒園，傾盡全力，想了很多辦法，找了一些關係，同時，因為幼兒園要用考試選拔孩子，為了在選拔中能有好的表現，家長早就做了準備，教孩子學了不少東西。最後卻沒能被這家幼兒園錄取，只好選了一個普通幼兒園。得知這一消息後，年僅三歲的孩子居然號啕大哭，並在接下來的日子，只要一提上幼兒園，就傷心不已，對於上普通幼兒園非常排斥。眼看著入園的時間快到了，孩子表現得還是很抗拒，家長給我寫信要諮詢的是，怎麼給孩子做心理建設才能讓孩子愉快入園呢？

我無法給出答案，因為「給年僅三歲的孩子做心理建設」是在頭痛醫腳。孩子們在不適宜競爭的年齡，被捲入無節制的競爭中；在尚不具備承受挫折的年紀，被成年人搞得心理失衡，這怎麼能用一番說教解決呢？就像不可能通過說動聽的話讓一個饑餓的人不再需要食物，我們也不可能通過給孩子做思想工作，解決他正常生命秩序被擾亂的困惑。

讓幼小的孩子去競爭，不是給孩子助力，而是一種傷害和阻擾。在競爭焦慮氛圍下成長，並被迫進入競爭軌道的孩子，更容易出現無力感、自卑感和心理失衡──始於童年的競爭很少有贏家。

早早地把孩子推入競爭的洪流，除了上面提及的削弱孩子內在的力量，讓他變得羸弱無力，還有以下幾方面的損害。

**第一種損害是會破壞孩子的合作能力。**

我們知道，一個人的合作能力正是他的核心競爭力之一，合作能力的內涵是友善、誠實、寬容等，所以培養孩子的競爭力，首先要培養好品行，打下合作的基礎。可現在的情況是，當孩子開始上學時，他們對競爭的準備遠較對合作的準備充足。幾乎是從幼兒園開始，兒童的一切活動都是以競爭為目的，哪怕玩耍，最後也不是以快樂而是以得名次為目的。這種持續不斷的競爭訓練，使得孩子們很少有機會學習合作，只是學會了比和爭，學會了防範。比如很多成績較好的學生甚至不願意給其他同學講一道題，生怕別人學會了，把自己比下去。更多的孩子在競爭中產生挫敗感，首先不滿意自己，產生自卑，然後不滿意他人，敵視他人。

有位家長憂心忡忡地對我講了這樣一件事。他兒子所在班級的班導師每天給作業、考試、紀律等方面「表現好」的學生發放小紅花，定期評比誰得小紅花多，多的人受表揚，少的人挨批評。老師還把這些情況通過手機發送給每位家長，這又大大地激起了大家的攀比心。而他的兒子總是得小紅花太少，弄得他在別的家長面前抬不起頭，就經常指責兒子。結果最近老師找他告狀，說他兒子居然偷同學的小紅花，還數次向老師打同學的小報告，尤其是得小紅花數比他多的人，明顯嫉妒這些同學。

英國教育家尼爾（Alexander Neill）說過，「所有的獎品、分數和考試，都會妨礙正常性格的發展。」①社會心理學研究也證實，競爭是挫折的重要來源之一，痛苦和挫折常常引起敵意。所以，並不是這個孩子的品行出了問題，顯然孩子是被一步步逼到這裡的。

教育家杜威提出，學校的首要職責應該是為兒童提供一個簡化的環境，以排除社會環境中醜陋現象對兒童的影響。②我們當下的現實卻是，學校經常花樣翻新地製造著評比，並不考慮這些評比設計的合理性。例如有一所小學，分早中晚三次對孩子們進行評比，評比等級分為五級，從「最可愛的人」到「最不可愛的人」。想想看，一個孩子，很有可能從早上的「最不可愛的人」變成晚上「最可愛的人」，並且經常在各個級別間來來回回地變。

孩子還是那個孩子，評價卻一會兒把他抬到天上，一會兒把他貶到地下。在這樣的評價中，孩子的內心能不亂嗎？他的道德能不被損壞嗎？有的孩子學會了表演，有的自我認知被搞亂，有的變得滿不在乎……如果孩子在童年時代沒有機會發展誠實、友善和寬容，成年後，如何能要求他具有合作的品行？沒有合作能力的人，競爭力又有多少呢？

**第二種損壞是會培養出病態的奮鬥者。**

有些孩子確實能被訓練得很有「競爭意識」，從小表現出極度的爭強好勝，但其副作用也是顯而易見的。這樣的孩子早早停止自然人的發育，小腳穿大鞋地努力讓自己適應各種社會標準。這種扭曲是以消滅天性為代價，他被訓練得在生活的各種選項中，會不假思索地棄絕內在的願望，只以社會評價作為價值判斷。例如有位小學生，他為了不丟掉副班長的職務，每節課都坐得筆挺，蚊子落到胳膊上，都不肯去打一下，生怕給老師留下不好的印象，寧可讓蚊子叮一個大包。這個孩子可能會得到老師的賞識，但這種反天性的行為肯定會在生命中留下硬傷，病灶不一定在什麼地方暴露出來。

社會心理學研究發現，「自我活動能力是有限的。努力自我控制的人──強迫自己吃胡蘿蔔而不是巧克力，或壓抑被禁止的思想──隨後在遇到無解的難題時會更快放棄。有意的自我控制會耗盡我們有限的意志力儲備。」③

生活中我們會經常看到這樣的人，即使他們在某些時段獲得了世俗意義的成功，但緊張的精神始終處於險象環生的境地。比如有些過度「吃苦耐勞」的人，他們甚至把「苦」和「勞」當作生命意義本身，把生活中任何一丁點享樂都看成是罪過。也有不少「成功人士」，我們發現他並不快樂，總是活在焦慮和緊張中，甚至有些人自殺了；或者有些人最終放棄了曾經最看重的名利，心態歸零，生活方式發生巨大變化。生命似乎繞了遠道，才進入正途。

社會心理學研究表明，一個極端的功利主義者和一個妄想中的精神病人，其心理機能是一樣的，他們都無法和世界建立正常連接，以一種病態的方式存在著。競爭的後果往往不是打敗別人，而是擊倒自己。這和哲學家弗洛姆（Erich Fromm）的觀點相映襯：懶惰與過度的勤奮並不對立，它們是人的全面功能受到干擾的兩種症狀。在神經病患者中，我們常看到他的主要症狀是沒有工作能力；而在過度勤奮者身上，我們看到其主要症狀是缺乏輕鬆的享樂和休息的能力。過度勤奮不是懶惰的對立面，而是它的補充。它們都是人內在的和諧遭到破壞的一個後果。④

第三種副作用是可能損害身體健康。

長久的、超過承受力的壓力首先會在情緒上積澱毒素，影響做事效率和品質。而情緒上的毒素太多了，又會影響到生理健康。兒童正處於生理和心理的雙重發育當中，太大的精神壓力不僅影響到他們的心理，也會影響到生理發育。已有研究發現，壓力或睡眠不足會影響兒童腦下垂體生長激素的分泌，影響孩子身高，也有可能表現在其他方面，比如皮膚病。英國教育家尼爾有一個值得我們注意的發現，「我從未在一個快樂少年的臉上發現過暗瘡。」⑤哲學家弗洛姆也發現，我們的身體對幸福與不幸福的反應，比我們的意識對它的感受更明顯。身體比心理更不易受矇騙。⑥這和中國傳統醫學講的「七情」對五臟六腑的理論也是吻合的。

事實上現在很多人已察覺到社會競爭心理對孩子的傷害，希望還孩子一個童年，希望孩子愉快輕鬆地成長。但不少人只能在孩子尚小，尤其還沒上學時會這樣想。一旦孩子上了學，面對學校各種各樣的獎勵及排名，尤其是老師經常通過手機發給家長們的資訊——幾乎都是各種評價的通報——讓很多人開始無法淡定，不知不覺地提高了對孩子的要求，開始一邊抱怨孩子壓力太大，一邊配合學校給孩子施壓。理由是，現在教育就這樣，不能不競爭，我們也沒辦法。有的人甚至搬出精子和卵子結合也是競爭的結果這樣一個理論，來證明人類的競爭必須是從頭開始的。

沒錯，生命的誕生固然是一場競爭的結果，一個精子為什麼可以戰勝幾億個精子捷足先登，並不是因為它有競爭意識，而是因為它強悍，它不需要在意別的小蝌蚪游得是否比它快，只管自己盡情游，就成了贏家。一個人想要在江湖上立足，必須先遠離江湖，躲進深山，無打擾地修煉，練好內功，才有笑傲江湖的本錢。培養競爭力的奧秘正在這裡。

所以，不要抱怨大環境，先解決小環境的問題，小環境好了，大環境自然就好了。解除競爭壓力，制度當然是一方面，另一方面還要靠意識來解決。成人自己要反思競爭的尺度和意義，成人淡定了，孩子才能淡定。

我認識一位電視台編導，她的兒子正上小學四年級。有一天她給我打電話，說她兒子今天放學回家告訴她，學校舉辦了奧數選拔賽，所有同學都參加，卷子上的題目好難。她問兒子會做幾道題，孩子輕鬆調皮地回答：「一道都不會。」這句話不但沒讓她生氣，反而隱隱地感到一種欣慰。她說，以前自己太計較孩子的考試成績以及在學校的其他排名，這讓她和孩子都感覺很累。她也一度簡單地把這種困擾歸咎於社會競爭、學校和老師。後來她慢慢意識到自己這種受害者心理很是可笑，其實主要是自己的焦慮和虛榮心作怪。放下這些，孩子還是那個孩子，學校還是那所學校，許多問題都迎刃而解了。以前孩子考試不好的話根本不敢跟家長說，現在卻能用如此坦然的口氣告訴她「一道都不會」，她形容她當時的感覺，不亞於聽到孩子說「全都會做」。

亞當．斯密（Adam Smith）說過，人生中的不幸與失調的主要原因，是人們過度高估各種處境間的差別。貪心過度高估貧窮與富裕之間的差別，野心過度高估私人職位與公共職位間的差別，虛榮心過度高估沒沒無聞與聲名遠播間的差別……沒錯，有一些境況也許比其他境況更值得我們偏愛，但沒什麼值得人們用太過激烈的方式去追求。如果不是出於審慎的態度，不顧正義法則，一個執意改變境況的人，等於是在玩所有危險遊戲中最沒有勝算的那種，並且把全部家當都押在幾乎不可能贏的賭局上。⑦

生活中最大的敵人不是任何具體的對手，是「虛榮」和「恐懼」。在本已險象環生的人生中，虛榮是一種自殘行為。可以說，哪裡有虛榮，哪裡就有自我傷害。

有些人命運不濟，與其說是運氣差，不如說是虛榮作梗。放下虛榮，就能減少消耗，節約生命成本；克服恐懼，就會降低貪婪，享受生活之從容。「不作風波於世上，自無冰炭到胸中」。

當下乃至未來，人們比拚的不是「競爭意識」，而是來自更高層面上的價值判斷、創新能力、心理承受能力以及克服困難的勇氣等。這正是俗話所說的打鐵還需自身硬。面對一個弱小而又有無限潛力的孩子，與其著力培養其「競爭意識」，不如專心培養他的良好品格。每一種好品格都可以催化出面對世界、面對困難的能力和勇氣，好品格本身就是競爭力。

設想一個孩子如果體質好，心理健康，有求知欲，開朗友善，自信平和，那麼即使他從未聽說過「競爭」這回事，在未來的人生中，有什麼樣的競爭會打敗他呢？

著名企業家、阿里巴巴創始人馬雲，可謂典型的「成功」人士，在激烈的市場競爭中，他曾經歷種種挫敗，卻一直堅持，取得了令人矚目的成就。他說：「一流高手眼睛裡面沒有對手，所以我經常說我沒有對手，原因是我心中沒有對手。心中有敵，天下皆為你敵人；心中無敵，無敵於天下。」這句話道出了他的成功秘訣。

放下競爭意識，才是拿起競爭能力。這正是老子說的「夫唯不爭，故莫能與之爭」，也就是本文要表達的「兒時不競爭，長大才勝出」的真諦。

① A.S.尼爾，《夏山學校》，王克難譯，南海出版公司，2010年5月第2版，21頁。

② 杜威，《民主主義與教育》，王承緒譯，人民教育出版社，2001年5月第2版，26-27頁。

③ 戴維．邁爾斯（David G. Myers），《社會心理學》，侯玉波等譯，人民郵電出版社，2006年1月第1版，40頁。

④ 弗洛姆，《為自己的人》，孫依依譯，三聯書店，1988年11月北京第1版，二一頁。

⑤ A.S.尼爾，《夏山學校》，王克難譯，南海出版公司，2010年5月第2版，283頁。

⑥ 弗洛姆，《為自己的人》，孫依依譯，三聯書店，1988年11月北京第1版，171頁。

⑦ 亞當．斯密，《道德情操論》，謝宗林譯，中央編譯出版社，2010年4月第1版，179頁。

# 3 習慣的對立面也是習慣

兒童的「馬虎」是一種非常正常的現象，是學習、生活中最不值得一提的小問題，是他們走向精細必不可少的提示。成年人如果不曾忘記自己也曾幼小過，就不應該忘記自己也曾馬虎過，回頭想想自己的成長，到底是嚴苛的責難讓我們立即變得細緻，還是寬容和時間幫助我們慢慢完善？

小時候看過一個故事，說某鄉鎮來了一位江湖術士，稱其專治羅鍋（駝背），百分之百能把背弄直，不直不要錢。有家人的兒子自小駝背嚴重，帶來醫治。江湖術士的工具是兩扇門板，方法是把病人夾在門板中間，再找兩個大漢在上面用力一壓——病人的背確實直了，不過氣也斷了。病人親屬要告官府，江湖術士辯解說，他只管治羅鍋，不管斷不斷氣。

沒有人認為這樣荒誕的故事在現實生活中真會發生，然而事實上，誇張的寓言在現實生活裡從不缺少照貓畫虎的對應，就像「國王的新衣」古今中外一直上演著一樣，「門板治羅鍋」也處處發生著，尤其在教育中。用不管不顧的錯誤方法來強行培養孩子的「好習慣」，就是典型的一種。

有一對父母，認為培養孩子良好的學習態度非常重要，所以從女兒上小學一年級開始，就對作業的品質提出了嚴格的要求，要求必須整潔、正確。媽媽天天細心檢查孩子的作業，做錯的當然毫無疑問要重做，寫得不規範的字也必須重寫。為了提高女兒寫作業的認真度，媽媽規定每天檢查出的錯誤不能超過規定數，如果超過了規定數，或因反覆改正導致橡皮擦把紙給擦破了，就把這一頁撕了重寫。為此，孩子沒少哭過，父母則絕不退讓，甚至為此動手打過孩子。

在父母的嚴格管理下，孩子寫作業的好習慣養成了，所有作業本不但整齊乾淨，而且幾乎沒有一點錯誤，經常得到老師的表揚，甚至被當作範例，讓全班同學傳閱。到後來，即使媽媽不檢查，孩子自己也不允許作業有錯，如果覺得哪頁沒寫好，會主動把它撕掉重寫。為減少重寫的麻煩，孩子在寫的時候總是非常認真，所以很慢，一個小時的作業經常要寫兩個小時，因此幾乎沒時間玩耍，也沒時間閱讀。

女孩上初中後，學習難度增加，作業也多起來，而且，由於她一直以來只注意作業在書面上的整潔與否，不習慣思考，所以面對一些較複雜的作業便不知所措，沒有能力應對。這種情況下，女孩經常寫作業到晚上十二點以後，睡眠嚴重不足，心理上也越來越焦慮。最令孩子痛苦的是考試，卷子上經常有不會做的題目，而且因為寫字慢，所以常發生因做不完卷子而丟分的情況，考試排名急速下滑。

一個在作業上都不允許自己有錯的孩子，怎麼能接受成績排名每下愈況呢？女孩開始變得厭學，發脾氣，媽媽這時才意識到孩子養成的「認真習慣」是個問題，開始勸孩子不必把作業寫那麼整齊，可以凌亂點，可以有錯，不會做的就別做了。但孩子在整個小學期間形成的習慣已根深蒂固，並不是自己想改就能改的，只要發現作業有錯，就難以接受，甚至表現出恐慌。心理問題反映在生理方面，年僅十二歲的孩子開始嚴重失眠，每到週一早上便分外焦慮，甚至發生過幾次暈厥，經常請病假，後又出現暴飲暴食和厭食症交替的現象，和父母的衝突也越來越嚴重。

勉強讀完初一，從初二開始，孩子斷斷續續休學。父母一直試圖通過找家教補課、給孩子講道理等方式解決問題，都無濟於事。到初三時，功課壓力更大，女孩徹底崩潰，無法再到學校。父母帶她去醫院看心理科，被診斷為憂鬱症，跑好多醫院進行治療，毫無起色，狀態越來越差。現在女孩把自己完全封閉在家裡，不和父母說話，也不和外界交流，只能做最簡單的手工，像智障兒童一樣簡單地生活著。

這對父母，打死也不會承認自己是那個可笑的江湖術士。確實，表面看來，他們和江湖術士沒一點相似之處。終極目的不一樣，責任感不一樣，對對象投注的感情不一樣，無私程度不一樣……但有一點是一樣的：他們都是以簡單粗暴的手段去實現一件需要精細處理的事，在最糟糕的結果出現之前，他們在意的，或者說有能力注意到的都是自己熱中的目標，而毫不在意方法的正確與否，不注意手中所操控對象的痛苦及承受力。所以得到的結果也有共性：取得了一個短暫的、表面看來令人滿意的效果，卻永久地損害了一個人。

培養孩子的「學習好習慣」和「生活好習慣」，樹立這樣一個目標是件非常容易的事，但如何培養、在培養中什麼可為、什麼不可為，卻是件需要用心用力思考的事。

現在有很多家長或教師為了培養孩子在學習上認真的好習慣，都會這樣對孩子說：在考試上，我可以原諒你因為不會而丟分，不能原諒你因為馬虎而丟分——對比單純向孩子要成績的家長，這樣說話的父母似乎在教育意識上上了個台階，他們知道，在學習上，好習慣勝過好成績，而「認真」是個好習慣，所以向孩子提出不許馬虎的要求。但這樣一種培養「好習慣」的做法和前述案例並沒有本質上的差異，貌似合理，卻都屬於門板治羅鍋的範疇。

孩子考試丟分，不外乎兩種原因：不會做或不小心做錯了。按家長這樣的要求來評判這兩種丟分情況，沒學會倒是比學會更好——如果一次考試不足以讓人想明白這個問題，我們把這種情況放大了來看

——假設兩個孩子，張三和李四，一直是同班同學，在整個學期或整個學年甚至在整個中小學期間的每門課上，張三只能學會百分之七十的知識，但可以百分之百把它落實到卷面上，李四學會了百分之九十的內容，因為馬虎，總讓成績打些折扣，每次得分和張三差不多。那麼請持有這樣邏輯的家長誠實回答一個問題：在成績相同的情況下，你寧願你的孩子是那個學到百分之七十知識的張三，還是那個學到百分之九十的李四？

這個問題可能會引起這樣的反駁：這樣的假設不存在，一個孩子只要養成認真的態度，他眼下可能有些知識學不會，但從長遠來看，一定勝過那個聰明但不夠認真的孩子，他不可能總是只學會百分之七十——此言有理，同時也說明，你的終極目的並非意在培養一個知識量比別人少的孩子，而是要培養一個有認真習慣、能把學業做到最佳程度的孩子。即你真正想要的，不是張三在知識量上的不足，而是他能做到的「效益最大化」，你心底有一種確信，只要堅持不允許孩子馬虎，他就能做到既「學得會」又「考得好」，最終，認真的張三一定會超過馬虎的李四。

那麼我們接下來要探討的問題就是，不許馬虎的要求有利於達成這樣的目標嗎？

心理學和生活常識早就告訴我們，一個人做某件事的精細程度和熟練程度有關，粗糙和失誤是萬事開始階段的必然，只有經歷過失誤，並在失誤中不斷總結經驗，才能越做越精準。

兒童由於年幼和背景知識不足，各種「過失」行為是非常正常的現象，只要環境正常，孩子都會慢慢成熟起來，越做越好。正如學走路，開始跌跌撞撞，卻完全不需要人為解決。不把這看作是問題，它就不是問題，把這看成是問題，才會製造出問題。如果家長不體恤孩子的幼小，孩子每摔倒一次，家長總批評為不小心，表示出不滿，這就會給孩子帶來擾亂和困惑，增加他的心理負擔，延宕他的成長。

美國著名教育家杜威說過：「生長的首要條件是未成熟狀態。」①所以他認為，兒童寫作業，做錯也是一種作業設計要素。這並不是因為錯誤是件好事，而是因為如果太熱心選擇不准有發生錯誤機會的材料和工具，就會限制學生的創造精神，使學生的判斷力減至最小，使他們在能力的獲得上收效甚微。②

所以，西方教育學特別強調要給孩子「犯錯」的機會，這也正是中國人常說的「失敗為成功之母」。功課學習更是件需要精細處理的事，需要動用智力、興趣、毅力和情感等共同協作完成，單一的「認真」不存在，也不可能完成這樣複雜的事件。如果一個孩子在學習上總因為馬虎而受責難，他就會自動進行調整。

首先，由於人的注意力有限，兒童的注意範圍更狹窄，能量十分有限，如果把注意力投注在對錯問題上，就無暇顧及思考和探索。而注意力如何分配，也是一種習慣養成，久而久之，不出錯的習慣可能培養出來了，不善思考、缺少探究興趣的習慣也培養出來了。一個人坐監獄時間再長也不會習慣坐監獄，如果說他已習慣了在監獄中，打開鐵門也不邁出去，只能說明他的希望和心智已被摧毀，他已是體力和思想的雙重衰竭者，像前面提到的女孩子一樣。

其次，人都是趨利避害的，如果一個孩子不斷接收到「你可以笨，但不可以錯」的資訊，且一再地因為馬虎受責難，他會在潛意識裡自動降低自己的智力水準，讓自己真的不會，以逃避失誤帶來的指責。這種逃避的後果，不但阻礙了他的智力發展，同時也降低了自我認同感。孩子原本是喜歡自己聰明的，感覺自己聰明能給一個人帶來自信。對自己智力上的信任和對學業的興趣，是保證孩子在學習上投注感情和毅力的重要前提，沒有這種信任和興趣，想要獲得傑出的知識成就是不可能的。只為不出錯而獲得的榮譽非常膚淺，無法給予孩子長久的自信，也無法讓孩子對學習本身產生真正的興趣。

第三，經常批評孩子馬虎，是一種貼標籤的行為，會給孩子一種負面強化，讓他覺得自己就是個「粗心大意」的人，這種自我心理暗示十分強大，會影響到他的行為表達，真的變得越來越粗糙，這又會招致家長越來越多的批評。儘管出於家長的壓力，孩子會屢屢保證以後不馬虎，但在潛意識中會反抗這種要求，產生情緒上的叛逆。在不良自我暗示和反抗情緒中，他會變得更馬虎，甚至自暴自棄，把馬虎固化為自己的一種特點，直至完全喪失自我修正的力量。

一個在學習上沒養成思考習慣和探究興趣、不自信或一直馬虎的孩子，你能指望他學業出眾嗎？

兒童的「馬虎」是一種非常正常的現象，是學習、生活中最不值得一提的小問題，是他們走向精細必不可少的提示。山路本身不是頂峰，想要到達頂峰，山路上的跋涉一步都不能省略。

一個孩子，只要心理正常，都有自我完善的能力。成年人如果不曾忘記自己也曾幼小過，就不應該忘記自己也曾馬虎過，回頭想想自己的成長，到底是嚴苛的責難讓我們立即變得細緻，還是寬容和時間幫助我們慢慢完善？我們說某人具有某方面天才，只是意味著他有這方面潛能，並非一出手就能達到完美，所謂「出手不凡」也必須有相關經驗的累積，兒童則更需要這種累積。

教育家杜威認為，習慣的養成是由於我們天性所原有的可塑性。兒童的可塑性完全不同於泥巴或蠟的可塑性，它並不是因受外來壓力就改變形式的一種能力。兒童的可塑性必須以他自身從前經驗為發酵劑，經驗中的成功或失敗作為一種成長訓練，催化了兒童改變自己行為的力量。沒有這種力量，獲得習慣是不可能的。③

當然，有的孩子確實表現出一以貫之的馬虎，這應該和天性有關。孩子與孩子間確實有差異，不同的表現背後有不同的原因，天賦和訓練等都可能成為影響因素。它是由不得孩子自己決定的，也不需要用人力進行過分的改造。孩子原本該是個天才的畫家，你卻一直訓練他把數學題做到最好，到頭來很可能他數學學得很平庸，繪畫天才也沒了，這到底是教育的成功還是失敗？不成熟的生物都有很強的調適能力，不成熟的兒童當然可以適應家長不許馬虎的要求，但這種習慣是以消滅正常天性為代價。

把培養習慣做成強制習慣，常常反映著成年人缺少對兒童的體恤之心。這種不體恤，在教育中隨處可見。

比如有些家長，他們很在意上幼兒園的孩子能不能做到上課時乖乖坐著不動，認真聽老師講課。他們並不在意孩子在幼兒園學到了多少「知識」，在意的是孩子能不能養成上課認真聽講和遵守紀律的好習慣，並認為這種「好習慣」如果在幼兒園沒養成，以後上小學、中學就很難糾正過來。也有家長不希望孩子一會兒玩這個，一會兒玩那個，要求在某段時間只能玩一種玩具或看一本書，以期培養「專注」或「愛鑽研」的好習慣。

天知道這些奇怪的邏輯是怎麼推衍出來的，種種對「習慣」的淺薄認識和培養，不過是胡亂作為，只能給孩子帶來擾亂和壓力，破壞孩子正常心理秩序。這不但讓孩子的童年在緊張和壓抑中度過，還給他們埋下一生心理健康的隱患。

我曾聽一位找我諮詢的家長談到她小時候的生活，她媽媽是醫生，有潔癖，家裡收拾得一塵不染，甚至床罩都鋪得一絲不苟，有稜有角。母親嚴格培養三個孩子的衛生習慣，她記憶中母親總是不停地說兩句話，「別動那個，髒！」「洗手去！」她和姐姐弟弟偶然玩得高興，不小心靠一下床，把床單弄皺一點點，也會遭到媽媽的訓斥。找我諮詢的這位家長其實是為她已經讀高中的兒子的問題來的，她看起來是個非常精明強幹的人，聽起來事業做得不錯，整個人收拾得很有品味，應該屬於那種活得很好的人。但她覺得自己的人生很失敗，抱怨老公和兒子，認為這失敗是他們帶給她的。

從她的陳述和表現中我可以明確地看到，她的痛苦和焦慮，都和童年生活有關，是母親的嚴格帶給她的後遺症。她的母親眼裡只有整潔，沒有孩子；只看到物理秩序，看不見人的情緒。在這種影響中長大的她，把這種習慣搬到了自己的生活中，不僅對自己要求嚴苛，還一心要改造老公的壞習慣，培養兒子的好習慣，到頭來卻發現每個人都活得又累又不幸福。從她的陳述中我聽到，她的姐姐和弟弟成年後的家庭生活都不太幸福，姐姐離婚，弟弟和配偶及孩子的關係也很緊張。

「心智習慣總要形成，不論其是好是壞。」④習慣的培養如果不是首先基於接納，而是首先急於改造，損害幾乎是必然的。因為人不是物，人是有靈性的，一個人就是一個完整的世界，潛藏著無比豐富的獨特性。遵循規則的開發和建設會讓其煥發生機，不尊重其天性的胡亂開採只能導致生態失衡。

總之，習慣無處不在，無論好習慣還是壞習慣，沒有一種習慣會孤立存在，習慣的對立面也是習慣。門板治羅鍋的短視行為在教育中最應該避免。好習慣的養成，首先是理解的問題，然後才是培養的問題。

① 杜威，《民主主義與教育》，王承緒譯，人民教育出版社，2001 年 5 月第 2 版，49 頁。
② 杜威，《民主主義與教育》，王承緒譯，人民教育出版社，2001 年 5 月第 2 版，214 頁。
③ 杜威，《民主主義與教育》，王承緒譯，人民教育出版社，2001 年 5 月第 2 版，52 頁。
④ 杜威，《我們怎樣思維．經驗與教育》，姜文閔譯，人民教育出版社，2005 年 1 月第 2 版，79 頁。

## 4 「三不原則」讓孩子學會與同伴相處

家長們經常抱怨現在的孩子不懂得忍讓，歸因為獨生子女問題，或是溺愛問題。其實根本原因是家長對孩子的矛盾介入太多了。沒必要的介入，或不得當的介入，會把孩子間的矛盾刺激放大，也沒給孩子留出學習解決人際關係問題的機會，第三個壞處是容易讓孩子遇點小衝突就覺得是個大事，反而變得斤斤計較，心胸狹隘。

孩子們在一起玩的時候，互相發生點小矛盾小摩擦很正常，家長不必把這看成是問題，不必馬上出面干涉，更不必因此而生氣。

不嚴重的情況下，假裝沒看見，把矛盾留給孩子們自己解決；較嚴重時，簡單地拉開即可，不必計較自己的孩子吃虧了還是占便宜了。道理可以簡單講一下，不講也行，關鍵是要保持友好輕鬆的態度。這看似有些不作為，卻正是培養兒童健康人際關係的最基本、最簡單、也最有效的方法。

我把這種方法總結為「三不原則」：不生氣，不介入，不怕吃虧。

我女兒圓圓四歲前的固定玩伴是婷婷和小哲，都是女孩，出生時間差不多，且在同一層樓住著。三個小傢伙總是東家進西家出地玩在一起。婷婷和圓圓性格比較溫柔，小哲比較急躁，常常在搶東西時占上風，發生衝突時就會狠咬對方一口。我記得有兩次圓圓去小哲家玩，突然哭著跑回來，說小哲咬她了，胳膊上有明顯的牙印。

我總是看看她的小胳膊，笑著對她說：「哦，又打架了。」然後輕輕地吹吹她被咬的地方，問她：「不痛了吧？」她如果說還痛，我就再吹吹，或輕輕地吻一吻，媽媽的吻是最好的止痛劑。她如果說不痛了，我會愉快地說，好，不痛了，那就再找小哲玩去吧。

我的態度對圓圓的影響十分明顯，她往往是淚痕未乾，情緒就完好如初，馬上返身又去找小哲了。偶爾會表現出持續的情緒，說不想去找小哲，要自己在家玩。我也笑笑說：「好，那就在家玩吧。」隨她的便。她多半堅持不了十分鐘，就又想找小哲，或是小哲自己就跑過來了，兩人很快又玩得熱火朝天。

事實上，婷婷也常被小哲打哭，或者圓圓和婷婷有時會倚仗比小哲個子高力氣大，情急之下會把小哲推倒，惹得小哲大哭。我們幾個家長持有的態度差不多，當然我們都會告訴孩子要和小朋友好好玩，不要打架不要搶東西，也盡量用引導的方式化解她們的矛盾。同時，對孩子之間的打架吵架，我們都坦然平和，一笑置之，沒有誰會在這裡算計自己的孩子是不是吃虧了，或是抱怨別人的孩子如何等等，所以三個孩子一直在一起玩得非常愉快。

家長的這種態度，給孩子傳達一個資訊，也就是發生衝突是件很正常的事，不用在意，過去就過去了，無所謂誰對誰錯，該怎樣相處就怎樣相處——這樣一種心理的建立非常重要，是兒童能正常地發展人際關係所必不可少的基礎，是豁達、友善的生長土壤。

事實上孩子們確實很快就學會了協調，鬧意見的次數越來越少。圓圓四歲時，我們遷居煙台，小哲也隨後和父母遷到青島。煙台、青島離得不遠，兩個小傢伙隔幾個月就要見次面，在我印象中，從那時起，她們不管在一起玩幾天，再也沒鬧過意見，總是那麼快樂默契，每次分別都哭得淚水漣漣，迫不及待地期待著下一次見面。這份友誼一直持續到現在她們長大成人。

「三不原則」看似消極，意義卻非常積極，其主要功能是避免成人破壞性的參與，而且還內含一種信念：兒童有能力自己解決相關問題。

這個信念的確立非常必要，它是科學兒童觀的重要組成部分，可應用到其他問題的解決上。沒有這個信念，「三不原則」就失去了支撐的力量。很多家長在開始接觸到這個原則時，總是將信將疑，一旦在生活中嘗試驗證，絕大多數人都會收穫意想不到的成果，對兒童的能力也會就此有新的認識。

這個原則不僅適用於鄰里小朋友的相處，在雙胞胎或多子女家庭，以及幼兒園或小學裡，都照樣管用，因為天下的孩子都一樣。

有一對雙胞胎兄弟，經常為搶東西或其他事情打架。媽媽開始的處理方法是問清楚打架的緣由，判斷誰做得不對，就打誰的手，或者關小黑屋，並告訴孩子為什麼要懲罰他。但小哥倆的矛盾並沒有因此減少，隨著年齡增長，反而越來越多，一天無數次地哭喊著來找媽媽評理，這讓媽媽非常抓狂，經常發脾氣。而且兩個小傢伙都越來越會推諉責任，有時甚至為了把過錯推到對方身上而說謊。

這位媽媽開始意識到自己以前的方法肯定是有問題的，但一時又不知該如何辦，於是來找我諮詢，然後將信將疑地帶著「三不原則」回去了。

過了幾個月，我收到她的一封郵件，說諮詢的當天傍晚，她正在廚房做飯，聽到兩個小傢伙又在客廳為什麼事聲嘶力竭地爭執起來，然後按慣例一起哭著來廚房找媽媽評理。當她正要按慣例處理時，突然想到我說的「三不原則」，於是改變主意，一邊不停手地做飯，一邊輕鬆笑著對兩個小傢伙說，哈，又打架啊，以後打架別找媽媽了，你們自己的事自己解決吧，媽媽忙，沒時間管你們。

兩個小傢伙沒想到媽媽今天會是這種態度，一瞬間愣了，然後就在廚房吵鬧扭打起來，並且大哭，都做出萬分委屈的樣子，邊打邊看媽媽，等著媽媽站出來評理。媽媽停下手中的活，笑著用溫和的語氣對他們說：「廚房太小了，打架伸不開手腳，想打就去客廳打吧。」說完把兩個小傢伙送到客廳，自己回廚房繼續做飯。她剛回廚房還在擔心，別真打出問題來。沒想到孩子們的衝突好像也跟著自己離開了客廳，兩個小傢伙居然沒有繼續接著吵鬧，且很快就聽到了他們的嬉笑聲，媽媽這才把懸著的心放下。

接下來的日子，這位媽媽總是採用這種方法對待兩個孩子的衝突，令她感到神奇的是，小哥倆真的相處得越來越好，學會了協調，也開始懂得互相謙讓，現在已基本上不再找她告狀。令她頭痛了好幾年的問題，就這樣輕鬆地解決了。

家長們經常抱怨現在的孩子不懂得忍讓，歸因為獨生子女問題，或是溺愛問題。其實根本原因是家長對孩子的矛盾介入太多了。很多家長見不得孩子們鬧矛盾，孩子間一發生點什麼事，家長馬上出面，似乎不出面就沒盡到責任，也擔心別人說自己不好好管教孩子。沒必要的介入，或不得當的介入，一方面會把孩子間的矛盾刺激放大，另一方面也沒給孩子留出學習解決人際關係問題的機會，第三個壞處是容易讓孩子遇點小衝突就覺得是個大事，反而變得斤斤計較，心胸狹隘。

有一個五歲的小男孩，週末和媽媽一起去外婆家，舅舅和舅媽也帶著自己三歲的兒子過來，兩個小傢伙見面後都分外開心。玩了一會兒，五歲的孩子突然把三歲的弟弟抱起來，想要走幾步，可由於他力氣太小，摔倒了，弟弟的頭磕在沙發扶手上，大哭起來，五歲的孩子一下子不知所措，羞愧地向大家看去。舅媽過來一看，孩子頭上被磕出一個小包，大驚失色地叫起來。五歲孩子的媽媽見自己的孩子闖禍了，非常不好意思，擔心弟媳不高興，立即沉下臉批評孩子，要孩子給弟弟道歉，跟弟弟說對不起。五歲的孩子可能因為害怕，也可能覺得委屈，只是呆呆地站在那裡，任憑媽媽怎麼說，都不吱聲。外婆看這情況，沉不住氣了，也過來給孩子講道理，要求他給弟弟道歉。

舅媽一邊安慰自己的孩子，一邊用暗示的口氣說，小哥哥不是故意撞弟弟的，讓小哥哥給道個歉，寶寶就不哭了。三歲的孩子聽大家都這樣說，就一直哭個不停，似乎也在等著小哥哥道歉。

五歲的孩子在一夥人的逼迫下，終於招架不住，低低地說聲「對不起」。外婆嫌孩子聲音太低，說沒聽清楚，鼓勵孩子「大聲點，再說一遍，好孩子就要勇敢承認錯誤！」孩子不說，大家就又鼓勵他再大聲說一次。孩子終於提高聲音又說一句「對不起」。話音剛落，大家正要鬆口氣時，孩子「哇」一聲哭起來，開始發脾氣，亂踢亂打媽媽，拉著媽媽要離開外婆家。

讓我們來體會一下五歲孩子的心情。

他和弟弟玩得愉快，情不自禁地抱起弟弟，一定是出於一片好意，或是表示對弟弟的喜愛，也可能是想要展示一下做哥哥的強壯，甚至是想獲得大家的某種讚賞，結果卻是闖了禍，可以想像孩子當時多麼尷尬，多麼沒面子，且多麼擔心。假如這時家裡人能換一種方法來處理，給孩子一個台階下，效果一定不一樣。

比如態度輕鬆地對弟弟說：「小哥哥是想試試能不能抱得動你，不小心摔倒了。沒事，讓媽媽給吹一吹，一會兒就不痛了。」或者故意轉移一下弟弟的注意力，對哭泣的弟弟說：「小哥哥剛才可能是沒抱好，摔倒了。要不再讓小哥哥抱一下，這次小心點，看能不能抱得動你。」我相信經家長這樣一說，小弟弟會很快忘記自己的痛，不再哭泣，很樂意配合。小哥哥這時也一定願意更小心地去抱弟弟，以免摔倒。這時大家可以順便告訴小哥哥，以後想抱弟弟的話，遠離茶几桌子等硬物，那樣即使摔倒了，也不會碰傷。

當然也有這種可能，這時小弟弟不願意再讓小哥哥抱，或小哥哥不想再抱小弟弟，大家同樣可以理解地說，「嗯，寶貝真懂事，是擔心再摔倒吧。你們現在確實太小了，可能抱不動，過幾年再抱吧。再長三年，估計哥哥就能抱得動弟弟了，說不定弟弟也能抱得動哥哥了。」相信家長的話說到這裡，全家人的感覺都很輕鬆，孩子也絕無再計較的可能。

有人擔心，如果當時不要求五歲的孩子道歉，是不是他以後會變成一個沒有教養的人，做了錯事也不懂得內疚？

這種擔心完全沒必要，這就又涉及到我們前面提到的信念問題：兒童有能力自己解決相關問題——只要他們成長中獲得過友善和尊重，只要他目睹過得體的禮貌和修養，他就得到了這樣的滋養。反之，成年人如果對孩子的一點無心之過不能表現出體恤，大驚小怪，無限上綱，逼迫孩子說「對不起」，這樣才會損害孩子的友愛心。

試想孩子在眾人脅迫下，勉強說出「對不起」三個字之後，他的內心更善意了還是刻薄了？他對弟弟的好感到底是增強了還是削弱了？他從此以後變得更理性了還是更情緒化了？這樣一種處理方式，傷害的其實是兩個孩子。那個三歲的孩子雖然得到了一句道歉，內心深處是否也被埋進了一些得理不饒人的俗念？

在處理這件事的過程中，家長當然可以建議五歲的孩子給弟弟道歉，只要在輕鬆的氣氛下，孩子多半是願意表示歉意的，如果不願意，家長先代孩子表示道歉，給孩子做個示範。然後告訴兩個孩子「好，沒事了，你倆再去玩吧」。這件事情到這裡結束，那麼不光五歲的孩子挽回了面子，從這件事中得到了教訓和做事的分寸，也學到了寬容、樂觀，三歲的孩子也同樣能學到這些東西。

兒童的世界非常單純，很多所謂的問題，其實是成年人強加的，其中比較典型的就是把孩子間的衝突關係看成是「犯錯誤」，尤其是看成欺負和被欺負的關係。現在很多家長會對孩子說：我們不欺負別人，但也絕不讓別人欺負。或直接告訴孩子：你不要主動打別人，但如果別人打你，你必須還手。甚至有的家長為了強化孩子的自我保護，會對孩子說：如果你在外面挨了打，不還手，回家我就打你。

這樣一種教導，可能讓孩子學會不吃虧，但人生很長，「不吃虧」到底是一道護身符，還是一種隱患？發生在成年人世界中的無數事實已讓我們看到，從不吃虧的人或報復心重的人，反而活在十面埋伏的危險中。

比如一名風華正茂的年輕人，女朋友和他分手後，另找一個男朋友，他就去把人家殺死，然後再自殺。這樣一種行為，表面上出於愛，實際是出於恨。狹隘的復仇心理讓他不惜以自己的生命為代價，去毀滅一個讓他有吃虧感的人。

大部分「不吃虧」的人雖然可以活得一生平安無事，但「不吃虧」真的為他贏來更多的幸福了嗎？

我曾遇到一件事。我女兒上幼兒園時，有一天我去接她，帶她在幼兒園院子裡玩溜滑梯時，突然聽到旁邊一位媽媽叫起來，原來她發現兒子胳膊上有塊牙印，看來是被哪個小朋友咬了。這位媽媽馬上聲色俱厲地問孩子「誰咬的？」正在高興地玩著的男孩被媽媽的語氣嚇著了，一下子哭了起來。這位媽媽又大聲詢問孩子「這是怎麼回事，誰咬的？」邊說邊用眼睛向周圍的孩子看去，好像每個孩子都有嫌疑。小男孩不回答，立即拉著媽媽的手就要走，邊哭邊說：「我不玩了，咱們回家吧，回家吧。」這位媽媽卻不依不饒地拉著孩子去找園長，要問個究竟。

看著這位母親一臉怒氣地拉著孩子往園長辦公室走去，我心裡真替她的孩子難過。相較於孩子的純美和自尊，這位媽媽的行為多麼粗俗不堪。她不光在丟孩子的臉，也在破壞孩子的人際關係。她這樣做，與其說是出於愛孩子，不如說是出於計較和報復。事實上她最愛的不是孩子，而是「不吃虧」的感覺。她這樣處理，只是讓自己的感覺好一些，卻已經讓孩子「吃虧」了。

中國傳統智慧「吃虧就是占便宜」被無數人奉為一種生存哲學。它強調的不是忍氣吞聲，而是以豁達之心看待世事。所以它不是來自壓抑，而是來自氣度和容量。可是，如果一個孩子從小被教導不吃虧，怎麼指望他能在成年後體悟出「吃虧就是占便宜」的深意，怎麼能有「退一步海闊天空」的胸襟？

當然也沒必要走極端。

有些家長深諳吃虧就是占便宜的道理，也希望培養孩子無私的品格，遇到孩子和別的小朋友搶東西時，總是要求自己的孩子出讓，這種做法也不對，也是走極端了。

因為自私是人的天性，就像盧梭（Jean-Jacques Rousseau）說的那樣：我們原始的情感是以自我為中心的；我們所有一切本能的活動首先是為了保持自身的生存和自身的幸福。所以，第一個正義感不是產生於我們怎樣對別人，而是產生於別人怎樣對我們。一般的教育方法有一個錯誤就是：首先對孩子只講他們的責任，而從來不談他們的權利，所以開頭就顛倒了。①

幼兒尚未建立合作的概念，自己的玩具不讓別的小朋友玩，或搶別人的玩具，這都是正常表現。強迫孩子出讓自己的利益，這種做法並不能培養孩子的大度精神，反而強化他的緊張感。如果一個孩子感覺別人總是侵犯他的私人領域，干涉他的事情，他會變得特別警惕，表現得更自私。

孩子間的矛盾，無非起源於搶玩具，或打鬧間沒分寸感，不小心碰痛了對方等。成人對待這些小矛盾的態度，比告訴孩子如何做更重要，影響更大。要用最道德的態度來對待孩子，但不要用很高的道德標準來要求孩子。天生不會和人相處的孩子其實不多，只要成人減少干涉，他們多半能進行自我協調。

「三不原則」的核心內涵有兩點：第一給孩子做出好榜樣，第二營造豁達和善意的環境。兩者要的都是家長自身的修養。

比如有一位家長，他想培養兒子的男子氣概，就對兒子說：「如果你跟小朋友發生了衝突，無論誰對誰錯，你都不許當著對手哭，因為那樣的話，你的對手會很得意，下回還會那樣。」這樣的家長可能自以為棋高一著，卻是既錯誤地挑撥著孩子們的關係，還非人性地壓抑孩子的正常情緒表達。這樣不可能培養出真正的男子漢，只能教唆出一個壓抑的小心眼。而根本原因，就在於家長把發生衝突的小朋友看成「對手」，自己就是以一個小心眼兒的態度來對待孩子間的衝突。

古漢語把心胸狹隘的人稱為「器小者」，認為「庸猥之徒，器小志近」。如果家長總以自己錯誤的標準和判斷任意踐踏孩子單純的世界，孩子的人際交往就會變得越來越困難，未來也難成大器。

曾有一位單親媽媽向我諮詢，她說四歲的女兒很喜歡去幼兒園，但在和小朋友玩耍時，總是扮演邊緣角色，受別人的支使，還總是受氣。比如搶某件東西，搶不過別人時，就不會再搶，轉而玩別的東西去了。有時別的小朋友打了她，淚痕還沒乾，人家過來找她，她就馬上高興地又去和人家玩，全然忘了剛才被打的事情。這位母親覺得孩子太懦弱，沒有自尊，為此她給孩子講過道理，也狠狠地教訓過女兒多次，卻總是沒效果，孩子似乎越來越膽小了。她將此歸因為孩子在單親家庭中成長，因缺少父親的關愛和保護而自卑。所以她的問題是，如何給孩子做心理輔導，是不是需要馬上給孩子找個父親？

尋找同伴並迎合同伴，這是孩子正常天性的表達。在和小朋友發生衝突時，孩子能根據具體情況，主動退讓，並且能通過轉移注意力自我化解情緒；在小朋友得罪她後，不計前嫌，快速進行情緒代謝，重新投入友好的玩耍中。所有這一切，都是孩子在用天性中的純潔、豁達和自愛，努力發展自己的人際協調能力。這是一種潛能，這種潛能幾乎深藏在每個兒童體內，只要沒有錯誤的外力干涉，他們都可以在未來的成長中把握好各種交往的分寸。

而家長對孩子的負面評價，其實都是自己心理的投射。她的自卑感和斤斤計較，讓她無法完成人際關係的協調，這種不協調性甚至可能影響了她的婚姻關係。她下意識的自我保護，就是讓自己遠離他人，拒絕交往。現在又不由自主地拽著女兒往這個方向走。

我詢問了這位家長童年的一些情況，她也是成長於一個單親家庭中，對自己幼時狀況的描述和對女兒現在情況的描述如出一轍，而她自己在陳述中也突然發現，自己對女兒的態度和方法，簡直就是當年母親對待她的翻版——到這裡，她開始觸摸到問題的根源了，這才是改變的開端。

孩子天性各不相同，不要指望孩子在人際交往上的表現恰好符合你的理想。他可能是強勢的，也可能是柔弱的；可能是狡黠的，也可能是厚道的。這些特徵並不代表他將來就是怎樣一個人。只要他在和同伴玩耍時是快樂的、內心是純淨的，就是好的。良好的同伴關係本身就是成長的營養品，能讓孩子的心理得到滋養，成長得更健康。

當下還有一種令人擔憂的現象，一些人由於自身的不如意或眼界太低，經常給年幼的孩子灌輸社會是險惡的、人心是無常的等等這類負面觀念，讓孩子從人生初始，就對家門以外的世界不抱有信任和好感。這不但降低了孩子在人際交往上的坦蕩，也束縛了他接納世界的心胸，甚至會培養出反社會人格。

對世界懷有美好的信任，和具有基本的安全防範常識並不衝突。家長應該把人際交往中各種潛在的危險告訴孩子，比如周圍的人發生了什麼事情，或媒體上報導了什麼相關內容，就事論事地跟孩子談談，讓孩子增加些常識。生活本來就是有悲有喜，有常規有意外。知道世界有灰暗，不等於要把世界看得灰暗；知道世界是光明的，也不等於毫無防範心理。這是你對社會應該有的態度，也是教育孩子應拿出的示範。

正面教育永遠是最可靠的方法，正如避免得流感，應通過平時強健身體來預防，而不能採用一出家門就戴防毒面具的辦法。如果你希望自己的孩子在未來表現出一匹駿馬的飄逸，就不要從小教唆他以一隻刺蝟的姿態活著。

最後要強調的是，「三不原則」的成功運用，必須是三條戒律同時執行，才能有效。很多家長在執行這一原則時，容易注意到不介入和不怕吃虧，卻往往忽略自己的脾氣，動輒打罵孩子，那麼這一方法的效果也會大打折扣。原因是家長自己給孩子做了一個不體諒、不寬容、不友好、愛發脾氣的壞榜樣。這也是需要家長特別注意的。成人心中有馨香，才能對兒童形成宜人的薰陶。

① 盧梭，《愛彌兒》，李平漚譯，人民教育出版社，2001 年5月第2版，101 頁。

# 5 自由的人才是自覺的人

一個沒有機會進行自我掌控的孩子，不可能學會自我控制。一個不被信任、總是被當小偷一樣提防的孩子，很難發展出誠信、自尊的品質。在教育中，自由就是空氣，看不到摸不著。你可以不去關注它，甚至可以不承認它，但絕不能缺少它。沒有自由就沒有教育，一個人必須首先是自由的人，才可能成為一個自覺的人。

我非常喜歡一位家長講給我聽的這件事，也曾在多個場合提到這個故事。

她的孩子大約三、四歲，很愛吃糖。媽媽害怕孩子糖吃太多會蛀牙，也擔心會發胖，就嚴格控制數量，規定孩子每天只能吃兩塊。孩子經常是一醒來就迫不及待地要媽媽拿糖給他，而且經常在吃完當天限額的兩塊後，覺得不夠，纏磨著媽媽想得到更多。家長堅持原則，一塊都不多給，並把糖罐放到高處，不讓孩子搆著。

可是有一天，家長發現了問題。糖罐裡的糖在急速減少，再仔細觀察一下，發現放糖罐的櫃子前多了一把凳子，糖罐也挪了位，心裡就明白了。這個小傢伙儘管聰明，但「做賊」的智商還處在大猩猩的水準上——在搬了凳子爬上櫃子偷拿糖後，不懂得消滅證據。這個發現讓家長大吃一驚。本意是要孩子少吃糖，學會自我控制，可這樣看來，孩子不但沒少吃糖，還多吃了；自制力不僅沒有發展出來，還多了一個弄虛作假的壞毛病。

這位家長沒有馬上去批評孩子，而是開始反思自己對孩子的管教，認識到自己必須得改變一下方式，於是跟孩子談了一次話。她沒有揭穿孩子偷糖這件事，而是很真誠地給孩子道歉說，你這麼愛吃糖，可媽媽每天總是忘記主動拿糖給你吃，寶寶就得天天追著媽媽要糖，這樣不好。以後這樣吧，寶寶自己管糖罐，想什麼時間吃糖，就自己去拿，好不好？孩子一聽，當然高興，說好。

媽媽又對孩子說，糖罐你自己管著，不過媽媽還是不希望你多吃，多吃糖的壞處已經給你講過，所以你還是每天吃兩塊，好嗎？孩子說好。於是媽媽信任地把糖罐交給孩子，孩子既興奮又吃驚，這可是媽媽以前摸都不敢讓他摸的東西啊！

然後媽媽打開糖罐看看說，糖不太多了，我們一起數數還有多少塊，還能吃幾天。和孩子一起數了，還有二十塊糖。媽媽說，這些糖還夠你吃十天，到時候媽媽就買新的回來。然後放心地把糖罐交給孩子。過了幾天，媽媽悄悄去數糖罐裡的糖，發現孩子真的一塊都沒有多吃。

這個案例讓我們看到，家長只是改變了一下方法，就達到好幾種教育效果。第一控制了孩子的吃糖數量，第二發展了孩子的自制力，第三防止了孩子撒謊和弄虛作假的行為。

表面看來，不過是一句話、一個方法的改變，背後卻是教育思路的完全更改——家長由監督者和控制者角色中退出，把信任還給孩子，讓孩子獲得自我管理的權力。而這種權力的下放，必然會喚起孩子內心的自尊感和責任感，就像一勺糖放進一杯純淨的清水中必然會使水變甜一樣——家長前後兩種做法，有本質上的差異，是教育和反教育的區別，因此孩子在這件事上就會前後判若兩人。

有什麼比信任更能表達對一個人的尊重呢？被尊重是人的天性，而不信任是不尊重的典型表現。

一個沒有機會進行自我掌控的孩子，不可能學會自我控制。一個不被信任、總是被當小偷一樣提防的孩子，很難發展出誠信、自尊的品質。家長把管理糖罐的權力從自己手上移交到孩子手上，這是一個再簡單不過的生活小事件，卻是一項教育大事件，它告訴孩子，你不必是家長的「臣民」，你是自己的主人。

也許有人會說，糖罐這個例子，家長的辦法之所以有效，是因為她的孩子比較乖，懂得配合。如果是我家的孩子，把糖罐給他，讓他自己管，一天就能把二十塊糖吃完——這種情況我相信是有的，同時我也相信，一個小孩子，如果他不信守自己的諾言，如此沒有自尊，一定事出有因。可以肯定的是，孩子的天性都是好的，自尊是與生俱來的。自尊感匱乏的孩子，不是天生缺少自尊心，而是他的自尊心已在前面的生活中被嚴重磨損了，家長不尊重孩子的行為，就是損壞的外因。

現實生活中，沒有哪位家長會承認自己不尊重孩子，即使在教育問題上做得非常糟糕的家長，他在理念上也認同尊重孩子，並且認為自己是尊重孩子的。只不過，他們的行為和理念發生了背離。

其理念和行為的背離，源於兩方面意識的匱乏：第一缺少「尊重」的心理基礎，即信任；第二是沒找到實現「尊重」的路徑，不知道能帶他走上這條途徑的，是一塊意想不到的路標：自由。

自由——在教育上，這個詞的重要性無可取代；但在生活中，最容易丟失的，也是這個詞！盧梭曾為此歎息，「人是生而自由的，卻無往不在枷鎖之中」。①

尤其在當下中國，由於我們多年來熱中於講紀律，講嚴格，所以「自由」對於很多人來說還是個陌生詞。尤其在教育上，人們錯把控制當成教育，卻不知每一種控制，都是一條或粗或細的繩索，天天往孩子身上纏繞，導致孩子心理功能失調。被捆綁的孩子，他們最終變得心理失序，懦弱膽小，違逆暴躁，謊話連篇，刻板狹隘等等，都是有可能出現的症狀。

有位家長給我寫信，說自己以前是個「穿西裝的野人」，對孩子管得太嚴厲，看了我的書後，感到後悔。可她現在有一個著急的問題，不知該怎麼辦。她的孩子剛上幼兒園，尿急了居然不敢跟老師說，尿了幾次褲子。老師和媽媽跟她說了好多次，告訴她尿急了可以自己去廁所，不必跟老師說，孩子這才敢去廁所。可是，去了廁所後，居然不懂得自己回來，一定要老師喊才會回來，否則就一直在廁所裡待著。從錄影帶看，她一天難得笑幾次，沒人找她就呆呆地坐著。家長不明白孩子這是怎麼了？

這位家長自己在信中其實已經把原因說明白了，她一直對孩子管得太嚴，而嚴厲教育就像一把刀子，肯定會讓孩子受傷。家長可以在一夜之間認識到自己的錯誤，從此扔下刀子，但孩子身上的傷不會在一夜之間痊癒，它需要時間，而且有可能落下疤痕。

兒童成長中的每件小事，幾乎都可以在自由或不自由的感受中，成為或好或壞的教育事件。持續性的錯誤教育總是有代價的，沒有哪種一再發生的過失會不留下痕跡。

很多人擔心，給孩子自由，會不會養成他不聽話、不守規則的壞毛病？這個擔心沒有必要。事實是，如果家長平時很少限制孩子的自由，那麼遇到個別真正危險的東西或不可為的事情，你告訴孩子不要去動，孩子會很聽話的。凡不聽話的孩子，是因為他平時聽了太多的「不許」，他對這個詞已產生「心理抗體」了。

蒙特梭利（Maria Montessori）認為，讓孩子服從成人的意志，這是成人犯了最大最可恥的錯誤。這會產生一種後果，即兒童的膽怯。② 中國著名教育家陶行知先生也說過，「失去自由，不能成人。」

有位家長把他給兒子訂的學習計畫和作息時間表給我，請我看看哪裡出了問題。他說兒子正在讀初三，不好好學習，每天的時間安排得亂七八糟的。父母曾為他做過無數的計畫，最後基本上都泡湯了。而這一次的學習計畫和作息時間表，是他和兒子商量著做的，孩子也保證說要按計畫做事，實際上卻一天都沒認真執行。

孤立地看這位家長帶來的計畫表，確實合理。學習、練琴、運動、上網等等，內容豐富，時間精確，鬆緊有致。但再完美的計畫都需要孩子自己來執行，如果一直以來，孩子「完美計畫」都由家長所決定，並在家長的督促下執行計畫，那麼他就不可能生長出真正的計畫能力和執行力，他內心生長最多的是服從和違逆，以及無力感。所以，如果家長只在計畫的完美與否上打轉，不給孩子自由決斷的機會，不注意培養孩子的自覺意識，那麼完美計畫將永遠是一紙空文。

自然科學的發現很容易被人接受和傳承，確立的東西一般不會遭受反駁；但社會科學常識卻時時需要回到原點，經由每個時代、每個個體去重新認識。這就是為什麼那麼多中外先哲把「自由」奉為王冠上的珠寶；可在一代又一代人的生活中，它經常是個陌生詞。

在我女兒圓圓四、五歲時，我跟她講了有關空氣的知識，並且用塑膠袋、氣球和玻璃杯等做實驗，讓她知道有「空氣」這樣一種看不見摸不著的重要東西包圍著她，這讓她感覺空氣非常神奇。有一天她雙手做環抱狀，腆著肚子問奶奶：「奶奶，你看我抱著什麼？」奶奶猜測西瓜、臉盆、籃球等，都不是。最後她告訴奶奶，抱著空氣——空氣是無形的、不可或缺的，自由也是——就像圓圓的奶奶想不到這個答案一樣，有太多的人在思考教育時，從來想不到「自由」。所以很多人在分析一些問題時，動不動就社會、政策、學校、家庭、個體等等，表面看頭頭是道，既宏大又全面，卻都隔靴搔癢，解決不了任何問題。

事實上，「自由」就在每一個和孩子相處的細節中，這個宏大的命題，需要我們從點滴去實現。

有位家長寫信來諮詢，說他兩歲的孩子想玩電視遙控器，家長不給她玩，因為她總把遙控器扔魚缸裡，問我該怎麼辦，難道這也可以給孩子自由嗎？

家長雖然只是孤立地陳述了孩子的「惡行」，但可以推測這背後一定另有情節。應該是孩子最初想玩遙控器，家長不讓玩，耐不住孩子哭鬧，才不情願地給了她；也有可能本來家長是允許孩子玩的，但沒想到某一天孩子拿著遙控器時忽然心生「創意」，就把它扔進了魚缸，引得家長嚴厲責罵孩子，並且再不許她動遙控器，待孩子又想玩時，家長就限制，最終卻敵不過孩子的哭鬧，又無可奈何地給了她。總之，家長和孩子之間，肯定因為玩與不玩遙控器有一場拉鋸戰，孩子的負面情緒被刺激起來了，否則孩子不會對一支遙控器有那樣長久而濃厚的興趣。

我的建議是，先滿足孩子，不要在這件事上和孩子糾纏，讓她去扔，不但不責怪，還和她一起玩這個遊戲，一直玩到她膩了。一支遙控器沒多少錢，舊的被水浸壞了，再買支新的，哪怕十支八支的，也沒多少錢，全當教育投資。況且孩子根本不可能有興趣去破壞十支八支，應該是玩壞兩三支，她就沒興趣了。

我女兒圓圓小時候幾乎玩遍了所有遇到的東西，她剛懂點事時就非常有「創意」：把自己的小尿盆戴到頭上，說是帽子；把爸爸的繪圖尺當劍，到處亂砍；把盤子裡油膩膩的魚尾巴抓起來貼到臉上，說她長鬍子了。我印象最深的一次，是她一歲半時，突然把一碗正用手抓著吃的麵條端起來扣頭上，湯湯水水流了一身，麵條從頭頂耷拉下來，她興奮地指著腦門上的麵條說「頭髮！」……可想而知她給我帶來多少麻煩，當然我們有時也很煩，她的「創意」不知給我和她爸爸增加了多少家務活，但我們基本上都能正面看待這些事情，從不跟孩子發脾氣。

對於不能給她玩的刀和打火機等，我也不會簡單生硬地拒絕，而是拿著刀去切肉給她看，告訴她刀能把手指割破，只有等她長大了，才能用刀；還用打火機點燃報紙和布條給她看，告訴她，如果玩火，有可能會把家裡的東西點燃，我們的整個房子就都變成盆裡灰燼那個樣子了，她可愛的布娃娃也會變成那樣，所以也不能玩火。因為我們平時很少限制她，所以她非常聽話，對於不讓動的刀、火、電源插座等，都躲得遠遠的。

在保障安全的前提下，除了刀具、打火機等個別危險物品，其他東西幾乎都可以讓孩子去接觸。重要的是家長多費些精力，看護好孩子。只是制定規則，簡單地限制孩子，表面看很用心，事實上這樣雖然最簡單，卻是教育懶惰行為。誰不知道在一個弱小者面前發號施令最容易？

有位家長說她兩歲的女兒很不聽話，不讓動什麼偏要動。比如她家陽臺上放著一根用來挑動晾曬在高處衣服的丫形長杆，孩子偶然看到這東西，很感興趣。家長擔心那個分叉的頭會紮著孩子，就不讓她玩。可孩子總是不聽話，為此大哭不已，而且總是想偷偷溜到陽台上玩那根長杆。

其實，家長稍微想一下就知道，這根杆子傷害孩子的可能性很小，況且孩子有一種本能的自我保護意識。家長只要在旁邊看護好，完全可以把這杆子交給孩子，讓她玩個痛快。家長應該特別注意孩子的安全，但這不應該成為限制孩子自由活動的理由。確實，對於幼小的孩子來說，很多東西都有潛在的危險，如筷子、湯勺、鉛筆、塑膠袋等。保護孩子安全最好的方法，不是限制他接觸這些東西，而是需要家長盡到引導和監護的責任，告訴孩子如何安全地玩，並在旁邊看管好孩子。

我到現在還記得我很小的時候要玩筷子，我媽媽並不拒絕，但她告訴我不可以把筷子頭含在嘴裡走路，那樣很危險。她把筷子橫過來讓我咬住中間，說這是「小鳥含柴」，她還逗我高興，讓我每次玩筷子都記得小鳥含柴。我的母親沒學過教育心理學，卻有很多這樣的方法，她憑著一位母親的愛心，讓她的孩子快樂而安全地成長。

如果認識不到自由的價值，思維就會表現得懶惰，方法就會簡單到只是嚴加控制，一種控制行不通，就換一種控制方式。

看到一位網友留言，他說，考察三年發現，自由是需要花錢的。當地幼兒園，凡講紀律的每月二千元，凡講自由的每月四千元——這宛如一則笑話，「自由」竟是要花大價錢買的。一種理念，當人們意識到它的價值，常常是願意為此買單的。而辦學者如果意識到給孩子「自由」是件多麼重要的事，那麼思維就自然會活躍起來，逢山開路，遇河架橋，產生出無窮無盡的方法。孩子和孩子雖然不一樣，但教育的法則卻是一樣的。盧梭說過，只要把自由的原理應用於兒童，就可源源不斷地得出各種教育的法則。③給孩子自由確實比管束更難，但理解透了，其實就會變得簡單。

在教育中，自由就是空氣，看不到摸不著。你可以不去關注它，甚至可以不承認它，但絕不能缺少它。沒有自由就沒有教育，一個人必須首先是自由的人，才可能成為一個自覺的人——自由不是信馬由韁，自由是一種可以舒展的空間，是一種能夠托舉的力量，它讓孩子有能力去選擇，並且有能力抵抗生活中的一切虛假和脆弱。

① 盧梭，《社會契約論》，何兆武譯，商務印書館，2003年3月第3版，4頁。
② 蒙台梭利（臺灣譯名：蒙特梭利），《蒙台梭利幼稚教育科學方法》，任代文等譯，人民教育出版社，2001年5月第2版，318頁。
③ 盧梭，《愛彌兒》，李平漚譯，人民教育出版社，2001年5月第2版，78頁。

# 6 反自然的往往有問題

中國傳統文化講「道法自然」，這其實是一個普世法則。可我們現在在養兒育女的問題上，做了太多反自然的事。幾乎孩子所有的生活細節，都恨不得用人力來控制。有多少人對孩子以愛為名而進行控制，以反自然的手段，擾亂孩子的正常發育，甚至逼孩子退步。只是違背自然法則的事，有的很快便能看到後果，容易被發現，容易中止；有的損害則十分隱蔽，幾年甚至幾十年才會顯現。

自古以來，婦女在懷孕初期的幾個月出現噁心嘔吐症狀都是一件很正常的事，可有的人就想改變它。世二十紀中期，德國一家製藥公司生產出一種用於治療孕婦嘔吐、失眠等妊娠反應的藥品沙利竇邁（Thalidomide），當時被宣傳為對孕婦無任何毒副作用。該藥品除了在德國（西德）廣泛使用，在澳洲、日本等國也風靡一時。結果其後幾年間，這些藥品使用國家新出生的嬰兒大量出現嚴重先天畸形，典型症狀為四肢殘缺短小，整個人的形狀像海豹。「海豹肢症」後來證實和懷孕期間服用沙利竇邁有直接關係，雖然一九六一年該藥即全面下架回收，但是這一慘痛事件已經波及成千上萬的新生兒。

重提這段歷史是想說，自然法則是簡單的、美的，也是莊嚴的，一切對自然法則的違逆，都有可能帶來不必要的麻煩，甚至是懲罰。而現代科技的發展使人越來越遠離自然，對童年越來越生疏，所以家長們在養育孩子時，越來越依賴技術和產品。雖然主觀上都是想做得更好，想給孩子更多，客觀上卻可能給孩子的發育或發展帶來不必要的困擾。

沙利竇邁的胎害非常容易被發現和中止，但是生活中有太多的細節，卻因其平常而容易忽略。本文就當前人們在育兒問題上的一些普遍的反自然做法給予分析，提醒年輕一代家長在育兒中盡量回歸自然，使育兒這件事更接近自然，趨於簡單和美好。

## 媽媽喜歡的才是好胎教

胎兒和母親是完整的一體，相當於母體的一個器官，一切需要都必須依母體為介質來轉化吸納。猶如胎兒需要的營養必須首先吃進孕婦嘴裡，由母體輸送給胎兒，不能用針管打進子宮裡一樣，「胎教」的落腳點也應該在孕婦的情緒和感覺上，而不是採用某種物理手段，跨過母體，直接給肚裡的胎兒傳遞些什麼。

例如，為培養孩子的音樂天賦，有人對著肚子放音樂，以期肚中的寶寶能聽到，並且所選樂曲都是「高雅音樂」，或兒童音樂。如果孕婦本人喜歡這些，那應該不錯；如果孕婦不喜歡這些，甚至有些煩，她真正想聽的是流行歌曲，那麼流行歌曲才是最佳的胎教教材。並且，這音樂是要放給孕婦聽，而不是直接放給肚裡的孩子聽。曾有媒體報導孕婦整天把錄音機放到肚子上，聲音開得大大的，結果損壞了胎兒的聽力。現在市場上還有胎教兒歌，要媽媽每天讀給肚裡的孩子聽。如果媽媽時間充裕，也喜歡這些，讀一讀倒也無妨。否則，不如把它們暫時擱置起來，待孩子出生後再說。在孩子未出生時，媽媽自己讀一些優秀的圖書，看一些好的演出，參觀一些高水準展覽，應該是更正確的選擇。

胎教的影響是由情緒作為紐帶產生的。凡讓母親愉悅的東西就是好的，就適宜用來做胎教，否則就是無效的或負面效果的。比如從理論上說，看一場美術展覽比逛一下午商場是更好的胎教選擇，但如果你實在不喜歡看美術展覽，對此沒什麼感覺，卻非常想去逛商場，那就不要猶豫，逛商場去吧。此種心境下，逛商場就是比逛美術館更好的胎教行為。

當然，憑感覺選擇要有底線，不能不管不顧地放任自己。比如平時你喜歡看恐怖片，或喜歡玩緊張刺激的遊戲，懷孕之後，就應該暫時戒斷這些。中國傳統文化中有「目不視惡色，耳不聽淫聲」的行事原則，這一點對於孕婦尤其重要。母體的緊張、恐懼、憤怒、憂傷等等，對胎兒都沒什麼好處。胎教的最高原則是讓自己身心舒泰，基本判斷標準是：凡內心嚮往，有輕鬆感和愉悅感的事就是對的；凡有些勉為其難，感覺有壓力或有些煩躁的事就應該是不對的。

現在市場上販賣的胎教產品胎教概念不少，除了各種「胎教儀」，還有人建議定時用手電筒照射孕婦腹壁，增加對胎兒的刺激。這些都是顯而易見的反自然做法。「胎教儀」無非是些影音產品，且不說內容是不是被孕婦喜歡，僅僅是綁到腰上，就有可能損害胎兒聽力，還無形中增加了輻射的危險。而用手電筒照腹壁，即使能引起胎兒的活動又怎樣？胎兒有自己的生活節奏，憑什麼要你從外面來控制呢？

## 母乳就像編織起親子關係的絲帶

如果母親對親自哺乳這件事有信心，並且堅持，絕大多數都可以成功。這一點我自己深有體會。

我女兒圓圓出生後，一開始我的奶水不夠，小傢伙總因為吃得不夠滿足而生氣地大哭。我很著急，擔心餓著她，就想到要給她加餵牛奶。我母親淡定從容地對我說，每個孩子都是自帶口糧來的，哪個當媽的能沒有奶？一口牛奶都不要加，你就讓孩子多吃，奶水越吃越多。在母親的鼓勵下，我堅持不加牛奶，女兒一哭就哺乳，不看時間，隨時隨地餵，能吃幾口就吃幾口。

由於餵奶次數多，且小傢伙吸吮用力，我的乳頭很快就破了，每次餵奶都痛得鑽心，深深地體會到什麼叫「揭瘡疤」，儘管這樣，我還是咬牙堅持住了。同時，我自己每天多喝水喝湯，保證供給充足。事實果然如母親說的那樣，奶水越來越多，大約半個月後就很多了，簡直像噴泉，多到圓圓都來不及從容吞嚥，每次吃奶都上氣不接下氣的，喉間發出很響的換氣聲。

現在想來，我的母親不但是個經驗豐富的育兒專家，深諳「奶水越吃越多」這個生物進化論中用進廢退的原理，同時還是個哲學家，她的「每個孩子都是自帶口糧來的」讓我堅信，上帝給我一個孩子，就一定贈予了我一份奶水，我既不需要懷疑這一點，也不能用任何理由剝奪女兒自己帶來的最好的口糧。最不濟的母乳也強過最好的牛奶，母乳是奢侈品，優質牛奶是合格品，劣質牛奶就是危險品。這份恩惠豈止是孩子獨享的，家長也跟著省多少力多少錢。

喝母乳還是牛奶，這不單是營養方面的差異，也是兒童內心安全感的差異。孩子在媽媽懷裡，小嘴吸吮著母乳，這是母子間最自然最原始的親情交流。一股自母親胸膛流出的奶水，像一條美麗的絲帶，日復一日編織著親密的母子關係，這個價值又如何估量呢？

現在很多媽媽都奶水不足，用奶粉餵養孩子已成常態，奶粉市場極為繁榮，電視廣告特別多，「給孩子賺奶粉錢」也成為很多年輕爸爸表示要努力工作的口頭禪。近年來大家信賴的知名奶粉和進口奶粉不斷爆出問題，人們更努力地去發現和購買更好的奶粉，卻忽略了最好的奶水就長在母親身上。不是媽媽們沒奶水了，而是人力過多地介入自然的安排，擾亂了母親的哺乳狀態。

在哺乳這件事上，另有一個錯誤觀念是「定時餵奶」。一些專家拋出定時餵奶的概念，理由是盡早培養孩子良好的生活習慣。於是一些媽媽寧可焦急地盯著鐘錶熬時間，也不肯馬上去哺餵餓得哇哇大哭的孩子。嬰兒的世界本來就是混沌的，需要在較長的時間裡慢慢清明。成人那麼急於改造孩子，急著培養好習慣，這是多麼不自然的一件事啊。

國際母乳協會有一句著名格言「看孩子，別看鐘」，再小的嬰兒都不是機器人，母愛的直覺可以勝過任何教科書。「母親不需要計算自己給孩子餵奶的次數，就像她不需要計算親吻孩子的次數一樣。」①

短見者最易膨脹。在自然面前，掌握了一點點技術的人類，經常企圖用自己的腦袋取代上帝的思考，偽概念就這樣產生了。圍繞孩子的偽概念現在特別多，原因可能是孩子太幼小，無力進行自我陳述，這給一些人留出製造偽概念的餘地。現代母親要有意識地保護自己的天性，防止其退化，越是高學歷的人，越要注意這一點。

有一位曾到國外留學的媽媽，她的第一個孩子是兒子。她懷孕期間從書上讀到「戀母情結」這個詞，憂心忡忡，就決定不讓孩子直接吸吮她的乳頭，從月子開始，天天定時把奶水擠出來，存放到冰箱，然後用微波爐加熱，以奶瓶餵孩子。兩年後小女兒出生，為了上班和斷奶方便，同樣採用擠出、冷藏、奶瓶餵奶的辦法。她的兩個孩子都沒有經歷斷奶的困擾，以至於她覺得這真是個好辦法，到處推薦。但兩個孩子的身體都有些問題，都是從嬰兒期便罹患濕疹，越來越嚴重，渾身上下幾乎體無完膚。家族中沒有這樣的遺傳病史，醫生也搞不清楚病因，只說濕疹病因很複雜。

疾病反映了孩子免疫功能的低下，這是否和她反自然的哺乳方式有關？即使病況和哺餵方式完全無關，但經過吸奶器、冰箱、微波爐、奶瓶這樣一趟長征的奶水，品質肯定不如乳房中直接流出來的。奶水的品質被打折，從沒含過媽媽的乳頭也是孩子的遺憾。而一個母親如果沒有親自感受過一張小嘴在乳頭上的吸吮，又如何能完整地領略生兒育女的幸福呢？

還有一些母親不願意給孩子哺乳，可能是潛意識中害怕自己體形變化，或嫌麻煩。事實是，很多證據或研究都支持哺乳更有利於恢復體形。我認識一位著名演員，她不但堅持母乳餵養，而且拒絕為任何奶粉代言，給多少錢都不做。她的行為讓人敬重，她的身材和美貌也沒因為親自哺乳而有任何改變。哺乳母親的體形會不會變化，是否仍舊美貌，不是哺乳本身決定的，而是她的生活習慣和心態決定的。做母親的如果能把關注點放在「媽媽」這個原始角色上，而不是力圖追求自己的社會優越感，就更容易貼近自然。

關於母乳餵養，最後還要說一下斷奶和添加副食品的時間問題。因為現在關於這一點也是眾說紛紜，有的建議早一些，有的建議晚一些。人為的爭吵當然各有理由，也許都能自圓其說，但「自然」其實早已給出了答案：

孩子一般在六個月開始長第一顆牙，這是自然在告訴父母，小傢伙開始具備咀嚼功能，應該添加副食品了。此後，牙齒不停地長出來，意味著副食品的量及品種應該不停地增加。到兩歲半左右乳牙全部長齊，那就是自然在宣布：現在，孩子在咀嚼和消化方面已基本成熟，大人吃什麼，就可以給他吃什麼了。斷奶的時間應該和添加副食品的時間相輔相成，哺乳量和哺乳次數要逐漸減少，自然斷奶最好，盡量不要生硬斷掉。

當然，由於每個人的生活條件不同，餵副食品及斷奶的時間自然會有出入，尤其斷奶，一歲以後早斷晚斷沒有太大差別。或出於客觀條件所限，在某個時間必須生硬斷掉，這也不會有太大問題。只是，我們一定要盡量關注自然給出的提示和參考標準，在生活中盡量圍繞這個提示和參考標準做。

## 別讓月嫂的「專業」唬住你

到府坐月子的保母近幾年變成「月嫂」，名稱變了，工作內容也變了，由買菜做飯變為產婦護理和嬰兒護理，成為專業工作者。哺乳是新手媽媽面臨的一個新任務，很多人的初期哺乳工作進行得並不順利，需要催乳或消腫脹，這方面有經驗的月嫂確實是可以幫一些忙，協助新媽媽順利實現母乳餵養。

但現在也有不少月嫂在母乳餵養上對新手媽媽形成障礙，比如有的人會極力推薦嬰兒奶粉，從嬰兒營養和產婦恢復體形等方面來勸新手媽媽減少母乳餵養，甚至放棄母乳餵養。還有些月嫂特別喜歡用一些「規則」來規範新手媽媽，比如眼看著孩子長時間大哭，卻不允許媽媽去抱孩子，也不允許媽媽及時給孩子餵奶，用各種理由解釋這樣做的科學性。天知道這些道理來自哪裡，是出於推銷或偷懶？還是為顯示自己很專業？

面對一個柔嫩的小嬰兒，新手媽媽都會感到惶惑，如何不被人糊弄，關鍵是要用自己的知識和母愛的直覺去感覺事情自不自然，不自然的一定是有問題。

例如，現在月嫂最常做的一件事是給嬰兒做「撫觸按摩」，這件事有意義嗎？下面這位爸爸的感受有一定代表性。

這位爸爸和他妻子都是博士，三十幾歲才生孩子。在孩子將要出生時，他們有些惶恐，不知該如何「科學育兒」，就到月子中心精挑細選了一位「金牌月嫂」，這個級別的月嫂工資要得很高，超過他的月工資，博士覺得只要有利於孩子的護理，花點錢沒什麼，就咬牙訂下來了。孩子出生第四天月嫂開始來家裡工作。她首先是給正在酣睡的寶寶做嬰兒被動操，活動一會兒嬰兒四肢，然後滴一些嬰兒沐浴乳到小浴盆裡，給孩子洗澡，洗完澡後做「撫觸按摩」。

月嫂往手上倒一些嬰兒按摩精油，開始從頭到腳地按摩起來，手過之處，小嬰兒的皮膚立即變得通紅，本來一直迷迷糊糊睡意十足的孩子這時揮舞著四肢，大哭起來，父母在旁邊看得心驚肉跳，不停地說「輕點，輕點」。待月嫂終於做完全套按摩，孩子已哭得聲嘶力竭，甚至連奶都不肯喝，在媽媽懷中被安撫了好久，才平息下來。第二天博士和妻子對這個撫觸按摩就深感顧慮了，覺得沒必要，有些不想做，月嫂這時拿出專業技術的架式，給他們講按摩如何能促進孩子肌肉骨骼甚至神經系統的發育，兩個博士莫名其妙地又被說服，然後又和孩子共同經歷一場磨難。第三天，他們不再猶豫，堅決地阻止了月嫂的撫觸按摩，也不要月嫂來給孩子洗澡，只讓她幫忙幹點簡單的家務。

這位爸爸很慶幸自己沒有為了心疼退不回的錢而讓月嫂把撫觸按摩做下去。他說，後來想想自己學歷雖高，做了父親卻變傻了。那麼小的孩子，皮膚那麼嬌嫩，洗澡要什麼沐浴乳？又有什麼必要做按摩？自己出生在北方農村，小時候連洗澡都很少，吃得粗糙、穿得簡單，後來不也是全縣高考狀元，且讀到博士嘛！而且那個精油，瓶上標的雖然是純天然植物提煉的，誰知道是什麼化工產品，天天給孩子身上用一大把，又隱含著多少風險？

任何勞動群體都值得尊重，前提是其工作是有價值的，且工作內容和自己的專業知識、文化程度相匹配。如果玩弄概念，折騰人，尤其折騰弱小者，就不能不受到批評。

企圖用人力生硬地打破嬰幼兒固有的生態平衡的做法一直都有，且越來越多。製造一個概念，就可以開拓一片市場。當代父母，除了學習新知識，還必須捍衛自己的天性，努力返璞歸真。

抱孩子的姿勢需要有人跟在旁邊指點嗎？給孩子洗澡需要別人代勞嗎？照料孩子必定需要很多人介入嗎？「如果我不做到從一開始就親手料理他的吃喝拉撒睡，我就不會透徹地了解他，他也不會信任我、跟我建立最親密的關係。成功教養孩子的首要前提是家長對孩子的了解，這個了解是從襁褓期開始的。」②沒有比父母更內行的嬰兒護理專家，當你深愛著懷中這個孩子時，嬰兒護理技巧就自然地來到你手上。

## 盡量少用紙尿褲

紙尿褲確實帶來不少方便，但不宜過度使用。紙尿褲的廣告訴求經常是「不滲漏」，那我們就從這三個字來想一下，受益人是誰？受罪的是誰？比如有的媽媽懶得半夜起來給孩子換尿布，又不忍心讓孩子在濕褥子上睡，就每天晚上給孩子包紙尿褲。這些媽媽沒有細細地想一想，倘若你不能接受半夜不換尿布的做法，紙尿褲就更不該使用，不滲漏的紙尿褲不過是讓一包尿全部兜在孩子身上，這對孩子來說，是不是比不換尿布還糟糕？所謂紙尿褲乾爽，這只是針對媽媽的感覺而言的。如若不信，請媽媽們想一想，所有宣傳乾爽舒適的衛生棉，哪一種真的讓人乾爽舒適了？

其實半夜換尿布並不是件必須的事，只要孩子不在意，不哭，就沒必要換，白天保持寶寶的小屁屁乾燥，注意不要起尿布疹就可以，這樣家長的睡眠和孩子的睡眠都不會被過分打擾。當然，並不是說紙尿褲一定不能在晚上用，本文意在強調，紙尿褲要盡量少用。

嬰兒最好的尿布還是傳統的純棉尿布。洗尿布可能有些麻煩，建議買一部小型洗衣機，專洗尿布，問題基本上可以解決，並且從開銷上來說，比大量使用紙尿褲可能更經濟，同時也更環保。

有時候，我們過分受到宣傳的影響，或是心底有懶惰思想作祟，就會變得思維簡單。我在社區廣場經常見到一位奶奶，她的小孫女整天包著紙尿褲，孩子小屁股長了濕疹，大腿根都磨紅了，可以想像孩子一定很痛苦。這位奶奶嘴裡抱怨紙尿褲把孩子捂得厲害，卻經常是一邊和人聊天，一邊把小女孩的下身露出來，晾曬一會兒，轉身又把紙尿褲給包回去。我驚訝於家長對孩子的不體貼和不尊重，終於忍不住，建議這位奶奶不要再給孩子使用紙尿褲，也不要那樣在大庭廣眾下晾曬孩子。奶奶驚訝地看看我，然後表現出不以為然的樣子，懶得搭理我。

我還收到一封家長來信，說她九歲的女兒手淫嚴重，問怎麼辦。家長陳述的原因是孩子小時候一直用「尿不濕」（紙尿褲的一種），使女兒從小就有陰道炎，反覆發作，所以需要經常到兒童醫院找醫生檢查開藥，回家還要清洗和上藥，使女兒的外陰常被碰觸，這導致孩子發生手淫。

我倒不認為陰道炎的治療是手淫的誘因，在這裡也不討論這個。只是覺得，家長居然可以長期使用尿不濕而使孩子產生慢性炎症，為什麼不在孩子剛剛出現不適時立即停用？看來像前面這位奶奶一樣，眼裡只有產品沒有孩子的家長還不少。

現代生活，商品廣告無孔不入。不能說廣告一定是不好的，但是我們的生活不能過分受到廣告左右。尤其在兒童用品的使用上，由於孩子的柔弱，更應考慮對孩子的適宜性，要警惕商家對兒童的過度消費。

歷史學家湯恩比（Arnold J. Toynbee）認為，科技信仰實際上已成為一種宗教，它是十七世紀基督教衰退後人們為自己建立起來的新宗教。這種過於迷信技術力量、帶有反自然傾向的行為，必將給人類帶來麻煩。③當下家長的努力方向，應該是如何讓孩子的生活盡量簡單、樸素、自然，而不是市場宣傳什麼，就把什麼搬回家。

## 嬰兒車比不上父母的懷抱

經常在公園看到父母用嬰兒車推著孩子散步，有時還跟著爺爺奶奶，一家人有說有笑，真是一幅溫馨的畫面。但如果你仔細觀察嬰兒車裡孩子的表情，會發現他們多半神情索然，落落寡歡。

孩子的狀態並不意外，把我們置換到孩子的角度上來感覺一下，剛剛一兩歲的小人兒，既不懂得欣賞美景，也聽不懂別人的話，離父母又有這樣一段距離，沒有交流，沒有肢體接觸，這樣的天倫之樂對這小人兒來說，有什麼可樂的呢？

設想另一種情景，一家人逛公園時，四個大人輪流抱著孩子，邊走邊跟孩子說話，講講這個，講講那個。如果孩子已經會走路了，不時地把他放下來，走一走，摸摸地上的土或磚，撿顆小石子或小樹枝，拔一根草，晃晃路燈杆……同樣是逛公園，走同樣的路線，孩子感知的東西會完全不一樣。

嬰兒車確實能帶來方便，適度使用嬰兒車很有必要，尤其獨自帶孩子外出或趕路時。但不要養成依賴習慣，不要一帶孩子出門就推嬰兒車，並且一推出來就一直讓孩子在車裡待著。偶爾使用一下，它是幫手；使用太多，就會變成一道語言交流隔離帶，或是束縛孩子腿腳的繩索。而且，習慣在嬰兒車中待著的孩子，會對嬰兒車慢慢產生依賴心理，越來越懶於使用自己的腿腳去走路。所以現在，我們在公園裡或大街上會不時看到，已四、五歲的孩子還要家長用嬰兒車推著走的情景。

家長一定要珍惜懷抱孩子的機會，盡可能讓孩子感受你的體溫，方便和你交流。買個背孩子的背帶，體力勞累就能減輕不少，雙手也可以空出來，非常方便，而且這樣還可以減肥。不要擔心抱太多會把孩子「慣壞了」，這種擔心沒有來由。擁抱本身不會慣壞孩子，經常得不到父母擁抱的孩子才會有問題。有過「皮膚饑餓」經歷的孩子，長大後會有深刻的不安全感。如果說有的孩子不抱就哭，原因不在抱得多本身，應該是孩子在其他方面經常性地心理受阻，內心有委屈感或失落感，下意識地用哭來表達情緒。況且，即使你的孩子天生比別的孩子更喜歡讓家長抱著，也不是件壞事，孩子幾年間就長大了，過不了幾年，父母想抱也沒那麼大力氣，而且孩子也不讓你抱了。記憶中有許多懷抱孩子的印象，是多麼好的一件事！

不要讓沒有意義的習慣或產品統治你的生活，不要讓太多物質介入你和孩子的相處中。孩子不僅需要父母心中的愛，也需要你實實在在的體溫。嬰兒車只是個微型託管所，父母的懷抱則是一個溫暖的樂園。

## 幼兒說話應道法自然

初學說話的孩子一般都口齒不清，尤其發不了舌尖音，比如把「河流」說成「河牛」，這非常正常。家長不在意，孩子長大慢慢就好了。這猶如剛學走路時總是跌跌撞撞的，無須對孩子進行任何訓練，孩子大了自然就走得穩了。如果家長把這種正常現象看作是不正常，急著去訓練孩子，很有可能會阻礙孩子的語言發育。

有位家長為了讓剛剛一歲半的孩子口齒清楚，天天用小飯勺調整孩子的舌頭，訓練孩子發音，本來已經會說話的孩子突然不再開口說話。孩子的異常表現把她嚇壞了，以為孩子突然得了自閉症，幸虧孩子奶奶憑感覺斷定是小飯勺惹的禍，及時阻止了她的訓練，並堅持不讓她帶孩子去看心理醫生，也不讓她在說話上再和孩子糾纏，過了近一年，孩子才又慢慢恢復說話。

還有一位媽媽，她兒子三歲，說話吐字雖不太清晰，但是很流利，媽媽一直不覺得孩子說話有什麼問題。可有一天，家裡來個親戚，說孩子口齒不清楚，原因是說得太快，要孩子說話慢慢地、一個字一個字地說，還做了示範，並不停地糾正孩子。結果第二天，孩子就一個字一個字說話，說得很慢，臉上有緊張的神情，而且還有點結巴。媽媽急了，說怎麼結巴了，慢慢說，不要急。孩子就更緊張，更是一個字一個字慢慢地說，結巴得更嚴重！親戚走後，媽媽告訴孩子可以像以前那樣說話，沒問題。但孩子卻不能馬上改回來，話一下子變得很少，只要開口，總是慢吞吞的，還是有些結巴。媽媽再不敢提如何說話的事，過了好久，孩子才克服了結巴的問題，但流暢度似乎不如以前。

這位親戚雖是好心，卻純屬沒事找事，這樣的「熱心人」可能每個人都會遇到，我自己也遇到過。

我女兒圓圓三歲時，有一天我帶她去我工作的地方。一位孩子已上中學的同事聽到圓圓不會發舌尖音，比如把「六十六」說成「又希又」，顯得很吃驚，鄭重其事地建議我帶孩子去醫院看看，是不是口腔構造有問題。我不知她的孩子三歲時說話有多清晰，但我知道圓圓肯定沒問題，作為母親我了解自己的孩子，甚至有些喜歡圓圓那種發音的樣子，感覺非常可愛，所以對同事的建議一笑置之。不記得圓圓什麼時候不再把「六」說成「又」，就像我不記得她哪天從一個胖嘟嘟的幼兒長成一個四肢修長的少女一樣。「自然」遠比我更高明。

> 中國傳統文化講「道法自然」，這其實是一個普世法則。可我們現在在養兒育女的問題上，做了太多反自然的事。幾乎孩子所有的生活細節，都恨不得用人力來控制。

當人們對童年越來越生疏時，兒童的正常表現就紛紛被看成是「問題」，各種「訓練」便應運而生了。感統訓練、哭聲免疫訓練、排便訓練、爬行訓練、注意力訓練、抓握訓練……家長的整體文化水準越來越高，養育兒童卻越來越不自然，越來越粗野無知。有多少人對孩子以愛為名而進行控制，以反自然的手段，擾亂孩子的正常發育，甚至逼孩子退步。

我聽說有一家人，嫌孩子吃飯太慢，一口飯在嘴裡嚼半天嚥不下去，就天天把所有的食物用攪碎機打成糊狀，再灌到奶瓶裡給孩子吃。結果孩子兩歲多了，還不會咀嚼，什麼東西放進嘴裡，只會整個吞嚥下去。這種奇葩做法家長是怎麼想出來的，真是難以想像。

很多連猴子都知道的事，人卻糊塗了。違背自然法則的事，有的很快便能看到後果，容易被發現，容易中止；有的損害則十分隱蔽，幾年甚至幾十年才會顯現。「約翰也許會因腎病而死，瑪麗也許會死於癌症，但他們都不會去想，他們一生的貧乏、不快樂和被壓抑的情感生活和他們的病有什麼關係。總有一天，人類會把他們所有的痛苦、仇恨和疾病的根源，追溯到他們違反生命文化現象上。」④仰面唾天，那口痰會落回到自己臉上——這就是反自然的結果。

愛因斯坦認為，「自然界裡和思維世界裡有著莊嚴的和不可思議的秩序。幾乎所有造詣深厚的科學家都對自然的和諧與規律發出感歎，並充滿宗教般的崇敬和癡迷。」自然是我們永恆的老師，她讓我們變得單純，緩解我們的焦慮。「一旦真正理解了自然界的力量，就必然會獲得寄託著一切幸福的靈魂深處的安寧。」⑤

①轉引自小巫，《讓孩子做主》，民主與建設出版社，2008年8月第2版，102-103頁。
②小巫，《讓孩子做主》，民主與建設出版社，2008年8月第2版，36頁。
③詹克明，《空釣寒江》，上海教育出版社，2010年1月第1版，66頁。
④A. S. 尼爾，《夏山學校》，王克難譯，南海出版公司，2010年5月第2版，80頁。
⑤房龍，《寬容》，生活·讀書·新知三聯書店，1985年9月第1版，33頁。

# 第二篇

# 淨化育兒觀念

# 1 嚴厲教育是危險教育

兒童是脆弱的，成長只需要鼓勵，不需要懲罰，一切嚴厲的對待都隱藏著某種傷害。父母不僅應該放下手中的棍棒，更要放下心中的棍棒，心中無棍棒是件比手中無棍棒更重要的事。寬容而飽含真誠的教育，總是最美、最動人的，對孩子也最有影響力。

所謂「嚴厲教育」，是指以打罵、懲罰和羞辱為主要手段，對未成年人進行強制性改造的一種行為。雖然目標指向是好的，希望孩子做得更好，但由於它不尊重兒童，不體恤兒童身心發育特點，不符合人性，實際上並無教育要素，只是一種破壞力。

嚴厲教育究竟會造成怎樣嚴重的後果，下面一個案例是比較典型的註解。

我曾經接觸過一位單身女士，當時她年近四十，一直沒結婚。她是因為嚴重的憂鬱症來找我的。在我們的交談中，她談到了自己的童年成長經歷。

她父母都是小學教師，對她有很好的早期啟蒙教育，在各方面要求也很嚴格。她在很小的時候就會背很多經典詩文，聰明伶俐，而且認字很早，上小學就讀了不少課外書，學習成績一直很好。但她父母在她童年時期犯了一個不可饒恕的錯誤，這個錯誤發生在她五歲的時候。

起因很簡單，就是有一天她尿床了。父母為此大驚失色，說你兩歲就不再尿床了，現在都五歲了，怎麼反而又尿床，越活越倒退了。父母的話讓小小的她非常羞愧，以至於當天晚上睡覺的時候，心裡非常擔憂，好久都沒睡著。但也許是因為太緊張，也許因為前半夜沒睡著，後半夜睡得太香，第二天早上醒來，居然又一次尿床了。這下子，父母更不高興，說你是怎麼搞的，昨天尿了床，今天怎麼又尿了，是不是存心的啊？當時他們住的是大院平房，有很多住戶，她媽媽一邊抱著濕被子往外走，一邊說，這麼大了還尿床，被子曬在外面，讓別人看到多丟人。她爸爸板起面孔嚴肅地警告她說，有再一再二，沒有再三，這兩次尿床我原諒你，再尿床我可對你不客氣了。

父母的話讓小小的她內心充滿羞辱感和恐懼，所以接下來那個晚上，她更害怕得不敢睡覺，直到睏得堅持不住，沉沉睡去。結果是，她第三次尿床了。這令父母簡直震怒，不但對她責罵，而且罰她當天晚上不許吃飯喝水。雖然當天因為空著肚子睡覺，沒尿床，但問題從此陷入惡性循環中。從那時起，她開始隔三差五地尿床。父母越是想要以打罵來讓她克服這個問題，她越是難以克服。父母可能後來意識到打罵解決不了問題，就開始帶她看醫生，吃過很多中藥西藥，都沒有作用，直到成年，仍不能解決。

這件事幾乎毀了她一生。天天濕漉漉的被子、尿布以及屋裡的異味，是烙進她生命的恥辱印記，她原本可以完美綻放的生命就此殘缺了。考大學時，她取得了很高的成績，可以報考北京的知名大學，但為了避免集體住宿的尷尬，第一志願填報了當地一所學校，以便天天晚上回家。大學四年，她不敢交男朋友，自卑心理讓她拒絕了所有向她求愛的男同學。工作後，談過兩次戀愛，都是男方發現她有這個毛病後，選擇了分手。

她對我說：直到上大學前，她一直認為自己這個毛病是個純生理問題，是一種泌尿系統的慢性病。後來才慢慢意識到是父母的緊張和打罵造成的後果。結束第二段戀情後，她割腕自殺，被救過來，出院回到家中那天，終於在父母面前情緒爆發，瘋狂地向父母喊出她心底積壓多年的屈辱，並以絕食逼迫父母向她認錯。父母似乎終於也意識到問題的來由，雖然沒向她正面道歉，卻在她面前無言地流了幾天淚，痛悔的樣子終於令她不忍，端起了飯碗。經過這件事，父母都一下子蒼老了十歲，幾天間就顯得步履蹣跚了。她知道他們已受到懲罰，心中既有宣洩後的舒暢，又有報復的快感。自此，這個毛病居然奇蹟般地開始好轉，發生的次數大為減少。

但她的生活卻無法改變，周圍凡認識她的人都知道她這個毛病。她像一名臉上被刺字的囚犯，醜陋的印記無法擦去，只好在三十多歲時選擇「北漂」，來到北京，希望通過環境的改變讓自己活得自在些。但骨子裡形成的自卑和抑鬱無法消退，再加上工作壓力比較大，很小的一點事就會讓她崩潰，對於愛情和婚姻，完全失去再去碰觸的熱情和信心，對安眠藥和抗憂鬱藥的依賴越來越嚴重。後來她有了信仰，她說宗教是唯一讓她感覺安慰並有所寄託的東西。雖然她知道自己不會再自殺，但想到即便活到六十歲自然死去，還要活將近二十年，就覺得這實在太長，太難熬了，她不知道該如何撐過這二十年。

像一位醫生在癌症末期患者面前束手無策一樣，我在她的痛苦面前也同樣感到無可奈何。

教育中，有太多這樣的蝴蝶效應，本來小事一樁，家長完全可以用輕鬆愉快的態度解決，甚至不需要解決，問題也會自行消失。但由於家長用嚴厲的方式對待孩子，不但無助於問題本身的解決，還會給孩子留下經久難癒的心理創傷，嚴重的甚至可以毀滅孩子一生。

我還見過一個四歲的孩子，父母都是高學歷，奶奶曾是單位主管會計，也很能幹，且非常愛乾淨。

家長從孩子一歲半開始，就因為吃手的問題和孩子糾纏不清。據家長講，最初阻止孩子吃手，採用的是講道理，告訴孩子手很髒，不能吃，他們感覺一歲半的孩子能聽懂了，但孩子一如既往。發現講道理沒用，就來硬的，採用打手的方法，輕打不起作用，就狠狠打，但這只能起一小會兒作用，孩子一停止哭泣，就好了傷疤忘了疼，又把手伸進嘴裡。後來，負責照看孩子的奶奶拿出縫衣針，只要孩子的小手一放進嘴裡，就用針扎一下，並把針掛在牆上，故意讓孩子看到，但這也不能嚇住孩子。後來家長還採用過給孩子手上抹辣椒水，每天二十四小時戴手套等各種辦法，可是問題始終沒能解決，並且越來越嚴重。聽家長說，孩子還特別愛發脾氣，因為一點小事就大發雷霆，可以連續哭號兩小時，甚至會用頭猛烈撞牆，全然不知疼痛和危險。

我見到這個孩子時，他兩隻手的大拇指已吃得變形，兩隻小手布滿破潰的傷口，傷痕累累，但孩子好像完全沒有痛感，還在用嘴啃咬雙手，用指甲摳開血痂。更糟糕的是孩子的心理也出現嚴重障礙，不會和人交流，別人和他說話，他基本上不回應，目光總是回避開來，神情冷漠，拒人於千里之外。

這個孩子的遭遇，讓我震驚於家長的無知和殘忍。孩子吃手是多麼正常的一種現象，嬰幼兒最初是用嘴來感知和認識世界的，小手又是離他最近、唯一能讓他自主支配的東西，所以吃手幾乎是所有孩子的本能，根本不需要，也不應該制止。到他可以動用自己的其他感知器官認識世界時，自然就不吃手了，就像人學會站著走路後，自然就不願意爬了。對於這樣一個自然的認知過程，家長卻要想方設法阻止，而且採用打罵、針扎、抹辣椒水等做法，簡直就是在嚴刑逼供啊！一個弱小的孩子，在人生初期就莫名其妙地遭遇綿延不斷的殘酷對待，他的生命怎麼能正常展開、怎麼能不被扭曲呢？

當然有的孩子對吃手表現出固執的喜好，到四、五歲，甚至十來歲還在吃，這種情況往往和孩子的寂寞或自卑有關，是其他教育問題積澱的後果，吃手不過是孩子自我安慰的一種方式。遇到這種情況，家長更不該制止孩子吃手，應該做的是反省自己和孩子交流得多不多，相處方式是否和諧等等，並努力從這些方面解決。單純制止吃手，是對孩子自我心理安慰的粗暴剝奪。即使從表面達到了阻止的目的，但孩子內心的壓抑和痛苦必須找到一個出口，將可能出現更嚴重的心理問題和其他生理問題。

眼前這個年僅四歲的孩子，他的心已和他的一雙小手一樣傷痕累累。他揭血痂、用頭撞牆等自殘行為，並不是不懂得痛，而是內在的痛苦難以承受，又無法陳述和宣洩，只好用肉體的疼痛來轉移和緩解。不能說他的家人有主觀惡意，他們的主觀願望一定是好的，也許比一般家長更希望孩子成長得完美，所以對於吃手這樣一件小事也難以容忍，更何況從他們的陳述中我還了解到，在吃飯、睡覺、玩耍等幾乎所有的生活小事上，家長都同樣嚴格要求孩子。

家長希望用各種規矩培養出孩子各種良好的習慣，而這對孩子來說，卻是自由意志被剝奪，活在日復一日的冷酷對待中。他的世界一直以來太寒冷了，已被厚厚的冰雪覆蓋，所以他下意識地要把自己嚴實地包裹起來，回避和外界交流，直到失去正常的溝通能力。這是一個弱小生命對抗惡劣環境的本能反應，畸形的生態環境只能讓他變態地成長。

專門研究兒童精神病的蒙特梭利博士說過：我們常常在無意中阻礙了兒童的發展，因此，我們應該對他們的終身畸形負責。我們很難認識到自己是多麼生硬和粗暴，所以我們必須時時刻刻盡可能溫和地對待兒童，避免粗暴。教育的真正準備是研究自己。①

教育學和心理學對於嚴厲教育所帶來的損害的研究已經很成熟了，但時至今日，人們對嚴厲教育的破壞性仍然沒有警覺。在我們的教育話語中，人們仍然特別願意談規矩，很少談自由。哪個青少年出了問題，歸結為家長管得不嚴，太溺愛；相反的，哪個青少年成長得比較優秀，尤其在某個方面做得出色，會歸功於家長和老師的批評與打罵。

這樣的歸結非常簡單、膚淺，但越是簡單膚淺的東西，越容易被一些人接受。於是，一句「不好好彈琴，就跳樓去死」的威脅可以讓孩子成為鋼琴家，一根雞毛撣子隨時伺候可以讓孩子上北大，一頓把孩子罵作「垃圾」的侮辱可以逼孩子考進哈佛……諸如此類的「極品」行為最容易得到傳播。甚至是一些專業教育工作者，也會一邊談尊重孩子，一邊毫無愧色地宣揚棍棒教育。

在某個場合，有一位教育專家侃侃而談，他說孩子可以打，但要藝術地打。聞此言，我當時就很想請這位專家解釋一下，什麼是「藝術地打」，並希望他示範，且最好讓他扮演那個挨打的兒童，那麼別人藝術地打他一頓，他是否很受用？做人最基本的「己所不欲，勿施於人」，但在談論兒童教育時，怎麼就不成立了呢？

人們不肯深入地想一想，嚴厲教育如果真能讓孩子優秀，天下將盡是英才。成年人想收拾一個孩子還不容易嗎，誰都會！既威脅不到自己，又能把孩子教育好，省心省力，痛快淋漓——可教育是件「秋後算賬」的事，雖然兒童的緩慢成長給了一些人暫時的幻覺，但栽下罌粟不會結出櫻桃，惡果不知會在哪個枝條上結出。

有位家長，聽人說孩子有毛病一定要扼殺在搖籃裡，所以她從女兒一歲多，就在各方面對孩子進行嚴格的管教。如果孩子不好好吃飯，媽媽會把孩子碗中的飯全倒掉；如果孩子不好好刷牙，家長會把牙刷一折兩半，丟進垃圾桶；不好好背古詩，就用戒尺打手心……在家長的嚴厲教育下，孩子確實被訓練得很乖，按時吃飯，認真刷牙，會背很多古詩。但她發現，剛剛三歲多的孩子，一方面表現得膽小怕事，到外面都不敢跟小朋友玩；另一方面在家裡脾氣又很大，且表現出令人不可思議的殘忍。比如虐待家裡的小貓，把貓尾巴踩住用腳跺，或用沙發靠墊把小貓捂到半死，看小貓痛苦的樣子，她則表現出滿足的神情。一般小女孩都喜歡芭比娃娃，她則對這些娃娃好像有仇，動不動就肢解它們，把娃娃的頭和四肢揪下來，甚至用剪刀剪破。媽媽不能理解，她的孩子怎麼這樣？

兒童天性都是溫柔善良的，如果說一個孩子表現出冷酷和殘忍，一定是他在生活中體會了太多的冷酷無情。媒體不時地報導家長虐待孩子或子女虐待老人的事件，手段之惡劣，令人髮指。同時，追究一些惡性案件犯罪分子的成長史，幾乎全部可以看到他們童年時代極端嚴厲的家庭教育。可以說，幾乎所有的極端殘忍者，都有一個精神或肉體嚴重受虐的童年。

經常被苛責的孩子，學會了苛刻；經常被打罵的孩子，學會了仇恨；經常被批評的孩子，很容易變得自卑；經常被限制的孩子，會越來越刻板固執……「身教重於言教」是教育中一條被時間和無數事件驗證過的真理性結論，嚴厲教育本身也是一種示範，如果成年人對孩子經常性的批評和打罵，怎麼能培養出孩子的友善與平和呢？

教育中任何粗暴嚴厲的做法都是沒來由的，它在人類千百年來累積的教育智慧中沒有任何根基和來源，在現實生活中也沒有任何道德基礎。是否認同打孩子，是塊試金石，可測驗出人們在教育上的認識水準。

某次我在一所小學遇到一位獲得過不少榮譽、以嚴厲著稱的老師，她當時還沒有孩子，談到現在問題兒童越來越多，她語氣恨恨地說：「我不能保證我的孩子將來學習好，但我能肯定他的品行一定沒問題。我絕對不會溺愛他，如果他敢不聽我的，做一點點壞事，打死他！」我在那一瞬間立即為她將來的孩子擔憂極了。

不少所謂的教育專家、學者、名師，他們不能把專業知識和智慧打通，儘管在口頭上也提倡「尊重」、「平等」等概念，但在他們的邏輯中，兒童是無知、莽撞、沒有規則的；成人則是得體、有序、正確的，所以成人有義務幫助兒童建立規則，並把他們天性中帶來的毛病和錯誤消滅在萌芽中，防止原罪擴散——這樣的認識已包含了嚴重的不平等，所以在他們真正面對孩子時，幾乎不可能產生尊重心理，只有居高臨下的控制心態。

我還看到一篇教育學博士寫的文章〈怎樣打孩子〉，其招數為：第一，打孩子不能帶有憤怒；第二，不能用手打，要用棍子打；第三，打之前要用語言交流，說明為什麼打、打幾下；第四，要心懷大愛地去打——想想啊，一個成年人懷著一腔愛，提著棍子，沒有憤怒，心平氣和地數數兒打一個孩子——這要有多變態才能做到呢！一件事，如果大前提是錯誤的，沒有一個小手段值得肯定，這正如有人寫「做小偷的十大技巧」，寫得再好，也是在露醜露怯，應該受到鄙視和唾棄。

我猜測，這位博士也是童年家暴的受害者，童年創傷深入骨髓，不平等感和自卑感成為植入他體內的不可分割的一部分，以至於成年後，尤其取得一定成就後，潛意識出於對不平等和自卑的反抗，必須想辦法拔高自身，甚至是缺陷的部分也努力美化為優點。童年屈辱被粉飾為方式特別的父愛母愛，家暴傷痕於是演繹成他心目中值得炫耀的紋身。即使從事了教育研究，學習了很多專業知識，也褪不去嚴厲教育的底色，走不出粗暴教育的意識框架。這種情況非常多，在很多「成功人士」身上都表現得很典型，當他們回首成長經歷時，會忽略那些真正助他們成功的要素，卻特別喜歡拿兒時挨打受罵來說事，並會真正地熱愛上嚴厲教育。這真是個很有趣又令人感歎的現象。

學問和生活不接軌在很多行業都存在，在兒童教育方面顯得尤為突出。科技已進入到二十一世紀，不少人的教育意識還停留在荒蠻時代。

現在，棍棒教育的支持者動不動就用「中國傳統教育」來說事，這真是對中國傳統文化的歪曲和糟蹋。事實上，「不打不成才」之類的說法，不過是流傳於民間的一種惡俗說法，是以訛傳訛的「謠言」。從古至今，中國歷史上沒有一位聖賢說過孩子應該打。恰恰相反，中國傳統文化講的是「上善若水」，提倡的做法是「親有過，諫使更，怡吾色，柔吾聲」，即家人之間提意見，應該和顏悅色地說，而不要聲色俱厲地指責。

「棍棒教育」不過是一種精神底層的認識，是中國傳統文化中的糟粕部分，登不了大雅之堂。可以這樣定義：打罵孩子是無能教育和無恥教育。

近年有人把「虎媽」、「狼爸」式的嚴厲教育當作中國傳統教育來炒作，這除了給中國傳統教育抹黑，矇騙一小部分糊塗家長，傷害一部分孩子，對人類進步沒有任何正面貢獻。低俗的街頭雜耍即便搬進最有名的劇院，也不可能真正贏得觀眾，粗陋的表演只配得到片刻稀疏的掌聲，被拋棄是必然的結果。不美的東西不會有長久的生命力。

放不下嚴厲教育的人，真正的原因是潛意識放不下莫名的恨意。這就是為什麼從小經歷了打罵教育的人，往往正是棍棒教育的支持者，經常嚴厲對待孩子的老師或家長，他們自以為在「教育」孩子，其實只是在發洩自己從童年積澱的恨意。像一位網友說的：有些人小時候常挨打，痛恨父母打自己，長大了發誓絕對不打孩子，可做父母後還是會打小孩，因為他們根本不知道正常生活是怎樣的。推翻父母不難，但修補父母刻在自己童年裡的缺陷，非常不易。

所以，根本地說，所謂「嚴厲教育」，其實和教育無關，不過是成年人某種性格缺陷的遮羞布而已。

振振有詞地宣揚棍棒教育的人，往往是道德偽君子，道德偽善甚至把他們自己都騙了，這使得他們在對孩子施行各種懲罰時心安理得。

比如有位家長，他聽到自己年僅三歲的孩子說了一句髒話，抬手就給孩子一個巴掌，理由是要把孩子的壞毛病扼殺在萌芽狀態。只能說，道德偽君子往往就這樣，是道德潔癖的重症患者，在面對孩子時，內心既不誠實又苛刻。站在第三者的角度上看這件事，一句髒話和一個耳光相比，到底哪一個更令人難以忍受？一名懵懂頑皮的孩子和一名恃強凌弱的成人，哪一個更讓人生厭？孩子隨口說句髒話和成年人隨意打人，誰的道德素養更差？一位哲學家說過，「虛偽和粗暴總是結伴而行」，這句話值得所有粗暴教育的宣導者捫心自問。

孩子偶爾說句髒話需要懲罰嗎？幼小的孩子甚至連什麼叫「髒話」的概念都沒有，模仿和嘗試又是兒童的天性，所以環境中有人說髒話，孩子可能會模仿，但這和他長大會不會說髒話一點關係都沒有。

我女兒圓圓小時候，有一天在家突然說了句髒話，大約是跟幼兒園哪個小朋友學來的。說完後，她自己一下子不好意思，顯然小小的人兒已經意識到這句話不太體面，羞澀地埋在我懷裡，哼哼唧唧地不肯抬頭，當時的樣子實在可愛。我和她爸爸並沒有追究她從哪裡學來的，我們只是哈哈一笑，然後告訴她，爸爸媽媽小時候也說過髒話，沒事。聽我們這樣說，她才釋懷。

我們這樣做，並不是在縱容孩子，而是在用心理解孩子。童年時有幾個人沒說過髒話，一個情感和智力正常的孩子，自然會對各種行為的好壞慢慢形成自己的判斷。只要家長不說髒話，不以負面眼光看待孩子，孩子內心平和，他不會對說髒話一直有興趣的。或者說即使是成年人，誰能保證自己在某些情緒下永遠不說一句髒話？那我們為什麼要不切實際地要求孩子呢？

很多人雖然從小被規矩所限，被嚴厲教育所苦，長大了卻特別害怕沒有規矩，害怕寬容會把孩子慣壞。我對嚴厲教育的否定，使我經常遇到這樣的質疑：難道孩子做錯事也不批評？屢教不改也不要打罵嗎？這樣的質疑，其話語邏輯是：不批評的前提是孩子沒做錯事，不打罵的前提是有毛病一說就改——可是，這不叫「強盜邏輯」叫什麼？

孩子沒有錯，只有不成熟，如果你動不動認為孩子「錯了」，那是你自己錯了；如果你遇到的孩子是屢教不改的，那是你所提的要求不對，或一直在用錯誤的方法對待他。我相信教育是件「桃李不言，下自成蹊」的事，需要「隨風潛入夜，潤物細無聲」地解決。前蘇聯教育家馬卡連柯（A. S. Makarenko）說過：「如果家庭生活制度從一開始就得到合理的發展，處罰就不再需要了。在良好的家庭裡，永遠不會有處罰的情形，這就是最正確的家庭教育道路。」②

這裡所說的「良好的家庭」並非永遠一團和氣，而是有矛盾也總能得體地解決。不少人對我從未打過孩子表示驚訝，然後歸因為我的女兒分外乖巧。事實是，我在和女兒的相處中，也有小衝突，但我從不在孩子面前縱容自己的情緒，經常是自己先退一步，想想在哪裡沒好好理解孩子，自己應該如何改變，從自己身上找問題，而不是總把問題都推到孩子身上，更不用懲罰的方式來解決。所以，並不是我的女兒比一般孩子乖，而是她像所有的孩子一樣乖，天下的孩子都很乖，沒有一個孩子是需要用打罵來教育的——只要成人對兒童有這樣的信心，他才能放下心中棍棒，繼而放下手中棍棒。

不過，「放下」二字何其難。儘管嚴厲教育的惡果一再顯現，但人們懲罰孩子的念頭卻揮之不去，甚至是戀戀不捨。

現在又有人提出「懲戒教育」的概念。從字面上看，這比棍棒教育溫和，又比溺愛教育嚴肅，介於兩者中間，正是恰到好處。但在這件事上，我還是請大家往實處想一想，不妨類比一下，誰能演示出懲戒教育與嚴厲教育的不同？事實上我沒看到任何一個提倡懲戒教育的人對此給出準確的定義或建議，也沒有任何一個人給出得體的案例或可操作的示範，大家只是在那裡喊一個新名詞罷了。所以我不贊成「懲戒教育」，顯然它也是粗糙思維的一個結果，我擔心它在實際生活中不過是化了妝的棍棒教育。只要嚴厲的實質不變，那麼它有懲罰無教育、有創傷無戒除的結果也不會變。

兒童是脆弱的，成長只需要鼓勵，不需要懲罰，一切嚴厲的對待都隱藏著某種傷害。父母不僅應該放下手中的棍棒，更要放下心中的棍棒，心中無棍棒是件比手中無棍棒更重要的事。寬容而飽含真誠的教育，總是最美、最動人的，對孩子也最有影響力。

當然，我也不希望給家長們太大的壓力，大家都是凡人，偶爾火氣上來了，實在忍不住，打孩子兩下或罵幾句，這也不會有太大問題，正像一個人偶爾吃多了也不會成為大胖子一樣。身體自有它的調節功能，孩子也自然有他正常的忍受挫折的能力。並且兒童甚至比成年人更寬容，更能理解並消化父母偶爾的脾氣。孩子最受不了的，是父母經常性的嚴厲和苛刻。

人生萬事，得體的手段才能產生良好的效果。教育更是如此，沒有一種錯誤的手段可以達到正面效果。哲學家海耶克（Friedrich August von Hayek）說過：「那些重要的道德規則是神的命令與法律，是人類應盡的義務，而且神最後會獎賞順從義務者，並且懲罰違逆者。違反這些基本的道德，就是在和神作對。」③尊重孩子，是大自然的法則，也是神的命令，是教育最基本的法則。嚴厲教育的目的雖然也是想給孩子打造出華美的人生宮殿，到頭來卻只能製造出一間精神牢籠，陷兒童於自卑、暴躁或懦弱中，給孩子造成經久不癒的內傷。說它是危險教育，一點也不為過。

①蒙台梭利（臺灣譯名：蒙特梭利），《蒙台梭利幼稚教育科學方法》，任代文等譯，人民教育出版社，2001年5月第2版，460頁。

②馬卡連柯，《馬卡連柯教育文集》，吳式穎等編，人民教育出版社，2005年1月第2版，507頁。

③亞當·斯密，《道德情操論》，謝宗林譯，中央編譯出版社，2010年4月第1版，198頁。

# 2 「有本事」家長培養出的「沒出息」孩子

一些學歷較高或事業很成功的家長，作為社會人，十分優秀，但作為家長，卻太強勢了。在家庭生活中如果不有意識地約束自己的能量，就有可能對身邊的人形成超強的控制力。世間萬事，過猶不及，雖然這種控制力主觀願望是好的，可在客觀上卻形成對他人自由意志的剝奪。

家庭生活中的「控制」常常在不經意間發生。而且我發現，家長的社會化程度越高，這種控制越容易發生。所以我們會看到一種奇怪的現象，某些父母能力非凡，事業成功，很有社會地位，在孩子的教育上也很用心，可他們的孩子卻懦弱、笨拙、自卑、消沉，沒成為出色父母的「翻版」，卻幾乎是父母形象的「背反」。人們對此現象最淺薄的歸因是遺傳在這裡失靈了，孩子自己沒出息，很少人能看到這背後的深層原因正在於父母的強勢。

有位大學教授，她自己當年從農村考大學進入城市，一直讀到博士。老公是她大學同學，也從農村考上大學，能力非凡，是一家大型企業的總經理。他們有一個兒子，叫曉航，已上大學。本來這該是一個多麼令人羨慕的家庭，但現在一家人卻陷入了深深的痛苦中。兒子曉航雖說是上大學了，可成績並不理想，勉強上了一所很不起眼的學校，這已經讓父母深感失望。更糟糕的是，從第一學期開始，他就有幾門課考試不及格，到第二學期有更多科目不及格，且開始不去上課，整天上網玩遊戲，幾乎不和同學交往。父母沒收了他的電腦，他就到網咖，通宵不回宿舍。到學期結束時，不參加考試，以至於學校給他下了最後通牒，如果再這樣下去，就要開除。

當這位母親先給我寫郵件陳述孩子的情況時，我就有強烈的直覺，估計是他們對孩子的管理出了問題。待她專程來找我諮詢時，經過細致的了解，我幾乎看到了孩子的現狀和父母教養方式之間的因果關係。

父母在學業上勤奮、工作上自律，踐行了知識改變命運、奮鬥改變人生的箴言，於是，他們要把自己的行為全部推廣到孩子身上，錯誤也就從這裡開始了。

據教授說，她從兒子一出生，就注意培養孩子良好的生活習慣和吃苦耐勞的精神，認為這是一個男孩兒成長為男子漢必備的條件。所以從孩子稍懂事起，就為孩子制定了嚴格的作息時間和行為規範，如果孩子不聽話，媽媽爸爸就會指責他，生氣了也會打孩子。學前階段，曉航都表現得非常聽話，也很聰明，顯得比同年齡的小孩出色。上小學後，為了培養孩子良好的學習習慣，她給孩子制定了詳細的作息時間，規定必須幾點鐘到幾點鐘寫作業，每天看電視不能超過半小時，閱讀不少於一個小時，必須幾點睡覺，考試錯誤率不許達到百分之幾以上等等。

剛開始孩子表現得還不錯，每天還能按照家長的規定去做計畫中的每件事，成績也不錯，總在班裡前幾名。但孩子的自覺性好像一直不能培養起來。日復一日，幾乎所有的事情都是在催促和監督之下才能完成，沒有一件事不磨蹭，從早上起床、吃飯到晚上寫作業、洗澡直至睡覺。而且隨著年齡的增長，變得越來越愛唱反調，似乎凡父母的主張，他都要抗拒。比如在選擇課外學習方面，家長覺得孩子太內向懦弱，為了培養男子漢氣質，就給孩子報了跆拳道班；考慮孩子經常在學習上不專注，為鍛鍊他的專注力，便報了圍棋班；聽說游泳最能強健身體、塑造體形，又給孩子報了游泳班；同時，為培養孩子的藝術氣質，又單獨請一位老師教孩子吹薩克斯風。選擇這些課外班，家長都是再三考慮過的，曉航卻一個都不接受。這些不如意的表現，尤其惹得他爸爸生氣。

曉航父親做事雷厲風行，是位連扣個鈕扣都會想出不同方法以節省時間的人。他在外是出色的總經理，無意中回家也常常當「總經理」。和孩子有限的相處中，多半是在「檢查工作」和「發號施令」，交流方式總是很武斷，並常常以自己當年讀中小學時的上進和自覺來教訓兒子的不自覺不上進。曉航一直懼怕爸爸，從不主動和爸爸說話，父子間的對話僅限於提問和簡單回答，宛如上下級。

但不管怎樣，曉航在小學階段的學習成績還是不錯的，能保持在班上前幾名，所以初中也進入了一所不錯的中學。

家長原以為曉航進入中學能在學習及生活方面主動些，但事實卻更不如意。他不但各種好習慣沒養成，學習成績也越來越平庸。在生活習慣和學習習慣的培養上，家長動過很多腦子，設計過很多獎懲辦法，這些方案在制訂時也徵求過孩子的同意，可到最後都由於孩子不配合而執行不下去，在和家長的一次次爭吵衝突中，不了了之。

當時曉航唯一感興趣的是電玩遊戲，家長規定每天只能玩一小時，事實卻是他完全不按規定行事，每天都找藉口拖延下機時間，常常需要父母強制關機，為此又沒少發生衝突。為了分散孩子對網路遊戲的癡迷，他們建議曉航去參加一些其他活動，父親還在百忙中抽時間陪他一起打籃球。這個細節做得比較成功，曉航很快喜歡上了籃球。因為他家就在大學校園裡，校園裡有幾處隨時開放的籃球場，曉航在球場上新認識了幾個朋友，感覺很能玩在一起，班裡有幾個愛打籃球的同學也不時來找他一起去打球，這讓曉航很快對電玩遊戲失去興趣。

但隨之而來的問題是曉航又對籃球太迷戀了，又陷入玩起來就不管不顧的狀態，除了週末兩天要打，寒暑假整個假期幾乎天天都要打。家長又開始焦慮，覺得他花在球場上的時間太多了。自從不玩電玩後，曉航在學校的成績排名雖然進步不少，但離理想的名次還差很遠，父母認為他如果能再用功一些，名次還會大幅進步，於是又給他規定，不管平時還是假期，每週只許打一次，每次只許打一個半小時，包括路上來回的時間。孩子每次到球場前都答應按時回家，卻總不兌現承諾，媽媽就會生氣地跑到球場，強行把兒子叫回來。這弄得孩子非常不高興，說媽媽弄得他沒面子，同學們也都玩得不爽快，他以後沒法和別人玩了。

說到這裡，教授沉默了一會兒，語氣有些痛悔地說，可能我當時做得有些過分了，孩子在人際方面一直表現得比較膽怯，那本來應該是一個很好的機會，那段時間確實看到他和同學往來得很好，臉上似乎也有了自信，可我沒在意這事。後來，大家確實不再找我兒子打球了，我當時心裡還暗暗有些高興，認為馬上要上高中了，三年關鍵期，少玩點也沒什麼，如果他能在學習方面多用功，上一所好大學，進了大學再打籃球、再交朋友也不晚。

聽到這裡，我也幾乎要跺腳歎息，這是多麼好的一個轉機，可惜又被家長破壞了。不過，不需要我再說什麼，顯然教授已經意識到自己的過失。

在教授接下來的陳述中我得知，曉航不打籃球之後，又重新陷入對電玩的癡迷，父母強行關電腦，他就玩手機。為了玩手機，會在洗手間蹲兩個小時，經常需要強行叫他出來。高中幾年，幾乎全部是在和父母的衝突中度過，學習成績每下愈況。報考大學時，曉航想學電腦，但父母覺得他學電腦不過是為了滿足玩電玩的欲望，將來不好找工作，於是硬說服兒子報考了父母上大學時所學的科系，因為父母現在研究的領域和從事的行業就是這個，將來好為他安排工作，媽媽還建議兒子將來報考她自己的碩士和博士班。為了這件事，他們又和孩子發生衝突。父母認為選科系的事，是一輩子的大事，關係到將來的生存和發展，所以絕不讓步。父親更是一著急說出這樣的話，「就你這樣子，將來能自己找到工作嗎？還不得我幫你的忙！」最終孩子屈服，只提出一個條件，不在本地上大學，一定要到外地上大學，這一點父母原本也不同意，後來勉強答應了。

孩子進入大學後，父母以為接下來只需要為他的工作鋪路了，卻沒料到孩子一旦離開父母的監督，完全失控。現在看來，學業基本上不可能完成，很難畢業。畢不了業，就找不到工作，將來怎麼辦呢？說到這裡，這位好強而成功的教授流下了作為母親的傷心淚，她哽咽著說，我小時候家長根本不管，全憑自覺，可我的孩子，我為他付出了多少心血，他卻這樣。你說，一個人的成長，到底是取決於教育還是他的天性？

她這樣發問，顯得有些幼稚，和她剛才流露的理性及自我反思很不符合。也許她潛意識希望我說出是取決於天性，那樣她可能稍有安慰，失敗感會有所減輕。但我知道事實上她心中已有答案，已意識到是自己對孩子的教育出了問題，所以，現在最需要的不是安慰，而是點破和正面強化。所以我在安慰過她後，坦率地對問題進行了進一步的剖析。

我說，天下沒有完美的家長，幾乎所有的家長都會犯錯，你們當然也不例外。家長犯少量的錯誤是正常的，犯得多了，就是問題。你們對孩子犯了很多錯誤，所有的錯誤概括起來，其實只有一個，就是家長太強勢，不給孩子自由，也不給他自信。你的孩子降落在一個物質優渥的家庭，卻一直戴著精神枷鎖成長。

教授臉上現出難以接受的表情，我停止說話，給她茶杯中續水。沉默了一會兒，感覺她對我剛才的話在情緒上已有所消化，然後繼續說。

你說你的父母「根本不管」你，也許你認為這是一種不盡職，但從教育的角度看，恰對你是一種成全。當年你們的家長文化程度不高，在精力或教育意識上的不到位，客觀上卻減少了對你們的控制，恰好為你們的自由成長提供了空間。你們像撒落在原野上的種子，在沒有重大外力破壞下，憑藉著適當的雨露和陽光，即一些良好的教育契機，比如遇到過幾個不錯的老師，在學習上獲得過成就感，或偶爾發現了閱讀的樂趣，有較充足的玩耍時間等等，你們的潛能於是得以充分發揮。

一些學歷較高或事業很成功的家長，像你和你的先生，作為社會人，十分優秀，但作為家長，卻太強勢了。在家庭生活中如果你們不有意識地約束自己的能量，就有可能對身邊的人形成超強的控制力。世間萬事，過猶不及，雖然這種控制力主觀願望是好的，可在客觀上卻形成對他人自由意志的剝奪。

你兒子從小到大，需要事事聽命於家長的指令，沒有玩耍的自由，沒有時間安排上的自由，沒有發展愛好的自由，沒有選擇科系的自由，家長幾乎安排了他的一切，也不允許他犯錯，甚至不在乎他的面子……你們以為這就是教育，以為父母給孩子付出了很多，為孩子創造了好條件，其實你兒子一直生活在一種半窒息狀態中，他的自我管理能力一直沒有機會成長，只能慢慢萎縮。上大學前，只是因為父母的支撐，才能勉強應付學業。一旦離開家，遠離父母的操縱，又面對不喜歡的科系，他肯定無力管理自己，心理和意志出現崩潰，陷入半癱瘓狀態，這種情況其實並不意外。

教授的表情有驚訝，有迷茫，更有痛苦。我知道，我說得越到位，她此時越心如刀割。但能看得出來，她理解了，只是需要一個適應過程。所以我們沉默著對飲了一杯茶後，我又補充了下面的觀點。

現在，「富二代」或「官二代」成了「問題青少年」的代名詞，社會習慣於把原因歸咎於他們的父母為富不仁或為官不仁，這種歸因太簡單。我相信絕大多數「富二代」和「官二代」孩子是好的，數一數我們聽說的「問題青少年」，就可以知道他們在群體總量中占的比例極小，只是媒體把他們放到聚光燈下，放大了他們的影響。去掉偏見，客觀地說，很多富人和官員是我們社會的精英，他們絕不會蠢到故意縱容自己的孩子放肆和墮落，恰恰相反，他們會比常人更期望孩子優秀，更害怕孩子出問題。如果有些人的孩子出問題了，父母的榜樣作用是一個原因，更多的恰是被管制過度了。

父母能量越大，對兒童自由的剝奪越多，出現的後果就越嚴重。作為優秀的社會人，這是生產力；作為強權家長，則是破壞力。

她突然對我說，你的分析確實有道理，讓我想到了我和我弟弟。我們倆的成長，可能正印證了這一點，我以前怎麼就沒想到呢？

下面是教授的講述。

小時候，我每天要幫父母幹家務活和農活，弟弟被父母寵愛著，什麼也不做，我心裡不平衡，覺得委屈，內心總是很苦悶。在我大約十歲時，偶然一天，在村裡一家人的炕上發現一本書，一下子就被吸引了，以至於忘了回家，結果被媽媽罵一頓。但那本破舊的書有一種魔力，吸引著我，我抑制不住地在第二天盡快做完家事，又跑到那家人那裡去讀那本書。我發現，他家有很多我從沒聽說過的書，如《三國演義》、《紅樓夢》等等。那家人很好，允許我看，但不許帶走，我就常常跑去坐在人家屋裡或院子裡看書。儘管我一再注意按時回家，卻常因看得太入迷而忘了時間，耽誤了幹活，為此也沒少挨父母的責罵，但在責罵聲中，我讀了幾十本中外名著。小學畢業時，父母本不想讓我再升學，我哭著抗爭，一定要上。當時上學沒有目標，只是為了逃避繁重的家務事。我成績非常出色，學習對我來說並不是件難事，經常是年級第一名，所以到升高中時，父母就沒再阻攔，然後我順利地考上大學，成為村裡第一個大學生，這是父母萬萬沒有想到的。

弟弟比我小五歲，從小顯得聰明伶俐，父母原本一心要把他培養成大學生，尤其在我考上大學後，他們對弟弟更用心，什麼事都不讓他做，父母的口頭禪就是「只要你好好學習，我們累死也心甘情願」。可弟弟一直不自覺，成績也不好，最終沒考上大學，且脾氣暴躁，好逸惡勞，什麼也幹不了，這讓父母大失所望。在我父母以及村裡人看來，我弟弟天生就沒出息，和我在一個家長大，父母對他也更用心，他卻是朽木不可雕。現在看來，雖然生活在一個家，我和弟弟遭遇的教育卻是不一樣的。正是因為父母對弟弟管制太多，在學習上給弟弟太大壓力，動不動因為學習的事情打罵弟弟，弟弟才變得越來越笨，越來越不上進。

我點點頭，感覺她分析得非常好。

教授又歎息說，我一直以為自己是個認真負責的好家長，沒想到自己教育孩子的水準根本沒超過我的父母，甚至還不如他們。我不過是個拿鋤頭雕刻美玉的農夫，這二十年，生硬把一塊璞玉一點點砸成小石頭。你說我以後怎麼辦呢，怎麼才能把我對兒子造成的傷害修復好呢？我兒子還有救嗎？

能想像出這位母親此時內心有多痛悔。我如實說，並不是所有的傷害都可以修復，有些傷害就是傷害，造成的陰影會綿延一生，無法痊癒。但這並不意味著這個人就完了，因為絕大多數人都是帶著童年時代的某種心理創傷長大的，區別只是輕重不同。就像人的身體有很強的自我修復能力一樣，人的心理也是。先找到真正的病根，消滅致病原因，這就等於治癒了一半；然後對症下藥，情況肯定會有好轉。

所以，你首先要樹立信心。你孩子的問題是由於從小受到的管制太多，那麼從現在開始，把自由還給他，讓他慢慢學會為自己做主。眼下你們要解決的主要矛盾是他的學業問題，按你們以前的辦法，孩子不想上課不想考試，家長就是通過勸說和批評，逼迫他必須回到課堂。

那麼，改變一下，把這個重大選擇權交給孩子吧，他已是成年人了，你要相信他有選擇自己生活的權利和能力。你們要做的，就是給孩子理解、欣賞和建議——請注意，一定僅僅是「建議」，不是披著建議外衣的「說服」。

教授後來和我一直保持聯繫，後面情況大致是這樣的。

她回去後，跟孩子談了一次話，剖析了自己和他父親這麼多年來在教育方面的失誤，真誠地表達了作為父母的痛悔之意，這讓孩子很驚訝，然後不置可否。可能因為父母以前也曾給他道過歉，孩子並不認為這一次道歉和以前的有什麼不同。但她接下來的話讓孩子肯定沒想到，她告訴孩子，她現在完全理解他不想去上課和考試的心情，讓孩子不要著急，想想自己接下來該怎麼辦。她給孩子的建議是休學一年，到全國各地，甚至世界各地旅遊，同時讀些自己想看的書。

孩子同意休學一年，休學後並沒有像家長期望的那樣去閱讀或旅遊，而是把自己關在臥室，整天晝夜顛倒地上網玩遊戲，不洗頭不洗澡，也不出去和任何人交往，甚至不和父母說話。

開始時，這種情況才持續了十多天，教授夫婦就難以忍受了，打電話向我求助。我告訴她不要急，孩子的心理從無序走向有序，必然要經歷一個混亂期。就像我們的衣櫃，如果一開始我們只是滿足於表面的整潔，根本不注意什麼東西該放在什麼位置，胡亂往裡塞，到櫃門關不上、領帶找不到的那天，想要重新整理時，就需要把裡面的東西都拿出來，這時，床上、地上堆滿了東西，整個家都亂了套，似乎還不如以前呢。但只要懷有信心，假以時間和合理安排，最後總會呈現出真正的有序。

教授在這半年中經歷了無數的心理煎熬，孩子的表現經常令她崩潰，極度無助時就會打電話給我。這個過程，與其說在等待孩子變化，不如說她自己翻越了最艱難的心路雪山。況且，她還要去說服丈夫，讓丈夫理解當下任孩子「墮落」的意義，阻止丈夫破壞性的行為。她不僅自己翻雪山，還攙著一個人去翻！我很佩服她自我批判的勇氣和自我反思的能力，這個瞬間，我看到了一個學者的理性和智慧。

她不但放棄對孩子的控制，同時給孩子充分的決定權。小到讓兒子決定晚上吃什麼、週末去爬山還是睡懶覺，大到她的課題選題哪個更好等等，在各種事情上都盡可能讓孩子感覺到他自己有想法、有能力、有話語權，讓他感覺父母多麼需要他。慢慢地，兒子不再抗拒她，開始和父母有了交流。半年後開始變得有笑容了。教授說，在孩子剛休學的第一個月，她其實心裡還有些不能接受兒子不上學的事實。促使她徹底改變的一件事是，她無意中看到兒子寫在電腦中的私密日記，驚出一身冷汗，兒子居然有自殺的打算，開始寫死亡倒數計時日記。她萬萬沒想到兒子活得這麼痛苦，連生命都打算放棄了，而自己以前卻只是簡單地在「上進心」問題上和孩子糾纏不休。

聯想到現在大學裡動不動就有學生跳樓自殺，她開始了真正的反思，什麼是教育，什麼是給孩子真正的幸福？所以孩子休學一年後，還是不想回學校，提出想退學，她對孩子說，媽媽相信你這個決定不是隨便做出來的，你肯定是想好了才提出來的。聽從你內心的召喚，選擇你願意選擇的，這肯定沒錯。

她知道兒子當時並沒想好退學後要做什麼，為了不讓兒子焦慮痛苦，她安慰孩子說，你可能眼下沒想好下一步要做什麼，但不要著急，人生很長，尋找路徑也是生活的一部分，俗話說車到山前必有路，跟著感覺走就可以了。無疑，媽媽的話給了兒子巨大的安慰和信心。辦了退學手續後，她兒子又在家裡「墮落」了半年，然後有一天突然對她說，感覺在校園裡開個果蔬飲品店應該不錯，然後對媽媽講了他的分析和計畫。她沒想到兒子把事情講得頭頭是道，而且想法已比較成熟。當然，媽媽是全力支持，和孩子一起研發了幾種產品，又租了一個幾平方米的小店。

自己是大學教授，兒子是校園裡賣飲品的，這在以前是絕不可能想像的。教授說如果不轉變觀念，且不說考慮孩子的前途，單是出於自己的虛榮心，她也受不了。但現在，她完全能接受這一切。兒子的變化至少讓她放心了，也看到他自立的希望。

教授後來告訴我，他兒子的飲品店開得很好，因為貨真價實，且他兒子對誰都很友善，生意一直很好，還在另一所大學開了分店，雇了小夥計。至於他將來是生意越做越大當老闆，還是一輩子就開小店過小日子，或是再回校園上學，重新開始一種選擇，這都順其自然吧，人生中最重要的是有正常的日子，有幸福感。她相信孩子只要有正常心態，總會找到自己的生存之道的。

她和先生經過這兩年的反思，悟出的一條重要道理就是，「在外是總經理，回家也是總經理」是家長的大忌，也是整個家庭生活的大忌——這個樸素的認識得來不易，使他們家庭生活中很多問題迎刃而解，更使他們和孩子的關係變得越來越親密和諧。

# 3 不要把牛頓培養成牛倌

兒童是脆弱而無助的，他們的天賦需要啟動也需要呵護，家長在孩子的成長中既要成為孩子進步的推進器，也要成為他們的保護傘。

每個人都是帶著一些自然所給予的特殊密碼出生，自然給你一條鮮活的生命，一定會同時在你的生命中注入某種天賦。胡亂評價孩子，隨意改造孩子，這是教育中的愚蠢行為，造成的後果也是破壞性的。

天才不容易出現，不是天才太少，是因為天才太容易被扼殺。

這樣的鏡頭大家一定不陌生：孩子拿著一塊石頭對媽媽說這像一條魚，媽媽很不屑地看一眼，拿過來扔掉，「這哪是什麼魚，一塊破石頭，看把手弄得多髒！」這樣的家長肯定也給孩子講過科學家、發明家的故事，也希望自己的孩子是牛頓（Isaac Newton）、愛因斯坦、比爾．蓋茨（Bill Gates），但他們不知道，自己的一個動作一句話，如同踏在幼苗上的一隻腳，不費吹灰之力，就可以把孩子的天賦扼殺在萌芽時，讓一個有可能成為牛頓的人往一個牛倌（牧牛者）的方向發展——這裡的「牛頓」和「牛倌」

不是具體的人或職業，不存在對應的褒貶之意，只是一個形象的、關於高期望目標和低收穫結果的比喻。

儘管現在家長們接受了新的教育理念，像上面提到的顯而易見的粗暴做法已越來越少，但類似的破壞行為並沒有減少，而是有了變種，變得更隱蔽和普遍，破壞力也可能更大。

有個小男孩，十分喜歡汽車，到了迷戀的程度，吃飯、睡覺都要把玩具車放在旁邊，剛三歲就能把市場上的各種車牌、原產國都說出來。在幼兒園，孩子也總是沉浸在汽車中，把各種東西都能想像成汽車，動不動就有模有樣地「開」起來。上課時，老師教小朋友看圖說話，只要和汽車有關，他就眼睛發亮，很認真地聽；講其他的，就東張西望，心不在焉。每次老師帶著大家做遊戲，他都不太願意參加，總是抱著汽車不放手，一個人可以躲在角落玩很久。

老師向家長反映，說孩子不合群，顯得孤僻，是不是有什麼心理問題，要家長注意。家長非常擔憂，回家後就限制孩子玩汽車，並且買了一大堆書，想要天天給孩子講故事，多陪孩子，讓他從「孤僻」中走出來。家長挑書時特意不選有汽車的，孩子翻了翻，一本都不喜歡，興趣還在玩汽車上。沒辦法，家長就把玩具車都收起來，謊稱都賣給收破爛的人了。孩子傷心得大哭兩天，家長狠心還是沒把玩具車拿出來。之後，家長總是刻意帶他到人多的地方。孩子並不拒絕和別的小朋友玩，但並沒什麼興致，只有在看到玩具汽車時，才表現出真正的快樂和投入。家長堅持每天晚上給他講故事，教他認字，孩子也能接受，但神情經常是游離的，不太專注。有時媽媽正起勁地講著，孩子忽然自言自語地說道：「那個黑色車車到哪裡去了？」

這位家長肯定很愛她的孩子，但她不知自己的行為有多殘忍。孩子僅僅是有一種特別的愛好，因為沉迷，討厭無端被打擾，於是顯得稍微與眾不同，就成了老師和家長眼中的問題。家長和老師在理論上一定認可「每個孩子都不一樣」，「每個孩子都應該得到尊重」；可是面對一個具體的孩子時，「不一樣」就是問題，令人擔憂，尤其孩子的愛好和「學習」相衝突，或和他們固有的一些觀念衝突時，他們更會簡單地判定這是一個缺點，是不良愛好，甚至有可能是一種心理疾病，應該被改造。

不經意的損害，往往就是從剝奪孩子手中的一件玩具開始。這就是為什麼牛倌遍地都是，牛頓卻鳳毛麟角。

每個人都是帶著一些自然所給予的特殊密碼而出生的，自然給你一條鮮活的生命，一定會同時在你的生命中注入某種天賦。這種「上帝的恩賜」猶如種子，蘊藏著表達潛能，能不能生根發芽開花結果，還要看外部是否提供了適宜的條件。很多人習慣宏大地談教育，哪怕是面對非常個人化的一些教育事件，也要問責到社會、體制、政策上來。其實，教育的成敗常常在生活細節中，正是家長和老師的一些「小動作」，劃分出了孩子才能和命運的不同。

有位家長，聽幼兒園老師說她孩子很聰明，只是上課注意力不集中，她回家和老公說了這件事，老公又不知從哪裡聽說用牙籤扎黃豆可以鍛鍊注意力，於是在一個水盆裡泡半碗黃豆，讓孩子天天下午回家後用牙籤扎豆子，扎不完不許玩耍不許吃飯。孩子扎了幾下就不願意做了，但家長不同意，說這事至少得堅持三個月，結果弄得孩子天天為此大哭——想一下這孩子遭遇到的是什麼：幼兒園居然要上課，天知道老師講些什麼內容，把課上成什麼樣子，卻要求孩子認真聽講，不聽就是「注意力不集中」——幼兒園的錯誤教學和負面評價已非常損害孩子的智力、自尊和自信，家長又不動腦子，胡亂作為，雪上加霜，想當然地用扎黃豆這樣歪門邪道的招數招來訓練孩子。可以肯定的是，扎黃豆達不到訓練孩子注意力的目的，倒可能培養出一個智力和心理的雙料傻瓜。

培養孩子的專注力，這是個不存在的問題。注意力不需要培養，越培養越渙散，「不打擾」就是最好的培養。有的孩子很容易被什麼東西吸引，分散注意；有的孩子會全神貫注於一件事，這是個體差異，主要取決於孩子對手頭正在做的事情是否感興趣。

心理學能解釋注意力現象，但沒有誰說可以培養。胡亂評價孩子，隨意改造孩子，這是教育中的愚蠢行為。近年來，家長和老師聯合起來辛辛苦苦殘害孩子的事時有所聞，雖然他們沒有主觀惡意，目的是好的，但造成的後果卻是破壞性的。在這樣的教育「小環境」中，孩子面對傷害，幾乎沒有閃躲的餘地。

我親眼目睹過一個男孩令人痛心的成長。

孩子的早期教育做得很好，從小就有大量閱讀，很聰明，幼兒園大班時，已經可以自己看兒童版的《三國演義》。他小時候給我印象最深的是記憶力非常好，大約三、四歲時，我給他讀一首七絕古詩，只讀過兩次，不做任何解釋，他就能一字不差地背出來；他理解力也很好，不管學什麼，一教就會；他父親天天看新聞聯播，他只是偶爾跟著看幾眼，就能準確說出十個以上國家及其主要領導人的姓名。小學一年級入學時，學校組織了一場智商測驗，全年級二百多名學生中，他第一名。這樣的孩子哪個老師都想要，後來被年級組長「搶」到她的班級裡。

年級組長是位非常嚴厲的老師，對學生要求很高。孩子進入年級組長的班級後，並未像老師期望的那樣令人滿意。按老師的說法，他上課不注意聽講，喜歡和周圍的同學說話，偷偷把小說帶到學校看；回答問題不積極，明明知道答案卻不舉手；寫作業經常有錯，考試時，別的同學一半還沒做完，他就做完了，不認真檢查卷子，卻在卷子背面畫坦克和小人兒……總之，從入學後，老師幾乎天天都在發現孩子的毛病，而且經常向他媽媽告狀，甚至在家長會上點名批評，並解釋說越是好學生，越要嚴格要求。

孩子的媽媽非常好強，極愛面子，一接到老師投訴就回家責罵孩子，責罵不見效，還動手打過幾次。我曾對他媽媽說，孩子上課不注意聽講，是因為老師講課不吸引人，或那些內容對他來說太簡單了，他大約只需要用百分之十的注意力就可以把那些內容學會，可不可以和老師協商一下，只要不影響課堂紀律，就不要去管他，或允許他上課看小說。至於他上課不舉手、不檢查卷子等小毛病，也許正是因為他天賦太高，不屑於去做這些，這無關緊要，只要不損害興趣，這些問題隨著時間推移，自然會慢慢解決。不要再批評孩子了，少管孩子也許是最好的。他媽媽有些反感我這樣說，認為好的學習習慣要從小培養，別人經常考一百分，他卻一次也沒考過，這樣下去，將來能考上好大學嗎？

老師為了治理孩子愛說話的壞毛病，把孩子的課桌椅單獨拎出來，放到講台邊，有一次居然讓全班同學一個月不要和這孩子說一句話。而他媽媽不但認可老師這樣做，回家也狠抓孩子「好習慣」，規定必須在寫完家庭作業後再閱讀，作業必須檢查到沒錯，有錯就必須罰寫三次。孩子很快就變得十分厭學，早上害怕到學校，晚上回家寫作業也非常磨蹭，經常發呆，或玩筆、橡皮擦等手邊的東西，本來只需半個小時就可以完成的作業，他能寫整整一個晚上，玩的時間沒有了，閱讀的時間也沒了，因此更常和家長、老師之間發生衝突。

小學幾年，在家長和老師的批評、失望中，孩子的好習慣並未養成，卻是各方面一路走下坡，成績每下愈況，從前幾名變成倒數第幾名，而且變得極為自卑，說話不敢正視別人的目光，逃避一切集體活動，同時脾氣又很暴躁。到小學畢業時，所有的老師和同學都知道這個孩子是個學習上的「差生」，沒有人再記得他入學時的狀況，老師和家長也沒人意識到孩子是怎麼一天天走到這個地步的。

中學幾年，孩子也一直在家長和老師的批評、失望中度過。我有一次聽教過他的一位語文老師說，感覺這孩子挺怪的，說他笨吧，有時在課堂上，同學們都無法回答的問題，他卻能答得出來，說他不笨吧，幾乎每次考試成績都是倒數幾名。老師們都看重分數，忙著提高學生的成績，沒人會投注精力去研究一個成績不好的學生的「怪現象」，這位老師也只是這樣說說就過去了。

後來這孩子大學沒考好，他媽媽受不了，便要求孩子補習，結果第二年考得更差，他媽媽還要讓孩子再補習，我們很多人擔心孩子再補一年會心理崩潰，就多方相勸，終於使其改變想法，讓孩子上了一個職業學校。孩子畢業後，他媽媽又要求他通過自學考試去拿本科學歷，將來考研究生，並給他報了名。但孩子一直沒能通過各科的考試，最後不了了之。直到這時，媽媽才終於妥協，表示不管他了，說「隨他去吧」，口氣中滿是失望和譴責。

有一次我在一位朋友家遇到這孩子，那時他已工作了兩三年，還是非常沒自信的樣子。聊了幾句，我提到他幼年時出色的智商，希望他知道自己一點也不笨。這孩子居然像被人誣陷一樣，吃驚且有些不快，立即否定說：「測智商得第一名，那是因為當時的問題都特別簡單。」他的反應我並不意外。一個人面對這個對自己如此沒信心的世界，到頭來他也就真沒信心了。

這種天才變庸才的事，時刻發生著，發生得悄無聲息，平常又平靜，以至於許多人根本意識不到它如何起始，如何存在，如何產生影響。

萬事萬物，初始階段最關鍵，教育更是如此。可當下，幼兒園的孩子也要學會「遵守課堂紀律」，甚至上廁所也要統一時間，小學生除了要在學校寫作業，回家還要寫，假日寫得更多，全年三百六十五天不休息。紀律和作業已不是為教育和學習服務，而是在為某種流傳的壞習慣服務——紀律成為君權，作業成為宗教，兒童被要求成為順民和虔誠的朝拜者——被折磨著長大的一代成為老師，反過來又用同樣的東西折磨下一代，一代又一代，且愈演愈烈。不知有多少孩子在這樣的折磨中沉重成長，才華盡失。

如果孩子僅僅在學校受到壓抑，回家能有自由和放鬆，也還不錯，童年尚有棲息之地，可現實是，在學校被紀律和作業奴役的孩子，回家還要因為家長的嚴格管理而處處受限，他們在這樣的壓抑下，受傷更重。

現在家長們的文化程度普遍提高了，對孩子的教育意識普遍增強，但教育水準並不見得同步增長。人們已注意到一個現象，不少高學歷家長，他們的孩子在學業或心理方面反而很不如意。原因是一個有能力的破壞者，其破壞性要超過一般人。如果高學歷家長對一些教育問題認識不清，卻又自以為是，認為孩子的一切都需要在自己的規劃和控制下完成，小到吃一碗飯，大到規劃孩子的未來，持續不斷地用錯誤的理解來對待孩子，那麼他的教育水準和低學歷家長就沒什麼兩樣，甚至更糟。他就是寓言中那個用鋤頭雕刻玉石的農夫，一塊本來可以價值連城的璞玉，在他的鋤頭下變成一堆碎石。①

在我的工作中，不止一次見到「用心」的家長，他們的強勢更容易把天賦很好的孩子培養成笨蛋、憂鬱症患者和神經病。在這些極端的個案上，幾乎可以百分之百地觀察到家長的錯誤。並不是他們不愛自己的孩子，也不是大目標不妥。大部分家長其實都有一個很合理的培養目標，他們要培養的「牛頓」，可以平凡，但至少有一份體面的工作和穩定的收入——這樣一個目標本來可以很容易實現，只是，由於他們在處理教育小問題時多有不妥，持續不斷的小錯疊加起來，最終形成一個損害孩子基本能力和心理健康的大錯，使這個小目標也難以實現。

兒童是脆弱而無助的，他們的天賦需要啟動也需要呵護，家長在孩子的成長中既要成為孩子進步的推進器，也要成為他們的保護傘。這對家長提出了較高的要求，但做到這一點也並非難事，高下就在一念之間。以「無痕」的教育之法，達到「有跡」的教育之效。理解這一點，有時是一張紙的厚度，有時是一座遙不見頂的山的高度。距離有多遠，取決於家長在多大程度上願意學習、願意反思和檢討自己。

把這一點落實到具體生活中，體現在對孩子的管理中，其實非常簡單，只是需要家長注意以下幾點。

## 首先，不要有培養完美孩子的想法。

雖然沒有哪位家長會承認自己有培養完美小孩的想法，事實上卻是有太多人在做這樣的事。孩子不按時睡覺是問題，不好好吃飯是問題，不穿襪子是問題，說話比別人晚是問題，靦覥是問題，好動是問題，不好動是問題，說髒話是問題，弄髒衣服是問題，做事磨蹭是問題，見人不問好是問題，太活潑是問題，不活潑也是問題……所有的問題，都令家長焦慮，都需要改造。

事實是幾乎每個人都有自己的長處和缺點，尤其在某方面有出眾天賦的人，他們往往在其他方面會表現出更明顯的不足，比如生活中我們經常會看到，一些具有某方面特殊才能的人，他們往往不善言辭或不拘小節等。「天才」和「全才」在某種意義上是相衝突的，牛頓本身不就有很多「愚蠢」的軼事嗎。有一次，我在網路上看到有人批評一位學者太清高，學者說：「不清高，能和平庸拉開距離嗎？」這句話夠傲，卻有道理。家長面對孩子時，是否也應該有這樣的自信和寬容？盧梭說：「卓越的天才彼此間另有一種語言，凡夫俗子是永遠不能懂的。」②確實是這樣，一些在某方面極為出色的人，他們的能量集中在興趣上，是這方面的巨人，但常人達不到他的高度，只能看到他的肚臍眼，於是他們反而成了另類，被人看作孤獨者、怪人，甚至被當作病症去治療。

孩子正處於成長階段，能量尚在萌動狀態，而世界有太多的事情需要他去認識和適應，幾乎每個人都有「牛頓」的潛能。如果什麼事都要求他做得符合成人的意願，都要去修理和強行矯正，這其實不是教育，是對他成長的不間斷干擾，會破壞他的潛能。求完美的家長，最多能培養一個「平庸的大多數」，而這也需要有足夠的幸運。換句話說，要想培養一個盡可能如意的孩子，就要學會欣賞孩子一些不如意的行為。凡有衝突，必有傷害，放下改造思想，才可避免把「牛頓」修改成「牛倌」。

## 其次，要接納孩子的與眾不同。

在理論上人們都承認每個孩子是不一樣的，但在實踐中，人們往往害怕孩子與眾不同，特別是孩子的行為與主流價值取向不同，或和父母的設計路徑不同時，很多家長就會憂心忡忡，力圖改造孩子。

一位年薪很高的家長對我說，他九歲的女兒酷愛用各種小珠子穿各種各樣的項鍊和手鍊，家長給的零花錢基本上都買珠子和絲線了。浪費時間不說，還耽誤了寫作業和練琴。他問我：如何既不傷害孩子，又能制止她繼續做串珠？這位家長自己上名校、進知名企業，工作上兢兢業業，升遷很快。這也許讓他有一種錯誤認識，以為自己走的這條路才是正道，先有好成績，然後上好學校，這才有可能進入好的工作單位。所以在他看來，只有提高考試成績是可靠的，別的都不可靠，癡迷於和功課無關的東西，就是不學無術。

我說：孩子有一種愛好，這是多麼好的一件事，為什麼要制止呢？你希望孩子學習好，目的是什麼，不就是希望她長大後有不錯的工作，有好的前途嗎，為什麼潛意識中一定要把她的將來定位為一個像你一樣的白領，而沒想到她有可能成為珠寶設計大師，成為中國的香奈兒（Chanel）呢？

大千世界豐富多彩，人的愛好也五花八門。一個人喜歡什麼，醉心於什麼，會受天賦和環境等各種因素的影響，微妙得令人不可捉摸。但在愛好的問題上，有一點總是相同的：愛好就是天才。可以說，一個人對某件事癡迷有多深，天才就有多高。所以我們可以這樣假設，「強烈愛好」是上帝對一些人的偏愛，是給予其特殊的關照。而童年由於較少受到外界功名利祿的影響，偏愛的痕跡會表現得更足，更容易被人識別，所以更需要珍惜。而且，愛好並非一定會和功課衝突，做好了，反而會成全功課。

我給這位家長的建議是，幫孩子找一些和飾品設計相關的資料，從簡單的圖冊開始，讓孩子了解配飾設計的基本情況，讀著名設計師的故事，了解世界各國的設計文化，帶孩子去參觀珠寶展，順便旅遊，進而認識世界地理、世界各地的習俗、宗教、傳統等……衍生的知識是無窮無盡的。孩子讀過這麼多書，了解這麼多常識，走過這麼多地方，再反過來學功課，豈是一件難事？不管她將來是否從事珠寶首飾設計，都會是一位優秀的人才。這位家長肯定背誦過孔子的「知之者不如好之者，好之者不如樂之者」，在生活中怎麼就想不起來呢？

文化程度偏高的父母，總體上肯定會給孩子更好的教育，但有時也會陷入偏見或既定思維中，最典型的是經常會有意無意地設計孩子的未來，以自己對生活的理解，來規劃孩子的人生，這反而有可能降低孩子的前程高度，束縛他的發展，使其「泯然眾人矣」。家長希望孩子有卓越的能力，有美好的前程，就不要讓兒童放棄自己的興趣以服從家長安排，這一點在大小事件上基本都適用。教育家尼爾說，那些對功課不熱心的學生，在訓練之下念完大學，將來成為沒有想像力的老師、平庸的醫生和無能的律師；他們本來也許是上等的技工、頂呱呱的泥水匠或第一流的員警。③愛默生（R. W. Emerson）說過：「如果一個人不屈不撓地堅持自己的才能，並且一直堅持，那整個世界就是他的。」他們說的，不正是中國千百年來流傳的那句「行行出狀元」的古話嗎？

### 第三，家庭生活中要戒除嚴厲和專橫。

這一點和前面兩條有直接的相關性，要做到不求完美，給孩子自由發展的空間，父母首先要自問，我是否對孩子太嚴厲？嚴苛的家教總是暗示著家長超強的控制力，這可以讓一個孩子獲得世俗意義上的成功，或者也可能留一點點空間，讓孩子的某種才華像磚縫中的小草一樣艱難地挺拔出來，但它對一個生命的壓抑則是確定無疑的。例如寫出《變形記》（*Die Verwandlung*）等名作的奧地利作家卡夫卡（Franz Kafka），他的父親嚴厲粗暴的教育方式雖然沒能阻止他文學才華的流露，卻令他的整個人生和生命灰暗不堪。

在家庭生活中，相對於「嚴格要求」，我認為「縱容」是更理想的家庭成員相處模式，尤其是對孩子，在道德和安全的底線上，幾乎可以同意他們去做一切願意做的事情。這樣不會慣壞孩子，生命受到的阻礙越少，成長越健康，才能越容易顯露。被處處監督和規範的孩子才更容易流於平庸，甚至墮落。嚴格管教的背後就是心理受阻，法官型父母最容易培養囚徒型孩子。我們是要一個健康快樂的清潔工，還是要一個學富五車的神經病？這是值得思考的。

當然，兒童的潛能並非脆弱得不堪一擊，它常常有一種頑強的力量。事實證明，在家長或教師兩方面，只要有一方能為孩子提供良性引導，孩子的潛能往往就不至於被磨滅，甚至有可能被刺激得更有張力。我們從很多傑出科學家、思想家或藝術家的傳記材料中總可以看到，他們的成功，除了自身的天賦，至少需要這樣的條件：不是有懂他的家長，就是遇到理解他的老師。人生只要獲得一種幸運，「牛頓」就不會成為「牛倌」。

① 尹建莉，《好媽媽勝過好老師》，作家出版社，2009年1月第1版，3頁。

② 盧梭，《懺悔錄》，黎星等譯，人民文學出版社，1992年6月第1版，561頁。

③ A.S.尼爾，《夏山學校》，王克難譯，南海出版公司，2010年5月第2版，23頁。

# 4 如何兼顧孩子的學業和遊戲

相對於「控制」，縱容是更理想的家庭成員相處模式。愛的最高境界是「不打擾」，它比不停地給予更讓人幸福。玩耍是兒童最重要的學習途徑之一，兒童首先是在玩耍中認識、模仿和體驗各種常識的。剝奪玩耍，不僅是剝奪兒童童年的快樂，更是在剝奪他們有效的學習方式。

我曾在微博中發過一道測試題：

週末，兩名初中生各自在家玩電腦，都在午飯擺上桌時不願下線。一位媽媽叫孩子兩次，看孩子不願下線，愉快地把飯碗端給孩子，讓他一邊玩一邊吃，不讓孩子彆扭；另一位媽媽叫孩子兩次，看孩子不願下線，不再作聲，吃完飯收拾掉飯桌，把剩下的飯倒進垃圾桶，懲罰孩子，不給他吃飯。大家覺得哪個方法好？

測試題提出的兩種選擇非常典型，代表家長面對孩子玩電腦的兩種心態：讓孩子玩得高興，家長心中無任何負面情緒，無任何懲罰行為；讓孩子玩得內疚，家長心中有負面情緒，有或明或暗的懲罰行為。

當時許多網友給出了自己的選擇，並簡述其理由，也有一些人提出了另外的觀點。比如既不選一也不選二，孩子不過來吃飯，既不給他端過去，也不倒掉，把飯留著，他自己想什麼時候吃就什麼時候吃。這其實不是個新選擇，仍然是上面兩種方法中的一種，只是程度不同而已，因家長心理上有無懲罰性而歸屬於第一或第二種。總之，大家提出的第三種辦法基本上只是在細節上有所調整，原則沒超出這兩種。

我翻看過此條微博後面的評論，發現選第二種的更多，那本文就從第二種說起。

## 我們應該如何看待玩耍？

請做出這一選擇的家長先回答一個問題：

同樣的情境，換一個前提，孩子不是因為玩電腦而顧不得吃飯，是因為思考一道數學題或讀一本書而沉迷，不願意過來吃飯，那麼你會用哪一種方法？

如果你還堅持第二種，並且你的選擇真的很誠實，認為按時到飯桌上吃飯比一切都重要，那麼你的「家規」就變成了至高無上的「家法」。由這個細節可以看到，你的家庭生活中很少有隨性和變通，一個簡單的生活細節都不可以偶爾打破，那麼所謂的給孩子自由、尊重孩子之類的教育理念，在你的家庭生活中必定很少有存在的空間。

「自由」是教育中的法寶，這已形成共識。在缺少自由的家庭生活中，你的孩子應該會變得越來越聽話，能遵循你所訂立的各種規則，一板一眼，事事聽命於家長，令你滿意。但你一定要有心理準備，不要指望你的孩子將來比你強，他的能力絕不會超越你，他的幸福感絕不會比你多。當他在所有的生活細節上都不可以打破你所設定的規則時，他的人生也一定不會超越你所能為他提供的條件和框架。

這樣固執的家長應該是少數，我相信大多數人會因為換了情境細節而改選第一種，那麼請說出理由，為什麼孩子因為學習廢寢忘食，就可以得到媽媽親自送上熱飯的關愛？因為玩電玩遊戲，就受到不給飯吃的冷酷對待？

答案當然是顯而易見的：學習功課和玩電腦是兩件相反的事，分別代表有價值和無價值，受到的待遇自然不同——這樣一種判斷非常有代表性，很多人都是這樣認為的。但很多人的想法就代表正確嗎？這就說到了問題的關鍵——我們應該如何看待玩耍？

一直以來，人們總是有意無意地蔑視童年的價值，認為童年只是成人的準備階段，當下的生活要服務於未來。所以很多人對於兒童玩耍很不在意，經常隨意阻攔，在他們心目中，「玩耍」只是兒童的一種年齡屬性，沒有價值屬性，玩不玩、玩什麼都是一樣的。甚至有人認為學習和玩耍根本就是衝突的，猶如減肥和吃美食相衝突一樣。我親耳聽到一位家長對六歲的孩子說：「要上學了，以後再不能買玩具了。」

事實是，玩耍對於一個人的成長和成才非常重要。現代心理學和教育學研究早已證實，玩耍是兒童最重要的學習途徑之一，兒童首先是在玩耍中去認識、模仿和體驗各種常識的。剝奪玩耍，不僅是剝奪兒童童年的快樂，更是在剝奪他們有效的學習方式。

天下所有的兒童都需要玩耍，就像所有的孩子都需要母愛一樣。美國教育家杜威對娛樂休閒的功能給出評價：「藝術創作和欣賞的能力、娛樂的能力、有意義地利用閒暇的能力，都是公民效率的重要成分，比其他能力訓練累加在一起更加重要。」他對蔑視玩耍的行為提出批評：把休閒玩耍的需求看成是需要加以抑制的，這是絕對錯誤的，會造成惡果。如果教育不能提供健康的休閒活動，那麼被抑制的本能就要尋找各種不正當的出路。所以在教育中，為學生提供休閒的享受是一項非常嚴肅的責任。這不僅是為了學生眼前的健康，更是為了對他們的習慣形成永久性的影響。

「沒有玩耍就沒有成長」這樣一種論斷，是幾千年來人類社會經驗的總結，是被無數的實踐反覆驗證過的真理性結論。這一觀念在中國得到確認和推廣卻是近些年的事。當然這並非意味著中國人一直以來不重視娛樂休閒，恰恰相反，中國人是非常會玩耍的一個民族，不論貧窮還是富有，代代兒童並不缺少玩耍，也不缺少玩伴，哪怕是從小需要幹活的苦孩子，在勞動之餘也要找小夥伴捉個迷藏。只是我們一直沒有在理論上對玩耍的重要性形成定論，沒有用文字把它提煉出來。相反的，人們熟稔的是「少壯不努力，老大徒傷悲」，以至於很多人把玩耍和成才對立起來。尤其在當下，孩子們的玩耍和功課嚴重對立，人們只看到孩子在被迫學習中所獲得的一點成績，卻看不到放棄必要的玩耍所遺留的長久隱憂。假如這種對立一直存在下去，未來的中國社會才真有可能是令人「徒傷悲」的。

即使不考慮未來社會那麼遠，一個孩子在書桌前度過時間的長短也並不能決定其成績高低。因為學習是件需要智力和情緒雙軌並行的事，成績和孩子的情緒、情感完全呈正比關係。如果孩子玩耍不足，情緒和智力都會處於糟糕的狀態，他的成績也將會在正常水準線下，出現拖拖拉拉、不專注、理解力差等問題——我們從很多孩子身上都可以觀察到這種情況，比如我們經常看到有些孩子被評價為「挺聰明的，就是不好好學習」——這些狀況如果一直在惡性循環中延續下去，就會變成一個人一生都去不掉的缺點，使其永遠地失去成就大事的氣質。

認識不到一種東西的重要，就不會對它給出足夠的關注和禮遇。以前，很多家長不理解閱讀的重要，對「看閒書」很鄙視，會有家長粗暴地把孩子從外面借回來的小說給燒了。經過很多年很多人的努力，閱讀的重要性現在已得到普遍的認可，如果孩子因為讀一本好書而沉迷，當下應該不會有家長採取處罰性行為。但和閱讀同樣重要的玩耍卻還處在被排擠的尷尬境地中。事實上，正如閱讀對於教育而言不是可有可無的，玩耍也不是可有可無的。它們都是保證兒童健康成長的正餐，而不是有沒有都行的小酒小菜。用學習來排擠兒童的玩耍，相當於既要孩子長個子，又不給他吃飽飯，是一種自相矛盾的錯誤做法。

說到這裡，可能會有人說，我承認玩耍很重要，也願意孩子有足夠的玩耍時間，只是不希望他玩電玩。如果他玩別的，比如打籃球、下棋，我就會持有第一種選擇。有這樣想法的家長應該也不少，其話語的潛台詞其實已給電玩定性：電玩不是健康遊戲。這就說到另一個關鍵問題。

## 我們應如何看待電玩？

歷史上可能沒有哪一種遊戲像電玩遊戲那樣被妖魔化、汙名化。「網路成癮」概念的確立就是這種貶低性被合理化的一個極端現象。

在我們的話語裡，「癮」總是和不健康的嗜好以及有害、病態的後果聯繫著，凡可能導致成癮的東西，都應該是被戒除或被嚴格控制的。所以世上有菸癮、酒癮、毒癮，沒有「學習癮」、「發明癮」、「工作癮」。既然當下有「網路成癮」之說，可見人們已為其定性為麻醉品，即便沒有海洛因那麼恐怖，至少像菸酒一樣是有可能荼毒少年兒童的東西，所以很多家長對它懷有憎惡和提防之心。

我認識一位媽媽，她其實完全不了解電玩，對電腦也很陌生，她兒子上中學時，她就因為電腦跟孩子發生很多次衝突，即使她兒子已讀到了碩士，每個假期孩子回家，都會因為電玩的問題鬧得母子不愉快。這位媽媽對電玩到了深惡痛絕的地步，寧可兒子看一晚上電視，也不願他玩一晚上電玩。

事實是生活在當下，想禁絕孩子玩電玩幾乎不可能。雖然現在大部分家長不會做得像上面這位家長這麼極端，尤其年輕一代的家長，因為他們很多人自身就是電玩愛好者，能對電玩給出適當理解，允許孩子適度的玩。不過，人們還是憂心忡忡，心存顧慮，電玩可能成癮的思想已深入骨髓，很多成年人即便自己發自內心喜歡遊戲，也會一邊玩一邊內疚著，所以他們面對孩子玩電玩的態度，是忐忑不安的，就像一個酒鬼看著自己的孩子開始學喝酒一樣，心情複雜，充滿憂慮。

有一次我在地鐵上看到一對母子，小男孩八、九歲的樣子，上車後跟媽媽要手機玩，媽媽不給，小男孩在座位上扭來扭去的，坐不住，再次跟媽媽要手機，媽媽有些不快地和孩子講條件，說只允許玩十五分鐘，小男孩答應了，媽媽才把手機掏出來。十五分鐘很快就過去，行程卻還不到一半，媽媽要把手機收回來，孩子乞求再玩五分鐘，說話間眼睛和手不曾離開手機片刻。媽媽不愉快地警告孩子五分鐘後必須停止玩耍，然後看著錶，五分鐘後，像個秉公執法的警察一樣，毫不留情地從孩子手中拿過手機，裝進包包裡。孩子一臉無奈，又在座位上扭來扭去，無聊至極，然後一腔情緒地抱怨車走得太慢，抱怨車廂太熱等等。孩子玩手機時眼神中的專注與單純，和手機被要走後眼中的怨恨與散亂對比十分鮮明，媽媽則像控制住一名酒鬼的貪杯一樣，頗有成就感的樣子。

當人們對電玩還懷有如此偏見時，看到測試題中的第一種做法，自然會認為這是沒有原則的溺愛，如同孩子學抽菸就遞上火、想吸毒就送上錢一樣，是對壞行為的獎勵，後果是讓孩子陷入網路成癮，變得墮落。

其實，電玩就是個遊戲，它和菸酒沒有類比性，和毒品更相距十萬八千里。究其本質，和打籃球、下棋、捉迷藏沒什麼區別，不同的只是它作為一種玩具，更複雜，更有趣，更有吸引力。一個三歲的孩子可以很快掌握電腦的一般操作，如果玩到六歲，他多半就是個高手，可以超越家長的水準。而且在玩耍過程中，孩子的智力也會得到比較全面的發展。為了戰勝對手，玩家經常需要面對錯綜複雜的情況，動用各種分析和判斷，在一個虛擬的世界中真實地參與了不一般的社會生活——這不就接近教育家杜威

我曾聽臺灣一位研究腦神經科學的教授講一件事，上世紀九〇年代，臺灣軍方飛行員在新飛機試飛中頻頻出事，事故調查中發現，飛行員注意範圍狹窄、空間感覺能力差、應變能力不強等，是事故的主要原因。教授所在的研究所接受委託進行相關研究，協助軍方遴選適合的飛行員。研究所人員運用腦神經及心理測試手段，經過對許多候選人的多方面測試，最後幫助軍方挑選出幾位合適的飛行員，事實證明他們的挑選是非常成功的。教授說事後他們對這些挑選出來的飛行員的資料進行研究，發現他們幾乎都有一個愛好——玩電玩，是電玩高手。

而且電玩符合現代社會的生活方式，不需要場地，不需要打電話約人，不需要換衣服，隨時隨地可以和各種認識或不認識的人一起玩，既是一種社交途徑，也可以獨自玩。目前來看，確實沒有哪一種玩具有這樣的優勢。

至於說有些電玩中有暴力、色情等元素，這些並非電玩的本質；就像色情和暴力不是圖書的本質一樣。不讓孩子讀壞書和避免孩子玩壞遊戲一樣，必須在允許閱讀和允許遊戲的前提下解決，而不是取消閱讀、取消遊戲。除了呼籲有關部門加強遊戲審查，同時要想辦法引導孩子，幫他選擇健康的遊戲，比如向孩子推薦一些好玩的遊戲，或和孩子一起玩，在玩的過程中加強正面價值觀引導等。兒童天生對邪惡的東西有抗拒和牴觸的能力，如果他心理是健康的、陽光的，是不會輕易受到壞東西誘惑的。

玩電玩當然有一些缺點，比如長時間坐著不動，孩子會缺少運動，眼睛也會疲勞。這些問題和閱讀帶來的問題大體相同，需要家長想辦法幫孩子解決，比如發展孩子的運動愛好及其他興趣等。孩子總要有可玩的東西，如果不讓他玩電玩，你能為他提供一種更有趣、更容易普及的玩耍嗎？

世上應該不存在只有益處而毫無弊端的遊戲，好與壞是相對而言的，所有的相關討論都是在機率的範疇裡進行。如何判斷一種遊戲的優劣，我認為有三點核心判斷：第一，孩子的參與程度高不高；第二，孩子投入的主動判斷多不多，第三，是否伴有愉快的情緒體驗。這三條可以套用在一切遊戲中。比如，電腦和電視都是通過螢幕來提供娛樂，但電視沒有互動性，看電視不需要參與，不需要判斷，人在電視機前待的時間越長，大腦越懈怠，所以它對兒童的智力發育不但無益，反而有害。

現實生活中我們確實觀察到一些孩子會玩電玩過頭，分析這種情況，我認為板子不應該打到電玩上，而應該追究到整個社會在對待「玩耍」的變態行為上。一方面是成人對電玩有太多的偏見，這對兒童反而形成負面刺激；另一方面，遊戲的目的本來只是娛樂，可現在，除了電玩遊戲，幾乎所有的兒童娛樂專案都成為了培訓內容：游泳班、唱歌班、繪畫班、羽毛球班……當下，如果一群孩子有機會在一起開展某項活動，多半是為了參加比賽。沒有玩耍，只有課程；沒有娛樂，只有名次——當所有的玩耍被功利地利用，變成一項項任務時，電玩成為「純玩耍」的最後一塊淨土，其魅力自然也就獨一無二。成年人高高在上地指責孩子沉迷於電玩，有多少人反思過，到底我們為孩子提供了怎樣一種生存和成長的條件？

新一代人被帶到這個世界上，他們其實非常被動，世界要給他一些什麼，是由不得他自己選擇的。當下的孩子像人類發展史上任何一代新人那樣，伸開雙手接受世界為他準備的種種時，生命中必然的經歷和喜樂卻成為錯誤和問題，甚至是疾病。事實上，真正令人糾結的不是孩子出了什麼問題，而是他們的行為不符合成年人的有用原則和功利原則。設想如果現在電腦還沒發明出來，孩子們最喜歡的是打球或唱歌，那麼打球和唱歌也將被妖魔化。

我確實親眼見過這樣一位媽媽，她正在讀高中的孩子對電玩不感興趣，酷愛打籃球，每天都想到球場去。她希望孩子把更多的時間用在學習上，給孩子規定每次只能玩半個小時，但孩子經常一玩就忘了時間，每次超時都要被媽媽念一頓，有幾次這位媽媽甚至追到球場上，不顧孩子在同伴前的面子，強行把孩子帶回家，母子倆為打球的事發生過很多次衝突。這位媽媽到後來一說起籃球，就恨得咬牙切齒，聽她的口吻，宛如她兒子正在吸食一種叫「籃球」的毒品。

二〇一〇年三月，大陸各媒體紛紛報導，衛生部正在進行調查研究，確定「網路成癮」的診斷標準，擬將網路成癮改稱為「病理性上網」，一旦診斷標準確立，「病理性上網」就是一種病。二〇一一年又在報紙上看到已有醫院開設「網路成癮基因檢測」項目，價格不菲——現在，事關兒童的事，只要打著「醫學」的幌子，不怕沒市場。可是，還有比這更荒唐的事嗎？

所有「戒除網路成癮醫院」、「戒除網路成癮學校」或相關的「訓練營」，都是偽概念之下的騙人機構，是一種邪惡的時代產物。這樣評價它們一點也不過分，無論它獲得了怎樣的許可證書，披上什麼科學馬甲，罩上什麼榮譽光環，本質都是愚蠢和邪惡的，因為他們只能做兩件事——賺錢和傷害兒童。

前面關於玩耍及電玩正面價值和功能的闡釋，可能會緩解很多人對電玩的顧慮，改變一些家長對電玩的態度，但不少人仍然會有這樣的擔憂：現在功課壓力很大，孩子玩過頭了，耽誤了功課怎麼辦？到底該如何把控管制和放手呢？

這就說到第三個關鍵問題，也是家長們最關心的問題。

**能「大致齊」就已經很好了**

這個問題，我想先以我女兒圓圓為例說一下。

很多人以為圓圓是標準三好生（品德好、學習好、身體好），做事從來都是令家長和老師滿意的。這其實是誤解，圓圓是個普通的孩子，也有各種不足和毛病。就拿玩電玩來說，她大約從十歲開始玩，剛玩的時候，可以一口氣在電腦前坐七個小時，顧不得吃飯。把飯碗送到電腦前，正是當時我的做法。她大學讀的是工科，功課壓力很大，課餘還要參加樂隊排練、看電影、看小說、買衣服、談戀愛等等，再加上玩電玩，時間上經常捉襟見肘，忙得不可開交。現在她已在美國一所常春藤盟校讀碩士，還見縫插針地玩，因此常出現這種情況：我上網看她後半夜還沒睡，問她在幹什麼，她給我一個摳鼻的尷尬表情及文字：這兩天不小心玩多了，今天得熬夜寫作業，明天上午就要彙報呢。我往往會送她一顆豬頭和一個齜牙笑的表情，然後趕快走開，不再打擾她。

我當然希望她時間安排得合理，學習、生活、娛樂樣樣不缺，一切井井有條。但我知道完美的狀態很難實現，因為我自己即使人到中年，也始終沒學會把一切都安排得那麼好。比如我從小喜歡晚睡晚起，近幾年雖然從各種養生資訊中接受了人要早睡早起的觀點，卻做不到，總是到要睡覺了，才發現已太晚。既然自己都做不到事事安排合理，那我也不要這樣去要求女兒，大家都活得隨性點吧，輕鬆愉快難道不是人生的終極目的嗎？而且，有太多的研究表明，人的身體健康和情緒息息相關，如果我為了完成「早睡早起」等合理目標，而經常跟自己鬧彆扭，或跟圓圓鬧彆扭，那樣是否更傷害我們的健康？我堅定地相信愉快的心情是最好的養生，所以基本上能坦然地和自己及家人的各種缺點和諧相處——這份坦然可能讓我們在一些小事情上表現得不夠完美，但它並沒有降低我們的生活品質和幸福感。以前圓圓有個室友，自制力非常好，每天作息時間嚴格，生活規律，大二就參加 GRE 考試，取得了一千四百多分的優異成績（滿分一千六百）。但一間宿舍六個女孩，自我管理上做得完美的，也只有這一個孩子。總體而言，六個女孩各有各的精彩，都很出色，到目前為止，她們之間即使在學業上也並沒有明顯的差異。

在玩耍和學業兼顧的問題上，如果家長在心中已預設了一個完美目標，即孩子從一開始玩遊戲時，就能天天把時間安排得井井有條，該玩的時候玩，該學習的時候學習，或者最多花一年半載的時間，就學會合理安排時間——在這樣的目標下，你十之八九會失望，因為絕大多數的孩子可能永遠沒有這一天。

事實上，孩子能做到「大致齊」就已經很好了，允許平時安排得不理想，甚至哪幾天或哪段時間特別不理想，只要總體上能兼顧玩耍和學業即可——這個簡單的目標能否正常實現，完全取決於父母的態度，只要家長態度拿捏得當，孩子基本上都可以實現良好的自治。而所謂「拿捏得當」，要做到也並非難事，關鍵點便是「不管是最好的管」。

「不管是最好的管」這個理念是我在《好媽媽勝過好老師》一書中首次提出的，它可以套用在孩子學習、遊戲等一系列管理中。「不管」，不是不負責任地放任自由，不是對孩子漠不關心，而是無為而治。雖然表面上看起來不作為，卻是最有效、最長遠、最有力的一種方法，可謂教育的一種最高境界。

這一境界的心理學基礎是：人的天性是向上向善的，在正常的環境中，每個人在善惡表達上，一定是優先表達善的一面。只有在變態的環境中，惡才會被刺激出來。這都是人類基因中自我保存和延續的一種本能反應。所以家長不必擔心自己不管孩子，孩子就會一路下滑，一直滑到「網路成癮」中——有這樣擔心的家長，主要是對這一心理學基礎有相反的理解，認為人的天性是向惡的，當孩子出現一點不好的苗頭時，如果不去管他，他就會越來越差勁。由於人性向惡的理解本身就是錯誤的，所以在這種理解基礎上的一切教育行為都會帶有負面暗示，結果往往是越管越不如意——這就是嚴格的父母往往教育出不如意孩子的深層原因。

在正常生態環境中，未成年人都有自我調適的動機和力量，而且年齡越小，調適功能越強。也許他們會不時地玩過了頭，也許他們短時期內在學業上不盡如人意，但只要家長信任孩子，為孩子營造一個友好善意的家庭氣氛，讓孩子無任何罪惡感地玩，孩子便有能力慢慢協調好遊戲和學業的關係。我女兒圓圓在初一、初二狂玩遊戲時，一度也影響了學業，我從未因此訓過她。但在考高中和大學前一年，她都自覺地把遊戲機打包到紙箱中，完全投入學習。

並非只有圓圓能做到這一點，父母親如果完全信任孩子，從來不用負面眼光看孩子，那幾乎所有的孩子都能做到這一點。如果孩子能從小盡情地玩耍而從不因此被訓斥和鄙視，那麼他將來對工作和學習的認真和熱情，也會像對待玩耍一樣，投入並富於激情。這一點，從很多身心健康的成功者身上都可以觀察到。

來自成人的外部控制，特別容易打擾這種自我調適，導致其心理秩序紊亂，自我管理能力下降。所謂「網路成癮」，往往是兒童自我管理功能和選擇功能受到破壞的一個後果。深究一下這些孩子的家庭生活，幾乎都可以看到家長的錯誤管制及遊戲之外的問題。

教育和其他事情的最大區別是，要實現長遠的大目標，必須經常以犧牲當下的小目標為代價。處處管制孩子，讓他必須以成人的意願來生活，這種強制性的做法當然有可能取得一些即時的眼前效果，但是否隱含著更久遠的問題呢？

我聽某著名大學一名學生跟我講，他班裡有位男同學，入學成績非常好，人也很聰明，但入學第一年就有學科不及格而死當，整天就是瘋狂玩電玩。到二年級開始不去上課，他父親到校陪讀四個月，當爹的每天晚上就在宿舍把三張椅子拼起來睡，極為辛苦，亦不能從根本上改善兒子的狀況。男同學留了一級後，仍然不能完成學業，學校只能將其勸退。這個男同學曾對宿舍同學講，他現在其實並不喜歡電玩，上中學時是真喜歡玩，但父母一直對他管得太嚴，尤其是高中那幾年，請來的家教占滿了他所有的課餘時間，幾乎沒摸過電腦，也沒有任何其他娛樂，他現在只想把所有失去的玩回來。

分析這個男孩的情況，「玩回來」只是他自己所能歸納的原因，其實真正讓他無法完成學業的，一方面是長期以來不能釋放的玩耍需求積壓在內心所形成的巨大反彈力；另一方面是父母的控制力太強，他沒機會練習自我調整和自我控制，所以這方面能力也就喪失了。他在電玩上的放縱，其實是一種力不從心，是自我無力感的表現。

相對於「控制」，縱容是更理想的家庭成員相處模式。愛的最高境界是「不打擾」，它比不停地給予更讓人幸福。這一點對兒童教育、婚姻維護都是適用的。想長久維持的東西，必須給出足夠的空間。尤其是對孩子，只要在道德和安全的底線上，幾乎可以同意他們去做一切願意做的事情。不用擔心這樣會慣壞孩子，生命受到的阻礙越少，成長越健康。孩子的好與差，不在於管或不管，而在於環境變態不變態。不正確的管制，本身就是變態的一種，比不管還要糟糕得多。

我知道有些家長在和孩子糾結一段時間後，感覺無能為力了，就滿臉失望地說「不管」了。這是對「不管」的誤解。不管和放棄關愛一點關係都沒有，所謂「不管」是不動聲色、不著痕跡地管，即在不跟孩子形成對抗和衝突的基礎上，想辦法發展孩子的正面潛能。比如建立良好的親子信任關係，培養孩子愛閱讀的興趣，經常帶孩子出去旅遊，幫助孩子建立同伴交往圈子，給孩子做出好的榜樣等等。家長最多可以和孩子一起制訂計畫，但計畫如何制訂一定要聽取孩子的意見，如何執行則要交給孩子……如果你實在不知如何做，哪怕什麼都不做，也比錯誤地做要好。

我的親戚朋友們看到我女兒圓圓的成績一直都不錯，也沒比別人少玩，生活能力也不差，便很驚訝她是怎麼做到的。我承認人的天賦稟性有一些差異，但這差異並不是全部的決定因素。圓圓之所以顯得能量更充足一些，除去天時地利等諸多因素，還有一個最重要的因素是，她的能量從不需要消耗在和家長的鬥爭中，不需要浪費在過度的自我糾結中，而是全部用於自我成長上。

我承認我沒有能力讓圓圓像她那個室友一樣，把一切安排得井然有序，但我至少沒給她添亂子。在這過程中我並非沒有一點焦慮和糾結，但我把心思用於自我約束和自我學習上，當我明白了，孩子的問題自然就不存在了。我在學習和反思中獲得的最受益的道理是：在一個寬鬆的環境中，孩子才有面對自我的時間和空間，才有機會學習適應和調整，才能聚集起自我成長的力量——這是我本文中最想和大家分享的一點。

回到測試題上，顯然，我的選擇是第一種。這就說到最後一個問題。

## 第二種選擇為什麼不好

把飯倒進垃圾桶，這個動作對家長來說真是痛快，但想像一下這個行為有多麼野蠻粗俗吧。如果有誰認為「粗俗野蠻」的評價過分，那麼把自己置換到孩子的角色體會一下，看看自己體會到的是什麼。

我知道很多人一旦置換角色，就會吃驚地發現這確實不是好方法。那麼請勇敢地剖析一下，為什麼你最初看到選擇題時，會選擇第二種做法？答案只有一個：因為他是孩子，而且是「我的孩子」——這就是你思維中的癥結，以前一直不曾意識到它的存在，現在它顯現出來了——即在你的潛意識中，你一直不曾和孩子真正平等過，你是把自己置於一個操縱者和領導者的位置，你和孩子的親子關係是支配與被支配的關係，甚至是奴役和被奴役的關係。這樣一種不平等的關係給家長帶來的往往是滿足，尤其看到孩子服從的時候；但它給孩子帶來的，則是委屈感，是心頭積累的恨意。

教育手段如果不包含善意和悲憫情懷，又怎麼能指望孩子學會愛和同情？冷酷的手段確實能立竿見影地讓孩子變乖，但冷酷本身也一定會給孩子留下深刻印象。兒童是從榜樣那裡學會如何對待他人的，如果有朝一日他表現出對其他人、對父母或對自己冷酷，請你不要吃驚，也不要覺得委屈。

我看到留言中還有家長認為應該強行關機，該吃飯就吃飯，沒什麼商量的餘地。這種方法屬於直接控制，行為十分簡單，但也十分粗暴。提出這種建議的家長，如果你真的經常這樣做，後果可能會很嚴重，孩子發生「網路成癮」、成績不佳、嚴重叛逆或消沉等一系列負面行為的機率將會非常高，你眼下簡單、高效率的處理行為所換來的，很可能是越來越令你感覺棘手的行為問題。還有的說家長要和孩子一起餓，也不吃飯，直到孩子下線。這是一種通過自殘來給孩子施加壓力的行為，亦不可取。

現在動不動就發生青少年自殺的事件，人們總喜歡將其歸咎於「生命教育缺失」——這種大而無當的陳腔濫調不但於事無補，而且欲蓋彌彰。如果一個孩子和父母親關係良好，想到父母時內心是溫暖而不是冰冷的，他絕不會自殺。

二〇一二年十二月十四日，美國康乃迪克小學發生校園槍擊慘案，造成二十八人死亡，凶手是一名二十歲的年輕人，他先在家中殺死母親，然後到母親曾服務過的小學行凶。人們又開始一窩蜂地把矛頭對準槍枝問題。可以想像，假設這事發生在中國，人們又會一窩蜂地把板子打到「教育體制」或「學校道德教育缺失」上。

我在這裡無意去探討美國的槍枝管制問題或中國的教育體制問題，想說的是，個人擁有槍支可能確實是問題，但事實上廚房的菜刀也可以殺人，工具總是中性的，關鍵在於握在誰的手中。那些既沒有美國槍枝，又沒有中國教育體制的國家，他們的少年犯和小混混又是什麼造成的呢？遇到這些問題，可不可以不要搞得那樣形而上？可不可以具體地從教育的角度追問一下，如此殘酷的年輕人，他到底遭遇了怎樣的家庭生活？他的父母到底是如何跟他相處的？我在看過報導後，拼湊一下媒體漫不經心提到的一些有關他的家庭生活的資訊和細節，不難看出問題的真正根源。比如，他的媽媽對兩個兒子，尤其是小兒子亞當（即兇手），執行嚴苛教育，不高興時，會用槍指著這個男孩的頭……請想像一下母親這些態度和行為帶給兒子的感覺吧。槍擊案發生後，槍手的哥哥第一個反應是，他媽媽肯定被打死了，這個判斷絕不是空穴來風。

如果孩子和父母的關係融洽，他就不會變壞，也不會去自殺。因為父母一方面是孩子最好的心理依靠，另一方面父母對孩子的態度又深刻地影響著孩子對世界的態度。父母是孩子的整個世界，如果孩子對父母失望了，他就對整個世界失望了。

一直以來，我們受一句話的誤導太深：沒有規矩，不成方圓——話語本身沒有錯，問題是如何理解「規矩」和「方圓」，尤其是在兒童教育中。事實是太多人錯把「規矩」理解為瑣碎的管制，把「方圓」理解為服從，這種淺薄的理解只能產生一些淺薄的教條，不知讓多少人踏入錯誤的深淵。中國傳統雖然也講究嚴格家教，但這嚴格多半是基於家長的以身作則，即便有時候打孩子，愛和溫情仍然是主導的氣氛。所以，孝敬父母、贍養老人、大家庭模式是我們的傳統。美國人現在通過立法不打孩子，那種美國式的你是你我是我的冷漠的家庭相處方式確實很獨特，但有多少美國老人有兒有女，卻在孤獨中死去。現在，美式做法是很多中國家長有意無意奉行的，種瓜得瓜種豆得豆，多年以後，你希望你的孩子如何對待你呢？

即使拋棄一切教育、社會等各方面的分析，單是作為父母，看到孩子玩得高興，為了讓他玩耍吃飯兩不誤，把飯碗端給他，這難道不是一種正常的本能嗎？媽媽和爸爸應該是孩子想到了就覺得最溫暖、最可靠、最可以放鬆的那個人，而不應該是嚴厲的執法者和令人壓抑的君主。

給孩子送一碗飯和溺愛沒有一點關係，因為愛和溺愛根本不是同一回事。溺愛往往是包辦，本質是成年人愛自己；愛則是理解和接納，本質是愛孩子。只要是正常的愛，給多少都不會讓孩子變壞，得到愛越多的孩子，成長得越健康。冷酷從來不是教育，它是教育的反義詞，冷酷教育只能製造冷酷。

一碗飯是送到孩子手上還是倒進垃圾桶，這看起來如此小的一件事，對孩子的影響卻會是深刻而久遠的——回到一開始的測試題上，選一還是選二，這是個極小的生活細節，卻是一塊教育試金石。

# 5 規矩太多，難成方圓

壓力和懼怕不可能變成兒童內在的需求，「聽話」或「懂規矩」不過是一種假象，背後是孩子心理功能的失調，所以經歷就不能轉化為經驗，卻會根本性地損壞兒童的心理健康。

如果有什麼規則特別需要孩子服從配合，要想辦法，通過合理的方式，讓孩子看到規則之美，心悅誠服地接受。在規則教育中，家長的榜樣作用和包容心遠比強制力更能讓孩子學到守規矩。

人們常說「沒有規矩，不成方圓」，但在兒童教育中，則是「規矩太多，難成方圓」。

童年是一段特殊的時光，每名兒童都是一個純美的原生態世界，具有謎一樣的潛能和無數的發展可能，教育的任務就是要開發這種潛能，並努力保護個人的幸福感。幸福感是生命最大的營養品，「孩子和成年人之所以幸福，完全在於他們能夠運用他們的自由」。①所以無論從潛能的挖掘還是幸福感的擴展，童年的首要任務都不是「學規矩」，而是發展自由意志，這就要求家庭生活必須減少約束。

一個孩子，如果他最初接觸的世界不能讓他輕鬆自在，而是小心謹慎，就是被拋入一場能量消耗戰中。天性要他擴展自我，探究世界，環境又處處約束和限制，讓他小心謹慎。他既本能地想聽從內心的召喚，又要被動地迎合別人的要求，這令幼小的孩子疲於招架，不知所措，成長正能量無端消耗，心理秩序被擾亂，嚴重的甚至會無法完成自我成長。

有位學歷不低的媽媽，對孩子的培養很用心。從智力到習慣，從飲食到舉止，每個方面都要做到盡善盡美，對孩子進行「高標準，嚴要求」的教育。並說服孩子父親、爺爺奶奶等家人，一起不溺愛孩子，嚴格規範孩子所有的生活細節，以期把孩子培養成才。

比如，孩子兩歲以後，她就盡量不抱孩子，告訴孩子說，你是男子漢，不能嬌氣，以後走路要盡量自己走，只有累了才可以讓父母抱。但孩子常常故意耍賴，明明不累，卻要媽媽抱，她堅決不答應，任憑孩子怎樣哭，都絕不妥協。為培養孩子的衛生習慣和勞動能力，孩子從四歲開始，被要求必須把天天換下的內褲自己洗乾淨。哪天孩子不想洗，要放到第二天一起洗，媽媽不許，告訴孩子，今天的事情必須今天完成。為了培養孩子的良好修養，吃飯必須在餐桌上吃，偶爾孩子餓了，飯也做好了，可卡通還沒演完，孩子想一邊看一邊在電視前的茶几上吃，媽媽不許。不是強行關閉電視，理由是吃飯的時間必須吃飯，不能一心二用；就是寧可大家都不吃，一直等著，到卡通結束，再把涼了的飯菜重熱一遍。無論如何，這碗飯必定要規規矩矩坐在餐桌前吃，並且在吃飯中，要遵守餐桌禮儀，不說話不灑飯粒不可以發出咀嚼聲音……諸如此類的規定很多很細，幾乎每件事都有一套家長制定的標準。

她的孩子剛五歲，智力出色，確實養成了很多「好習慣」，但慢慢地，孩子表現出越來越嚴重的偏執，幾乎不接納任何稍有變化的或常識裡沒有的事。比如有一次外婆洗好葡萄，遞給他一小串，接的過程中，有一顆掉了下來，滾到地上，他就不答應，要求外婆把這一顆再接回到串上，外婆說接不回去，他就哭得不依不饒，另給一串也不行。好說歹說都沒用，只能以一頓暴打結束他的無理取鬧。還比如爺爺每天接他從幼兒園回家都走同一條路，有一天媽媽開車去接，想要繞道去超市買點東西，他不允許，說回家只能走那條路，不能走別的路。媽媽不聽他的，把車開到超市，他哭著不肯下車，要求媽媽必須回到幼兒園門口，走原來的路回家……總之，類似這樣不可理喻的行為非常多。幼兒園老師反映，孩子雖然很聰明，但很孤僻，不合群，一天難得見他笑一下，總是一臉冷漠，也不會和小朋友玩，總是玩不到幾分鐘就發生衝突，最後只能躲到某個角落，獨自玩一個什麼東西。老師甚至小心地提醒家長，是不是應該帶孩子去看心理醫生。

一名年僅五歲的孩子，作為人的自然天性從開始就被壓抑，規矩的框架已開始把他的心理擠壓得變形，那麼孩子所表現出的不體恤，拒絕合作，膜拜「規則」，叛逆冷漠等等，幾乎是必然症狀。如果家長一直對此沒有警醒，一直「規範」下去，後果真是令人擔憂。

英國教育家尼爾認為：「嚴酷的家庭法則就是對健全心智的閹割，甚至是對生命本身的閹割。一個屈從的孩子不會長成一個真正的人；一個因手淫而被懲罰的孩子，將來也得不到高度的性快感。」②面對幼小的孩子，如果家長不能首先想到如何給孩子自由，而是如何對孩子進行規範，尤其在一些無關緊要的生活細節上，向孩子提出大大小小的各種規則和要求，並且經常為孩子不能達到這些目標、不遵守這些規則而去責罵孩子、懲罰孩子，那麼他幾乎不可能培養出一個健康的孩子，只可能打造出一名刻板者、自卑者和偏執狂。

社會很少對刻板者和偏執狂給出太多偏愛，社會願意容納的，是人的寬容心和變通力。所以越是具有寬容心和變通力的人，越容易成為社會主流人群。奧地利心理學家阿德勒（Alfred Adler）認為，一個人愈健康、愈接近正常，當他的努力在某一特殊方向受到阻撓時，他愈能另外找尋新的出路。只有精神病患者才會認為他的目標的具體表現是：「我必須如此，否則我就無路可走了。」③如果一個孩子從小接受的是嚴苛的家庭法則，自由意志早早萎縮，那麼你能指望他用寬容和變通的方法來面對世界嗎？

現在，家長們的文化程度越來越高，也重視孩子的教育。但奇怪的是，很多家長像上面這位媽媽一樣，自身的受教程度和良好的社會地位並沒有讓他們對兒童教育這件事有更好的領悟，反而抑制了體內的原始本能。面對孩子時，感覺遲鈍，既缺少母愛的直覺，又缺少文明進化後的體貼和修養，生搬硬套一些似是而非的東西，把「立規矩」當作教育，讓事情陷入本末倒置中。

童年是堅強的，也是脆弱的。一個人的童年可以在物質生活上貧窮，不可以在精神生活上苦難。物質貧寒在某種程度上能錘煉人的意志，精神壓抑只能扭曲健全的心理。如果父母在孩子面前太強勢，孩子凡事要按家長規劃好的道路走，那麼父母越認真，對孩子的自由意志剝奪就越徹底，給孩子帶來的精神損傷越嚴重——為什麼很多過動症、自閉症兒童出自高學歷、高收入、嚴要求家庭，答案常常在這裡。

哲學家弗洛姆說過，「教育的對立面是控制」，現實中卻有太多的人把控制當作教育。如果有人對他說不要給孩子定太多規矩，要讓孩子自由成長，他會立即反駁說，不給孩子立規矩行嗎？難道他想幹什麼就幹什麼？如果他打人、偷東西、隨地大小便也不要管嗎？持有這樣極端思維的人，其話語邏輯令人無法招架。「人之初，性本善」在他們看來是胡說八道，所以他們只能這樣理解，孩子是不知天高地厚的，給三分顏色就開染坊，所以要嚴加管制，不管就是不負責任。

避免用瑣碎的規矩來束縛孩子，和縱容孩子做壞事，這是完全不同的兩件事。猶如一位老闆對下屬充分授權，充分給下屬在工作上自由決斷的空間，這和他允許下屬做違法亂紀或損害公司的事完全沒關係一樣。人文社科領域的話語重在理解，不能抬槓，不能走極端，一切討論必須基於基礎概念的相同和基礎價值觀的相近，否則就失去了討論的意義。在這個問題上，我也常遇到一些溫和的反駁，如，孩子不能完全沒規矩，適當的規矩還是需要的。這樣的反駁看起來既客觀又理性，卻同樣沒有意義。事實是，沒有誰說過孩子應該完全沒有規矩，也沒有誰會認為不給孩子立規矩就是連「適當的規矩」也不需要。極端思維和庸俗思維都是缺乏思考力的一種表現，背後的外部成因往往正是這些人從小經歷了太多的「規矩」，致使思維狹隘。

沒見識過美好柔和的教育，也失去了用最天然的心去體會另一個天然的人的能力，不相信一個人的自發選擇會是善的。對人性的不信任，常常是一些人跨不過「立規矩」這道門檻的根本原因。所以面對一個具體的孩子時，尤其面對孩子的過失時，不知道除了懲戒，還有別的方法。

二〇一三年我偶然從中國主流媒體上看到了一檔電視節目——《超級保母》和《保母九一一》，是從歐美引進的家庭教育系列電視劇。看來這檔節目在國外很受歡迎，否則中國主流電視台不會花重金引進。但這樣的電視真是誤導人。

幾乎每一集都是這樣的套路：孩子不聽話，父母沒辦法，請來一位「超級保母」幫忙解決。「超級保母」看起來自信滿滿，但她們的各種辦法歸根究柢就一種：定規矩，然後用規矩來整孩子，直到把孩子整服了。

比如，孩子不想按時睡覺，就把他強行關進屋子裡，收走屋裡所有的玩具，門一關，任孩子哭泣到睡著。孩子不想跟別人分享玩具，就用鬧鐘來定時，每人玩相等的時間，時間一到就必須停下來。小女孩不想穿紅褲子，不行，家長讓穿紅的就必須穿紅的，不穿就罰坐冷板凳，直到服從……所有的邏輯都是：孩子只要不聽家長的話，那就是不對，家長被孩子弄得頭痛，只是因為沒給孩子定規矩。定規矩是保母的法寶，不服從就冷暴力懲罰，服從了就給予一些低端獎勵，如賞個棒棒糖吃——保母的方法，確實就是「保母水準」。從表面上來看，她們做得比那些因憤怒而殘忍地往孩子嘴裡塞辣椒醬的父母稍微好些，暴力性隱蔽一些，冷酷性卻完全一樣，也沒比那些暈頭的家長高明多少。孩子在超級保母們那裡，不過是些馬戲團的猴子，操控住就是做好了，至於如何呵護孩子的情感需求，促進孩子學會友愛和寬容，鼓勵孩子的個性發展，那是不需要考慮的。

壓力和懼怕不可能變成兒童內在的需求，用這樣的保母之法製造出的「聽話」或「懂規矩」，不過是一種假象，背後是孩子心理功能的失調，痛苦的經歷不能轉化為經驗，卻會根本性地損壞兒童的心理健康。

儘管該電視劇每集都有神一樣的結論或「成果」，但我們可以判斷，這最多能獲得幾天表面上的效果。如果說它有一種長遠的「教育效果」，那就是培養出偏執狂和鐵石心腸。我當然相信電視製作的初衷和引進的初衷都沒有教育上的主觀惡意，但就其給人們帶來的誤導，足以被劃進邪惡之列。

自由是規矩存在的土壤，自由的孩子才能成為自覺的孩子。自由意志就是要打破對規則的盲目崇拜。美國著名教師雷夫老師（Rafe Esquith）認為：「如果要我們的孩子達到相同的境界，就要在教導他們了解規則之餘把眼光放遠，不受教室牆上的班規所限。人的一生中有時並無規則可循，更重要的是，有時規則根本就是錯的。」④

成人可以給孩子呈現規則，卻不能強迫孩子執行規則。

「孩子的愛的潛在可能性、幸福的潛在可能性、運用理智的潛在可能性，以及類似藝術才能這樣的更為特殊的潛在的可能性。它們是種子，如果給予適當的土壤，就會生長，就會顯現出來；如果沒有這些條件，它們就被窒息而死。在這些條件中，最重要的條件之一是，在孩子生活中起重要作用的人要信任這些潛在的可能性。這種信念的存在，使教育與控制之間產生了區別。」⑤

雖然每個兒童都會出於無知和調皮，在某一階段某些事上「沒規矩」，尤其男孩子，更願意探索和挑戰，更顯得「不聽話」，甚至具有破壞性。但一個單純的兒童從來不會沒底線，只要孩子心理健康，對人對事沒有惡意，就不會有過度的挑釁，隨著年齡增長，自然能變得習慣良好，行為得體。很多社會精英在回憶童年時，上樹掏鳥窩，到地裡偷西瓜，甚至三天不洗臉，打架等等，所有這些「壞行為」都是有趣的童年記憶，卻完全影響不到他們成年後的道德面貌和行為能力。

當下有一個誤導大家的詞就是「溺愛」，詞面意思使很多人誤以為想把孩子教育好，就是要愛得少一些，規矩定多一些、嚴厲一些、物質上苛刻一些。尤其家境條件較好的孩子出了事，人們幾乎眾口一詞地說這孩子被「溺愛」壞了。

事實是，不論古今中外，任何經濟層面、社會層面的家庭都有可能出混混，混混的產生和家境沒有必然關係，只不過家境好的更引人注目。家境優越的孩子和家庭貧寒的孩子，他們成長得好與壞，不在於父母在物質上是否出手闊綽，而在於精神上是否充分給予。兒童對外部物質世界感覺懵懂，對自我情緒感知卻分外敏感。物質上多一些少一些不是問題，精神上的貧寒卻會對兒童形成心理摧殘。事實是，很多經濟條件好的家長，無力在精神和情感層面上滿足孩子，就用過度的物質給予來進行彌補和掩蓋，把金錢理解為愛，這不但是庸俗思路，也是愛的假象，誰不知道提供物質享樂總是比提供精神享樂更容易一些，尤其對於經濟寬裕的家長來說。

如果一定要說過度花錢也是愛的一種，這種「溺愛」只是物質溺愛，不是孩子的需要，只是家長的需要。孩子要的是「精神溺愛」，即家長能給予的最優質的父母之愛。這種愛不是由一大堆的物質所堆成，而是由充足的相處、深厚的感情、自由的氛圍、良好的榜樣等等所構成。其中，少立規矩，就是保障自由，提高愛的品質的重要方式之一。有一個物質豐富的童年不是件壞事，但擁有心理豐盈的童年才是人生的幸運。「自由意志」是家長送給孩子的最大奢侈品。

生活有萬千種細節，對於該給孩子定什麼規矩，又該如何掌握，沒有人能把所有的情境都羅列或歸類，很多事情是需要自己領悟和體會的。

我的觀點是，「守規矩」這件事在幼兒期幾乎不需要強調，越年幼的孩子越不該給他定規矩，整個家庭生活中的規矩越少越好。如果有什麼要求，只要講給孩子聽，並做出示範，同時想辦法讓孩子愉快地接受就可以了，沒必要為了「規矩」的事，整天和孩子弄得不愉快。只要在道德和安全的底線上，都可允許孩子去做一切他想做的事。不要擔心他闖些小禍，不要害怕他做得不夠到位，不要為他的無心之過責備他。日常生活中不處處限制和壓抑孩子，至少就是為孩子提供了正常的精神成長條件，對於精神發育正常的孩子來說，所有的經歷，無論成敗，無論好壞，都會沉澱為正面經驗。

在我們的文化中，「規矩」太深入人心，「自由」太新鮮。這也是為什麼「規矩太多，難成方圓」現在還很難被人接受，因為它和很多人的常識相去甚遠。單獨評價每一種「規矩」，似乎都有存在的必要，但兒童真的需要那麼多規矩嗎？那些規矩對兒童是適宜的嗎？「在錯誤紀律下長大的孩子，變成無關緊要的習慣和禮儀的奴隸，毫不遲疑地接受許多愚蠢的習俗。」⑥真正需要他們學會的人生智慧和能力卻無法習得。

有一次，我和一位幼兒園園長交談。我問，孩子入園後，你們首先做的事是什麼。她說：「首先是紀律教育，把孩子們在家裡養成的自由散漫的壞毛病糾正過來。」然後呢？我又問。「然後就是上課。從我們這裡畢業的孩子，上小學就不需要再學拼音了。」園長驕傲地說。

我相信這位園長的回答是非常具代表性的，代表著一種思維方式，也代表著這一類的做法。

有位家長跟我說，她花高價把孩子送進一所蒙特梭利幼兒園，可是沒過多久，孩子就哭著不肯去了。後來她了解了一下，發現這所幼兒園有相當多的規則，如：不能在教室裡大聲說話，孩子們不小心稍微大聲一點，老師馬上會說這樣打擾到別人，不禮貌。小朋友玩的時候，偶爾互相做一下踢打的動作，非常開心，樂得哈哈大笑，老師馬上制止說這樣不文明。如果小朋友回答老師問話時語氣不夠好，老師不滿意，就會讓孩子重說，說好幾遍，真到老師滿意為止。如果孩子之間發生一些小碰撞，老師會教孩子們說：請你不要碰到我的身體。一個孩子幫了另一個孩子一點點忙，如果對方沒說謝謝，老師會把兩個孩子叫來，要求被幫忙的孩子一定要說謝謝，等等諸如此類的事，弄得孩子們整天小心翼翼的，且一個個變得斤斤計較。幼兒園還使用所謂的蒙氏教具來上課，在規定的時間大家做規定的事，孩子們如果做不好或不願意做，老師就會給予批評，然後耐心地一直陪孩子做下去，直到孩子做好為止。老師們都是善良的，很賣力，很累，孩子們卻不快樂，每天早上幼兒園門口一片哭聲。

「蒙特梭利」近年來在中國幼教界是個時髦名詞，到處都有幼兒園打著這個旗號。蒙特梭利教育的思想核心是「給孩子自由」，她發明的教具只是一些手段，是輔助性工具，只有恰當地運用它們時，才能體現她的思想。而現在很多掛著她的大名的幼兒園，只借用了她的教具，卻把這些教具使用到她思想的反面。

弗洛姆說過：「在一切愛的關係中，自由最重要。」這句話適用於親子關係、夫妻關係、婆媳關係、戀人關係等。現實生活中我們也可看到，幾乎所有良好的關係都沒有太多的教條和瑣碎的管制，都是在親切的相處中為對方留下自主的空間，允許對方按自己的願望去做事，允許他做得不夠好而較少苛刻。

「只有品格高尚的人，才能夠對彼此的品行感覺到一種完全的信賴。這種信賴使他們能夠在任何時候放心地相信，相信彼此不會冒犯。惡行總是反覆無常的，唯有美德是恆常有規則、守紀律的。」⑦

「規矩太多，不成方圓」要求我們在生活中力求做減法，而不是加法。但做減法總是比加法難。吃得少比吃得多難，小富即安比貪財愛利難，低調自謙比張揚炫耀難。教育孩子，說得少比說得多難，放手比管制難……總的來說，做加法需要能力，做減法需要智慧。處處以「規矩」來制約孩子，表面上很辛苦，實際上這比處處對孩子放手容易得多。誰不知道一個規矩的孩子確實比一個不規矩的孩子更容易管理，更令家長輕鬆且有安全感？

教育家陶行知先生在一百年前寫的一首打油詩，字面淺顯，內容卻非常豐富，「生來不自由，生來要自由，誰是真革命？首推小朋友。」最近看到詩人海桑的一首詩〈一個小小孩〉，猶如對陶先生詩的補充和延伸，引用作為本文的結尾。

一個小小孩，如果他乾乾淨淨
衣帽整齊，如果他規規矩矩
這可並非一件多好的事
如果他一開口
便是叔叔好阿姨好再見再見你好
如果他四歲就能讓梨
這又有什麼意義
一個小小孩，應該是滿地亂滾

滿街瘋跑，臉和小手都髒兮兮的
還應該有點壞，有點不聽話
他應該長時間玩著毫無目的的遊戲
他是一隻自私、可愛又殘酷的小動物
他來到世上，是為了教育我們
讓我們得以再一次生長
而不是朽壞下去

①盧梭，《愛彌兒》，李平漚譯，人民教育出版社，2001年5月第2版，79頁。
②A. S. 尼爾，《夏山學校》，王克難譯，南海出版公司，2010年5月第2版，127頁。
③A. 阿德勒，《自卑與超越》，黃光國譯，作家出版社，1986年9月第1版，54頁。
④雷夫·愛斯奎斯，《第56號教室的奇蹟》，卞娜娜譯，中國城市出版社，2009年8月第1版，22頁。
⑤弗洛姆，《為自己的人》，孫依依譯，三聯書店，1988年11月北京第1版，327頁。
⑥A. S. 尼爾，《夏山學校》，王克難譯，南海出版公司，2010年5月第2版，129頁。
⑦亞當·斯密，《道德情操論》，謝宗林譯，中央編譯出版社，2010年4月第1版，283頁。

# 6 說說「錢」這件事

有些家長不直接給孩子零用錢，擔心孩子養成不勞而獲的心理，因此讓孩子透過做家事來賺取零用錢。我認為，孩子身上一切應該培養的好品格都不可以用錢去購買，凡能用錢買到的，都不叫教育，無法內化為孩子自己的品格和習慣。培養一個友愛而不唯利是圖的孩子，是一種完整的人格教育，主要教材是家長。傑出的商業頭腦和良好的品行並不衝突，窮困潦倒者並不見得高尚。讓孩子學會光明正大地賺錢，健康得體地花錢，就是好的。

財富觀是人生觀中非常重要的一部分，如何對待金錢，往往是一個人如何對待人生的外顯表現。現在人們提倡要對孩子從小進行理財教育，我覺得最重要的理財教育，不是教孩子如何用一元賺到十元，而是讓他們知道，錢的本質是什麼，錢在生活中的地位應該是什麼，我們對錢應該持有什麼態度。

我女兒圓圓像很多孩子一樣，從小也表現出對錢的喜好，尤其三歲左右，對錢的興趣最濃，佔有欲表露得毫不遮掩。

有一次，我假期帶她回我母親家，給了母親一些錢，圓圓看到了，阻攔著不讓給，我沒理她，讓母親把錢收起來。過了兩天，我帶圓圓去家小店買醬油、醋等幾樣東西，拿了張一百元，店家找我一張五十元大鈔和一些零錢。當我把零錢往零錢包裡放時，圓圓指著那好多張零錢對我說：「媽媽，這些給外婆吧。」然後又指著那張五十元說：「這張不要給外婆。」我既吃驚又好笑，這麼點兒的孩子，居然知道這一張比那幾張更值錢，真是天賦啊！

她非常愛吃糖，有一天她外婆逗她說：「這麼愛吃糖，長大找個賣糖的人結婚吧，天天能吃到糖。」圓圓想想說：「不，我要找個賣錢的人結婚。」全家人被她的話驚到，笑歎這小小的人兒對錢還真有感覺。

## 一定要給孩子零用錢

愛錢是人的天性，所以我絕不做反天性的事，我要滿足她的天性。

從圓圓上小學一年級開始，我每月給她固定的零用錢，三元到五元不等，圓圓管這筆定時發放的錢叫「工資」。我給圓圓的這個數額現在來看有些低，不過依當時的消費水準，對一名小學生來說還是合適的，因為她的零用錢僅限於買校門口小攤上那些「沒用」的東西，如小貼畫、小卡片等。數額及開銷內容是我們和孩子共同制定的，雙方都很樂於接受。圓圓很在乎這筆收入，每個月都能清楚地記得哪天該「發工資」了，時間一到就會提醒我們。

這個零用錢我完全允許她自由支配，很少過問。我只提了一項要求：不許買垃圾食物。

圓圓偶爾想買什麼東西，存的工資又不夠，我就讓她從下個月的工資中提前預支；如果她實在超支得比較多，我會額外給一些，額外部分戲稱為「發獎金」。總之，在花錢方面，我首先表現出對孩子的信任和寬容，從不斤斤計較。她買了什麼、沒花完的錢是否攢起來，我從不過問。我不要求圓圓一定要把錢花得正確，她有時會買些很差勁的小玩意兒或被小販騙了，我也不批評，一笑置之，最多把我的相關購物經驗講給她聽。我相信她這次買了不該買的東西，發現錢白花了，下次才能學會如何選擇。經歷過決策失誤，才能在以後的決策中變得聰明。

圓圓上初中時，工資大約漲到十元，隨著年齡增長，她越來越不在意這點錢了，開始經常忘記討薪資，只在需要錢的時候，才發現這個月的工資還沒發。我不記得這個工資遊戲是在什麼時候結束的，似乎上高中後就沒再發過。當然，圓圓並不會因為沒有工資而變得手頭拮据。雖然當時我們的經濟條件很普通，但只要她提出需要買什麼，我們都會盡量滿足她的需求，很少拒絕。極偶然的情況下，如果什麼東西有些貴，或特別不應該買，我們也會說出來，孩子一般都能理解。

我當時這樣做，並不是非常明確地要對她進行所謂的「理財教育」，應該說只是出於母愛和天性。圓圓一般不會提出超過我們消費能力的要求，這一方面因為家庭財務對孩子從來都是公開的，而且父母已為她做出了榜樣，所以圓圓自然知道哪些東西是在可以消費的範圍，哪些不行。另一方面，一直以來，父母在花錢上從不對她苛刻，她從來不需要動用任何心機和父母較勁，心態反而極為單純，沒學會貪婪和算計。

有些家長為了防止孩子養成亂花錢的毛病，因此從來不給孩子零用錢。他們會說，孩子需要什麼，跟家長說就行了，需要買的，自然會給他錢，不需要的就不給——這樣的做法，目標雖好，結果卻可能讓家長失望。因為這種控制本身已表達了不信任，且已剝奪了孩子消費方面的自由選擇，且表現得很苛刻，所以對孩子金錢觀的養成並無好處。童年時在金錢方面嚴重匱乏的人，反而容易在成年後表現得斤斤計較，過分吝嗇或過分貪婪，缺少平常心。

還有一些家長是不直接給孩子零用錢，擔心孩子養成不勞而獲的心理，因此讓孩子透過做家事來賺取零用錢。這一點是近些年從西方國家學來的，並且很流行，但這種做法我也不贊成。原因是「家」是一個人生命中最重要的場所，它不是市場，不是單位，不是圈子，「感情」是家人的凝結劑和潤滑劑，是家庭生活中的必需品和奢侈品。如果孩子做點家事就付錢，這可能隱藏著一些問題。

一是把親情關係降低到商業關係，把親人間的互助處理成利益交換。這和我們的傳統文化格格不入，且會削弱兒女和父母的感情。中國人一直講究孝敬父母，追求家庭氣氛的溫暖。而歐美國家，尤其是美國，為什麼被人稱作老年人的地獄，許多老人都有兒有女，卻在孤寂中死去，我認為這和他們早早把市場法則引入家庭生活有關，文化總是有它的因果關係的。

二是容易培養唯利是圖的心理。我的一個親戚，他曾一度對孩子實行以勞計酬的政策，規定洗一次碗多少錢，擦一次地多少錢，洗一次衣服多少錢。到最後他發現，孩子做什麼都要問有沒有錢，哪怕是很簡單地扔個垃圾，也要問這個給多少錢。孩子按勞取酬的習慣確實培養出來了，但唯利是圖的心理也開始露出苗頭。

三是會導致兒童對勞動產生負面認識。兒童本身是喜歡勞動的，如果因為孩子做了一些事就要付他報酬，這其實暗示了勞動是件苦差事；而且，孩子的天性願意討家長的歡心，如果他的勞動給父母帶來了快樂，孩子內心是比得到錢還高興的，這種快樂，更會刺激他對勞動的熱愛。而付錢既消解勞動的價值和快樂，也消解他為父母做事的興趣。

事實上，並不是西方人都贊成孩子做家事付報酬的行為，美國名師雷夫老師認為：「小孩子做家務事就給零用錢固然很好，畢竟我們的資本主義就是這麼運作的——用工作賺取報酬——但用禮物或金錢換取孩子良好行為的做法就很危險了。我們要讓孩子知道，行為得宜是應該的，不需給予獎賞。」①

我認為，孩子身上一切應該培養的好品格都不可以用錢去購買，凡能用錢買到的，都不叫教育，都是暫時的成果，無法內化為孩子自己的品格和習慣。

比如有的家長用錢來刺激孩子學習，孩子考好了就用錢獎勵，或是規定考到多少分給多少錢。這些做法從短期來看可能有效，從長遠的培養目標來看，則只能造成消解。我曾在網路上看到一則消息，一位母親為鼓勵她上小學的孩子好好學習，按成績劃定了獎金標準，考得越高獎得越多，所以孩子寫了篇文章〈搞好學習是我的生財之道〉。我很擔心，假如這一做法一直持續下去，恐怕孩子的學習動力會越來越弱，生財之道也越走越窄，而且整個價值觀也會遭到扭曲。

家長如果認為花錢可以買到孩子的勞動好品格、學習好習慣，事實上你最直接的訴求就是：錢是萬能的。那麼孩子就會接受這個觀念，他以後就可能花錢買友誼，花錢買事業，花錢買愛情……如果在孩子的成長中，他的一切事務都和金錢方面的獎懲掛鉤，那麼他在未來很可能會把一切關係都處理成金錢關係。

## 可以鼓勵孩子適當賺錢

避免培養兒童過分看重錢的意識，並不影響孩子將來賺錢意識的形成。猶如不去訓練孩子和異性交往，並不影響他長大懂得愛情一樣。但如果在生活中有合適的機會，讓孩子體驗賺錢的樂趣，也是很好的一件事。比如，孩子想買一件家長原不打算給他買的東西，這種額外消費，只要家庭經濟條件允許，不妨鼓勵孩子自己賺錢來買。

圓圓上小學時，有一次我和她逛街，在家禮品店看到一個特別漂亮的洋娃娃，她非常喜歡。但那個娃娃太貴，大約要花去我當時月薪的十分之一。儘管我當時收入還算不錯，但這個娃娃還是超出了我們的預算。所以我們猶豫了一會兒，考慮家中的各種娃娃已經不少，就把娃娃放回去了。臨出店門，店家說因為太貴，進貨時只進了一個，不買就沒有了。我能看出圓圓在那一瞬間的沮喪，讓我很心疼。

回到家後，我跟圓圓商量，她可以透過自己賺錢來買那個娃娃，幫父母洗碗，洗一次賺二元，只要賺夠五十元就行了，其餘的由媽媽分擔。圓圓很願意接受這個條件，她以前沒洗過碗，這正好是個學習做家事的機會。

一個小學生洗二十五次碗，這真是件不容易的事。我先為圓圓做示範，接下來又經常鼓勵她，如果她哪天不想洗，也不勉強。圓圓用了將近兩個月的時間，終於賺到五十元。在這個過程中，她一直擔心那個娃娃被別人買走，我告訴她不會的，讓她放心。其實，這也是我的擔心，一個洋娃娃，這時對孩子來說，已不僅僅是個玩具，而是一項近期事業，我不能讓孩子失望。所以我在和圓圓達成洗碗協議後，很快就找時間，不辭辛勞地乘公車去買回了那個娃娃，然後悄悄收起來。到圓圓第二十五次把碗洗好後，我立即拿出了那個娃娃，圓圓非常意外，高興極了。雖然當時圓圓體會的只是得到洋娃娃的愉快，但我相信，通過這件事，有些東西已開始進入她的感覺了，那就是，有付出就有收穫，堅持就是勝利。

像我這樣偶爾給孩子一個機會，讓他從父母這裡簡單學習一下賺錢，這是大家都能接受的。但如果孩子到外面賺了別人的錢，有的家長就會非常不安。有位父親講了他九歲兒子仔仔的事。

仔仔他們班到校外遠足，兩名女生走得很累，想找人替她們背書包，就問仔仔願不願意幫她們背，兩個書包共付他五元。仔仔想賺這個錢，但覺得五元太少，討價還價，要每個五元，商量後成交，仔仔就接過兩個書包，一共背三個書包走了約四公里，賺到十塊錢。晚上回家後，仔仔興沖沖地對爸爸說：「我今天掙錢了！」這位父親為此有些不安，覺得孩子不應該賺同學的錢，但又不知如何跟孩子講。

遇到這類事情，家長一定要把事情放到具體的情境中去考慮，不要簡單地判定好或不好。就這件事來說，我認為沒什麼不好。書包是女同學主動要求他幫忙背的，孩子通過正常談判，做了一樁公平交易，每個人有付出有收穫，各得其樂。這是孩子們間的一樁正常交易，是他們社會化進程中一次小小的嘗試。其性質，和我們自己沒時間或不願意收拾屋子，請個鐘點工來做家務是一樣的。

假如這件事的細節有所變動，是小男孩主動要幫女孩子背書包，並提出收費要求，或是女孩要求男孩子幫忙而並沒有說要付錢，男孩卻提出收費，有錢才幫忙，那這就不對了，家長應教導孩子學會關愛同學，告訴孩子要以助人為樂，不要以賺錢為樂。當然，如果孩子自願幫助同學，不要錢，那是值得讚賞的，家長應該給予充分的肯定和表揚。

教育就在細節中，家長面對孩子時，思維不要粗糙，要細膩，一定要具體地分析問題，既不委屈孩子，又要讓孩子學會面對事情時該如何思考和判斷。

培養一個友愛而不唯利是圖的孩子，這是一種完整的人格教育，主要教材是家長。如果家長知道哪些錢該賺，哪些錢不該賺，且樂於助人、不見錢眼開，孩子也不會成為那樣的人。傑出的商業頭腦和良好的品行並不衝突，窮困潦倒者並不見得高尚。讓孩子學會光明正大地賺錢，健康得體地花錢，就是好的。家長的價值觀，會以一種具有感染力的氣息散發出來，充滿你和孩子的世界，慢慢地對孩子形成深刻的影響。

## 孩子亂花錢怎麼辦

不過，有的孩子表現得似乎確實有問題。從我收到的郵件來看，家長們最頭痛的問題有兩個：一是孩子亂花錢，見什麼買什麼；二是偷偷從家裡拿錢。

亂花錢這個問題，首先請家長反省一下，自己是不是平時太愛花錢，給孩子做了壞榜樣？另外，是不是總是被孩子的情緒綁架，本來不該買的東西，孩子一哭鬧，沒辦法，就買了？如果家長的言行是混亂的，孩子的思維就會亂套。

我的觀點是，首先要檢視一下自己的消費態度，給孩子做出好榜樣。另外，平時能滿足孩子的盡量滿足，不能滿足的則要說明情況，如果孩子不聽，耍賴，家長也絕不可以透過先講道理後打罵來阻止，或一邊生氣一邊掏錢。遇到孩子亂買東西的情況，可以參考一下我在《好媽媽勝過好老師》中寫到圓圓小時候我對付她亂買東西的辦法②，一兩次就可以治癒。這個方法的成敗要點有兩個：第一，家長要有始終如一的消費觀，孩子內心才不會混亂；第二，不被孩子的糾纏弄得發脾氣，態度始終平和，一發脾氣，方法就失效了。

如果孩子年齡已經比較大，上中學或大學了，經常提出和父母收入不匹配的消費要求，並且不依不饒，這種情況應該有較深的根源。「亂花錢」只是表象，深層原因是孩子內心空虛且不自信，以及對父母的不體諒。這種心理問題的來源，和父母一直以來對孩子的嚴厲管制或不尊重、關愛不足有關。

自卑感需要消弭，物質的堆積能帶來心理暫時的滿足，但它持續的時間很短，一旦意識到自己身上不再有別人豔羨的資本時，就會去尋找新的吸引點，於是再去花錢。缺乏父母關愛或尊重的孩子，也不會把體諒送給父母。所以我們會看到，有錢人的孩子會亂花錢，一些家庭經濟條件一般，甚至較差的孩子也有這種情況，原因是他們的心理基礎是一樣的。這種情況，要解決的不是如何監督孩子花錢，而是如何讓孩子產生自信，感覺有愛。這已是另一個話題，將在其他篇章談及。

至於孩子偷錢的事，這原本不是個大事，但一定要處理得當，否則會演變成道德問題或心理問題。

很多孩子小時候都有過偷拿錢的經歷，這和他偷偷多吃一塊糖或打碎東西而不告訴家長一樣，是一種偶然的現象，是幼稚年齡階段的正常現象。如果家長給孩子的教育是正常的，孩子的心理發育就會是正常的，即使這些「壞行為」沒有被家長發現，也會自癒。

當然，如果家長發現孩子偷拿錢，不要假裝不知道，除了要心平氣和地和孩子談這件事，在錢的使用上和孩子達成共識，還要反思自己哪裡做錯了，進行積極的修正。

有些家長在金錢上對孩子管得非常嚴，從不給孩子零用錢，他們會對孩子說：「你想買什麼跟我說，只要合理，我都給錢。」這個規定看起來沒問題，事實上，很多情況下「合理」或「不合理」，是家長來判斷的，它根本不是孩子的想法；而且孩子有時會有些屬於自己的小秘密，不想跟你說，比如某位同學，尤其是異性同學過生日，孩子想送一個小禮物，如果他手裡有一些零用錢，就不會為難。

對孩子控制太嚴，顯而易見的潛台詞是不信任孩子。信任不會讓孩子變壞，相反的，家長看管得越緊，孩子越容易找機會偷錢。如果你的孩子之所以沒偷錢，僅僅是因為你把錢看管得緊，不讓他有機會拿到，讓你在孩子的道德教育上至少失敗了一半。孩子如果能在自主消費上和父母取得共識，他就不需要偷偷摸摸，沒有一個孩子天性喜歡幹偷偷摸摸的事。

細節也很重要，可體現信任或不信任。在給孩子錢時，最好放心地讓孩子自己到抽屜或父母的錢包裡取出需要的錢數，不要檢查，也不要用狐疑的眼光打量孩子是否偷偷多拿了錢。信任本身就是一種道德教育。誠實是本性，說謊是技巧，如果依本性能解決問題，他是不需要再動用技巧去解決的。

另外，家庭收入也要對孩子透明。並非一定得讓孩子知道存摺上的具體數額，而是要坦然地讓孩子知道家中的財務狀況。不過要注意提醒孩子，家庭財產是隱私，不可以講給外人知道。孩子往往樂於和父母共同知道一樁自家的「秘密」，這樣他有主人公的感覺，覺得被尊重。無論如何，切不可用謊言來欺騙孩子。我認識一位家長，她丈夫月薪一萬元，但她為了防止上中學的孩子亂花錢，就對孩子說爸爸每月只賺三千；本來房貸都還完了，卻對孩子說還有二十萬元的房貸。這樣的謊話說得再天衣無縫，孩子也能慢慢察覺出來。所以當她向我傾訴，說她的孩子說謊、偷父母的錢出去亂花時，我一點也不覺得奇怪。

一個人之所以會「小時偷針，長大偷金」，多半是因為偶爾的過失被錯誤處理，一直有負面能量不斷輸送過來。比如，有的家長平時對孩子監督得很嚴，控制得很緊，一發現孩子偷錢，立即定性為「偷」，鄙視孩子，把孩子暴打一頓，警告，並開始像監督小偷一樣監督孩子，一旦發現又有偷錢行為，不但暴打，還去學校告訴老師，或嚇唬孩子，要把他交到員警那裡……這樣折騰下來，孩子離小偷的身分就越來越近。沒有人天生是墮落的，只有環境一直在營造一個小偷，一個人最終就真的成為小偷。

對人性的不信任，可能是家長自我心理的一種投射，反映的是家長自身的問題，所以需要家長多反思。真正的教育準備是完善自己，在財富教育方面也一樣，不但要求家長有好的教育理念，還需要有好的財富觀。

## 拜金和吝嗇都是畸形的金錢觀

曾在媒體上看到千萬富豪搞大型徵婚活動，有五萬女子應徵。想像那場面也許熱鬧，但徵婚者和應徵者的財富高度及精神高度都已經大約標示出來了。什麼是愛情，什麼是品味，什麼是自尊？這些值得每個人深思，也值得家長和孩子一起來探討。

嚴重的拜金是一種不幸，一個人的內心給了金錢太多的位置，就沒有容納幸福和高貴的餘地了。拜金可能讓一個人擁有更多的財富，但不會讓他更有幸福感，也不會讓他走得更遠。

事實上，沒有一位家長會故意教自己的孩子拜金，但在具體的教育中，卻並非人人都有這樣的警惕。我聽過一位有錢的家長這樣教訓他的孩子：「別人家的孩子能跟你比嗎？他們有錢出國旅遊，有錢買這麼多書嗎？你爸你媽有能力讓你讀萬卷書行萬里路，你卻不珍惜！」他表面上在教育孩子，語氣中卻充滿了對財富的崇拜和沾沾自喜。這樣的觀念是不可能讓孩子學會讀萬卷書行萬里路的，只能讓孩子學會用錢擺平一切。

許多教育上的失誤，常常源自於家長的無心之過。拜金教育並非全發生在「富家長」身上，也同樣會發生在「窮家長」身上。在後一種家長身上，最容易發生的情形是，過分強調節儉。浪費，從古至今都不是個好習慣，任何時候都應該教育孩子懂得節儉。但凡事過猶不及，家長如果用節儉來化約一切開銷的價值和意義，無意中也是把錢奉為聖物，這也會導致孩子形成另一種拜金心理——吝嗇鬼心態。

有位媽媽出生在農村，從小知道生活的艱辛，自己平時很節儉，從不買華而不實的東西。她有一個九歲的兒子，在媽媽過生日這天，想到媽媽從來沒收過別人送的花，想給媽媽一個驚喜，就花了自己的零用錢，給媽媽買了三朵康乃馨。當孩子把花送到媽媽面前時，沒想到媽媽的第一個反應不是高興。她對孩子說：你給媽媽買禮物我很高興，可是我們以前說過的，你花錢需要提前跟爸爸媽媽說，而今天你卻沒有告訴我們。再說，媽媽覺得買花不太實惠，它很快就會枯萎，你要是送些其他的給我，我也一樣會喜歡的。

孩子一下子哭了，他說：「媽媽，我是想給你一個驚喜，所以不能提前跟你商量。雖然花會枯萎，可是心裡會記下這個快樂的。」這位家長事後感到很不安，她隱約覺得自己做得不對，不該有這種反應。但她還是擔心如果自己縱容孩子買這些華而不實的東西，孩子會不會慢慢學會亂花錢，以後是不是會形成一種攀比心理？

我的答案是：不會的，只要家長不亂花錢，沒有攀比心，孩子就不會形成這樣的心理。我更想對這位家長說的是，這世上有比錢更值錢的東西。孩子說得多好，「雖然花會枯萎，可是心裡會記下這個快樂的」。一味地節儉，培養出一個毫無情趣的守財奴，這是你希望的結果嗎？

獲得經濟上的安全感後，貧窮與富有就是一種心態了。那些因貪汙送命的官員、搶劫者、炒股跳樓的，所有栽倒在金錢上的人，骨子裡都是極端的拜金主義者，所以在金錢面前特別容易糊塗，不知錢是什麼，可以用來幹什麼。他們把錢當成終極目的，錢也就終結了他們。這些悲劇，和他們從小受到的有關財富的教育一定有關係。

家長想要給孩子灌輸正確的財富觀，就要先整理好自己的財富邏輯。從古到今，愛情和金錢是最令人糾結的兩樣東西，是天使也是魔鬼，是至愛也是最恨。所以圍繞這兩件事產生了許多邏輯困境。

比如有的人在外面聊天時大罵有錢人，回家進門第一件事，是給案上供奉的財神燒一炷香，求神仙讓自己發財。

有一次我在商場一個賣運動鞋的地方坐下來休息，遇到一位媽媽和孩子也來這裡買鞋。孩子大約十三、四歲，他看上一雙名牌運動鞋，很想買的樣子。媽媽口氣有些不悅地問孩子：「這麼貴，你想買嗎？」肯定是媽媽的口氣把孩子嚇住了，孩子猶疑了一下，說太貴，不買了，便把鞋放回去。媽媽立即表現出滿意的神情，對孩子說：「你知道貴，我就給你買！」

另有一位媽媽，她經常帶孩子買東西，孩子要什麼，媽媽一般都會同意。只是，有時孩子想學媽媽的樣子，親自拿錢去結賬，這件事媽媽卻絕不同意，不讓孩子的手碰到錢。她解釋說這是要防止小孩學會花錢，擔心他以後養成愛錢、愛花錢的習慣。

諸如此類，都是人們在潛意識中既過分高估錢的地位和影響，又視其為卑劣之物。矛盾心理產生矛盾言行，孩子的意識就被搞亂了。如果家長自己在錢的問題上想明白了，言行自然就會到位，也自然會給孩子良好的影響。

寫這篇文章時，恰巧在網路上看到幾句話，感覺很有意思，「口袋沒錢，心裡沒錢，輕鬆一輩子；口袋有錢，心裡有錢，勞累一輩子；口袋沒錢，心裡有錢，痛苦一輩子；口袋有錢，心裡沒錢，快樂一輩子。」看來，錢這件事，實在是個小事，又實在是個大事。

最後，有一種特別的情況要提醒家長注意。如果你的孩子，尤其是男孩子，平時在花錢方面很正常，某個階段突然不停地找各種理由要錢，甚至偷錢，而他的錢花到哪裡又十分可疑，這種情況，很可能是他結交了壞朋友或遭到勒索。這種情況在那些性格懦弱的孩子身上更容易發生。家長要細心觀察，不可簡單粗暴地處理問題，以免孩子遇到困難不敢跟父母說，獨自承受痛苦。

① 雷夫．愛斯奎斯，《第56號教室的奇蹟》，卞娜娜譯，中國城市出版社，2009年8月第1版，22頁。

② 尹建莉，《好媽媽勝過好老師》，作家出版社，2009年1月第1版，236頁。

# 第三篇

# 回歸自然養育

# 1 啟蒙教育要做的兩件事

一個無中生有的生命突兀地來到世上，在平均兩萬五千天的人生中，必須在最初最弱的一千多天中完成從混沌走向清朗的大飛躍。這是生命中最初的一次飛躍，也是最重要的一次飛躍。一個人將來站立在什麼位置和高度，固然和他成年後的努力及機遇有關，但基礎卻是在童年打下的。這就是啟蒙教育的價值和意義！

啟蒙教育對人的一生至關重要，影響深遠。黃金期在三歲前，之後的十多年時間也是關鍵期。從出生到進入青春期，都可以稱作啟蒙教育階段，這個時期的孩子有極強的可塑性，教育在這一階段最能表現它的影響力。這種影響力，由前往後，逐漸遞減。所以這項工作越是做得早，越是做得好，真正的一寸光陰一寸金。

啟蒙教育主要有兩個方面：智力啟蒙和情感啟蒙。

智力啟蒙的第一要訣是：語言輸入。因為人是用語言來思維的，所以語言的清晰度和思維清晰度完全呈正比。落實到具體的操作上，其實非常簡單，不外乎就是多和孩子說話，盡早帶孩子進入閱讀和背誦。

這項工作要從孩子一出生就開始做。正確方法應該是從孩子出生第一個月起，就要凡事跟他說話。比如餵奶時說：「寶寶餓了嗎？媽媽現在給你餵奶。」餵奶過程中還可以隨便嘮叨些話，比如「哦，你昨天吃奶時撒尿了，把媽媽衣服都尿濕了，今天就沒尿，乾乾淨淨的。」以此類推，穿衣、睡覺、曬太陽等，都可以成為說話內容。

嬰幼兒和成人的語言交流有兩種功能，一是刺激大腦發育，二是刺激心智發展。如果早期缺少語言交流，則孩子的智力發育和情感發育都會出現問題。比如「狼人」，因為從小沒有獲得人類語言的刺激，智力出現永久損害，即使回到正常人類的社會，也不可能恢復到正常人的智力水準，壽命也比較短。人的壽命和智商息息相關，這已是研究和社會經驗證實的。

要注意的是，和孩子說話的目的是交流，所以不要過分刻意，以免變成嘮叨和噪音。偶爾不想說也可以不說，否則的話，時間長了自己也嫌煩，而孩子是能體會到母親的情緒的，情緒交流也是啟蒙教育的一部分。

另外要注意的是，不要過分使用「吃飯飯」、「睡覺覺」之類的疊聲詞，總用兒語跟孩子說話並無益處，偶爾以兒語表達情趣即可。同時注意口氣的平和，避免語氣、表情上的誇張，不要動不動就拖長音且高八度地說「是嗎？」「真棒啊！」

情感啟蒙的第一要訣是：多和孩子接觸。這很好理解，無非是父母要盡可能地和孩子相處，在相處中要多抱抱孩子，多撫摸孩子，避免孩子產生「皮膚饑餓」。父母溫暖的懷抱是智力發育的東風，是情感發育的沃土，也是肌體發育的營養品。

一些少數民族地區的婦女因為勞動的需要，經常把孩子背在身後的筐中或用背帶綁在身上，孩子的雙腿大部分時間是受束縛的，無法活動，但他們到一歲半左右時，很自然地就像全世界的孩童一樣學會走路。孤兒院的孩子，他們的雙腿從來不受限制，平均學會走路的時間卻比正常孩子晚一到兩年。原因是媽媽背上的孩子，能和媽媽說話，感覺到媽媽的體溫；而孤兒院中缺少語言交流和母愛的孩子，不光智力受損，生理發育也變得遲緩。

當然，並不是父母親自帶孩子，孩子就一定能得到好的啟蒙教育。從另一個角度說，教育的本質不是由誰來做，而是怎麼做。

我收到過一位媽媽的來信，她說自己很愛看書，她也知道隔代教養的弊端，有了孩子後，就辭職回家，做全職媽媽。但她並沒有意識到母子間早期語言交流對孩子的重要性。孩子八、九個月大時，她發現電視上不停變換的畫面能吸引孩子，孩子看電視時不哭不鬧，坐在嬰兒車中很安靜。她覺得把孩子放在電視機前真是照看孩子的好辦法，既有漂亮畫面和標準語言對孩子進行啟蒙教育，又省卻了自己體力上的勞累，孩子看電視時，自己還可以安靜地看書，真是一舉數得。所以孩子只要醒著，大部分時間都是在電視機前度過，她忙於自己看書以及做家事、給孩子做飯等等，很少和孩子說話，也很少抱孩子。孩子兩歲半以後，才發現情況不妙，孩子能背出天氣預報中所有的地名，也能準確背出許多廣告詞，卻不會語言交流，幾乎不和人進行目光接觸，對一切都很冷漠，只在看電視時專注而興奮，總體智商明顯比同年齡的孩子低，被診斷為自閉症。

美國電視機大普及時代到來後，緊接著出現自閉症大流行，究其原因，電視保母「功不可沒」。電視雖然也「說話」，也有一定的知識內容，且能讓孩子安靜地坐著，但它跟孩子之間不存在語言互動，孩子只是被動接受，沒有任何交流。電視也沒有體溫，不會向孩子傳達任何感情。所以電視機前長大的孩子智力不會太出色，心理也容易出問題。

前蘇聯教育家蘇霍姆林斯基（Vasyl Sukhomlynsky）曾對幾千個家庭進行了研究，他發現，兒童的智力發展和母親對孩子的早期教育有巨大的依存關係。尤其在三歲前，如果母親和孩子較少交流，或交流內容過於簡單，孩子便是在情感和智力活動都比較貧乏的狀態中長大，那麼孩子的智商就會偏低，行為也容易出現偏差。①

培養孩子閱讀的興趣是發展其智力，讓其智力不單以加法增長，而是以乘法遞增的最好、最簡單的方法。

從孩子一兩歲開始，就可以嘗試幫孩子建立語言和文字間的聯繫。盡早認字並進入閱讀，這對兒童早慧作用十分明顯。傳說倉頡造字，天雨粟，鬼夜哭，其象徵意義十分深刻。文字的出現對人類來說是件驚天地泣鬼神的事，人從此不再蒙昧，開始有了洞悉世界、俯仰乾坤的能力——文字的力量，於個人來說也是一樣的。在各類傑出人物中，你可以找出學歷不高的，但你幾乎找不到不愛閱讀的。

電子時代資訊太多，吸引孩子的東西也太多，如果孩子基礎識字任務完成得太晚，閱讀興趣沒有在早期建立起來，很可能孩子會一直停留在不愛閱讀、淺閱讀的水準上。如果你的孩子從小培養起閱讀的興趣，長大後博覽群書，那麼父母對孩子的智力啟蒙就不僅是合格，而是令人羨慕了。

關於識字，三千漢字要學五、六年的教學模式已是非常落後，它尤其不適應現代社會生活。現在資訊這麼發達，家長們幾乎都識字，如果方法得當，孩子是可以在學齡前不知不覺地輕鬆完成基礎識字任務——這方法在我的另一本書中有專門陳述②，許多家長採用同樣的方法，都取得了意想不到的效果。在這裡再次強調的是，千萬不要用笨辦法教孩子識字，否則會提前敗壞孩子的識字和閱讀興趣。

起初，家長拿本書開始講時，孩子可能不會全神貫注地聽，聽幾句就去玩別的，也可能會把書搶過去亂翻，甚至撕了，這些都很正常。孩子往往不可能乖乖地坐著聽你說故事，有時可能是他更想知道別的內容，或確實不想聽了。家長不要強行讓孩子安靜地聽故事，也不要打開一本書就必須從前頭往後講，孩子翻哪頁就講哪頁，或感覺他不想聽了就不再講，來日方長，順其自然，不要讓孩子覺得講故事是件令人厭倦的事，孩子和家長的互動始終愉快就好。至於撕書，就讓他撕幾本，他在用小手感覺世界，「撕」也是閱讀的一種。

在選擇圖書方面：

第一，內容大致從簡到難、由淺入深，難度逐步遞增。但也不要過分考慮幾歲要讀什麼，年齡和閱讀內容沒有嚴格的對應，孩子的閱讀基礎不一樣，閱讀程度差異會非常大，有的孩子小學二年級就可以讀大部頭的世界名著，有的高中畢業還讀不了長篇小說。一本書，只要孩子感興趣，就不必在意他讀懂了或沒讀懂，這些孩子自己知道。

第二，盡可能內容廣泛，尊重孩子的興趣。不妨多買幾種，總會發現孩子喜歡哪些不喜歡哪些。注意，不管一次買多少，不要一下全堆到孩子面前，每次只拿出一兩本即可，適當製造短缺感，以免因為書太多讓孩子感覺煩躁，或降低孩子對書的興趣。

第三，最好不要選擇同時有幾種文字的。有的童書有中文又有英文，還帶拼音，用意雖好，意義卻寥寥。不要在閱讀之上附加學拼音、學英語的功能，那樣會破壞閱讀的樂趣，成年人也很難在一本書上同時看兩種文字，況且孩子。尤其是拼音，其實是非常容易學習的一種東西，因為它是為文字服務的抽象符號，本身毫無意義，所以並不適合太小的孩子學習。關於拼音學習，我在另一本書中有專門陳述③，此處不再贅述。

我一直反對用卡片來教孩子認字，但這並不意味家裡不能有簡單的掛圖或卡片。其實掛圖和卡片內容簡單，色彩豔麗，孩子往往也喜歡，因此這裡強調的是，只把這些東西當簡單的玩具即可，不要當成學習工具，它承載不起教孩子認字的重任。文字不能孤零零地記憶，也最好不要只使用一種載體。散碎的文字，在不同的地方看到了，順口讀給孩子，比如包裝盒上的字、街上的店名等，它們和卡片上的「雞」或「蘋果」一樣，隨時隨地讀一下，讓孩子在不同的地方看到這些字，經過不斷重複，他很自然就記住了。

語言輸入，背誦也是非常重要的一部分，它是一種能量儲備。應該讓孩子盡早進行母語經典背誦，這對他國孩子同樣適用。把經典語言文化早早放進如白紙一樣純潔的大腦中，這些東西遲早會轉化為孩子內在的文化財富。孩子的大腦先被好東西占領，以後遇到比較差的東西，他自然就不屑於接受。童年是記憶的黃金期，抓住這個時機讓孩子背誦一些母語經典作品，既是一種智力教育，也是一種人格培養。

中國人其實早就這樣做了，中國的傳統教學使用的就是背誦，效果當然也是有目共睹的。可惜的是傳統私塾教育沒有發展出其他教學內容和教學方法，一條腿走路，越走越跟不上現代學校教育的步伐。人們在批判傳統教育時，找不到別的目標，就把怨氣都發洩到了這一條腿上。民國開始建立現代化學校教育，中西方教育開始融合，「一條腿」儘管飽受責難，按慣性還在使用著，它也確實仍然有力地支撐著教育的重任。所以在那幾十年間，中國教育呈現出新局面，人文、科學各領域產生了不少國際級大師，哪怕是文化界那些白話文的宣導者，他們自身其實也是文言文的受益者。

在經典背誦方面，中國人顯得尤其幸運，《詩經》以來出現的各種詩歌辭賦等經典文言文作品，流芳千古，都可以成為背誦內容。建議幼兒最好先背誦詩歌，因為人類最早的藝術形式就是詩歌，詩歌是和童年最接近的文學形式，不但文字精美，平仄押韻，朗朗上口，很容易被孩子喜歡，而且它比較短，容易記憶。如果一開始就讓孩子背《三字經》或《論語》，恐怕會讓孩子感覺為難，影響興趣。

有人反對經典背誦，擔心這是「機械記憶」，對兒童不好。這是把當下課程學習中的「死記硬背」和「經典背誦」混淆了。其實兩者完全不同，其分水嶺是：第一，孩子背誦的內容是經過時間檢驗的經典，還是用於考試的標準答案。第二，孩子是在愉快的情緒體驗中背誦，還是在被逼迫的無奈中完成一件苦差事。記憶力也是用進廢退，兒童時期的背誦，不但記得牢，背誦對記憶力本身也是一種訓練。很多人記憶力不佳，這和他們早期缺少相關訓練有關。

關於幼兒詩歌背誦，我的另一本書中有專門論述。④在這裡補充三點：

第一，這項工作可以做得更早一些，從孩子幾個月就可以開始。具體方法為，把古詩當作普通兒歌，在和孩子玩耍或哄孩子睡覺時，順口背給他聽。比如在哄孩子睡覺時，隨著輕輕的拍打或晃動，有節奏地反覆背幾首古詩，這對孩子來說，和聽搖籃曲一樣。不要在意孩子理不理解，這是一種潛移默化，記住沒記住並不重要。

第二，不要操之過急，目的性不要太強。對於背誦應該要有遊戲心態，不要計較孩子花多長時間背會一首詩，也不要在意他背過又忘了，這些都很正常，只要當作遊戲經常做、反覆做，慢慢就記得多記得牢了。只要孩子一直願意和你玩這個「遊戲」，就成功了。

第三，經常在某個固定時刻或固定場合下背誦，讓孩子慢慢養成一種習慣。比如把每天飯後小憩或臨睡前的時間當作背誦時間，孩子到那個時間就會很自然地想要背一首詩。圓圓小時候我經常在帶她坐公車時一起背詩。我總是把她要背的或背過的詩抄到本子上，後來圓圓養成習慣，每次我們準備出門去坐公車時，她都會提醒我帶那本小本子，偶爾忘了帶，她會覺得車上的時間很長很無聊。你的孩子最喜歡什麼時間、什麼情況下背誦，這需要家長慢慢觀察，慢慢培養，以雙方都感覺適宜為主。培養習慣的過程中也不必過分刻板，有時孩子會很有興趣地依習慣行事，有時會打破習慣，甚至兩個月都不想背一首詩，這些也都很正常。

孩子的成長是個漫長的過程，一切教育行為切忌操之過急，底線是不要讓孩子感覺厭煩。一直有意識地做，但要做得隨意些。

我以前說過不太贊成給孩子背兒歌，這是相對於古詩背誦而言的，擔心有些家長以為孩子不懂古詩而只給孩子背兒歌。由於兒歌的口語化、通俗性和趣味性，一般很受小朋友喜歡，因此遇到好兒歌，當然也可以讀給孩子聽。我記憶中有一些小時候從媽媽那裡聽來的民間童謠，我相信那些童謠對我有很好的啟蒙作用，一輩子都記得它們。這些民間童謠在今天看起來略顯庸俗，但它們往往很有趣，如「啞巴唱歌聾子聽，瘸子跑了第一名……」圓圓總是被這誇張的、不合邏輯的童謠逗得哈哈笑，很感興趣地要我一說再說。有的人可能擔心這些民間童謠內涵不佳，對孩子形成不好的影響。這樣的擔心是多餘的。人需要娛樂，娛樂之「樂」本身就是很好的心理調適；而且，娛樂也往往止於娛樂，它沒必要承載太多的東西。社會需要偉大的政治、傑出的思想、優美的文學，也需要喜劇小品、曲藝相聲。企圖把一切娛樂都附加上道德教化功能，去人性化，假惺惺，才是最不可靠的道德教育方式。培養趣味和幽默感其實也是早期教育的一部分。

智力啟蒙的分支還有數理啟蒙、藝術啟蒙等，道理都是一樣的，都最好在愉快的遊戲中進行。圓圓小時候，我們和她玩「開小賣部」遊戲⑤，鍛鍊她的數學計算能力，後來有些家長也採用類似的方法，取得了很好的效果。

在早期教育中，還應該特別注意培養孩子愛運動的習慣。運動不但可以促進肌肉骨骼生長，還可以促進大腦新細胞的生長，促進智力發育。這方面興趣的培養和其他興趣的培養一樣，要注意幾個方面：

家長的表率做得如何，家庭生活中是否有這樣的內容，是遊戲還是任務，孩子從中感覺到的是快樂還是壓力。

**讀者可能注意到，在上面的陳述中，我總是強調不管做什麼，都要讓孩子感覺愉快。這其實是涉及智力啟蒙非常重要、又常常被人忽略的一個面向：情緒。**

心理學研究已證實，長期的不快樂和壓抑，會導致一些原本天賦很好的孩子越來越笨，「在糟糕的情緒下，我們的思維也更抑鬱」[6]。情緒宛如篩子，好情緒之篩疏密有致平穩均勻，既能濾去雜質，又能保存有用的東西；壞情緒之篩則疏密不當，橫豎不勻，該篩掉的沒篩掉，該保存的沒保存。由於情緒不同，最後在心理上剩下的東西就不一樣。

上面主要談啟蒙教育應該做些什麼，下面簡單談談要防止哪些錯誤。

**首先，不要輕易把啟蒙教育委託給學前教育機構**（比如幼兒潛能開發機構或幼兒才藝班）。把孩子送去學前教育機構的目的也許不一樣，如果是為了讓孩子能找小朋友玩，這就沒什麼問題；如果是為了孩子的智力開發或情感開發，真的寄託了一個「早教」的期望，那麼家長可能需要好好深思：鼓吹這些開發的從業人員真的是一群懂教育的人嗎？他們的課程設計真的合理嗎？花錢真的能買來教育嗎？

「孩子的大腦發展最適合的地方是溫馨的家庭，最佳的營養是安全感，最好的刺激是父母的陪伴。有了這些條件，不必整天送孩子去上補習班或才藝班，他的大腦都會健全地發展。」[7]換個思路，把上才藝班的時間用來讓孩子玩耍，把家長在才藝班等候的時間用來進行親子閱讀，把省下的錢用來重新購置被孩子損壞的杯、碗、電腦、手機等，收穫是否更多？

不少家長送孩子進學前教育機構，可能是出於攀比心理，這種心理盲目而有害。應該明白什麼叫啟蒙教育，知道給孩子什麼是最好的，內心就會有定力，就不會為了虛榮去折騰孩子。

其次，不要把啟蒙教育和「提前學習」混為一談，否則會導致兩個極端：早早逼孩子學習功課，令孩子厭學和大腦遲鈍；或什麼也不讓孩子學習，誤失啟蒙教育的良機。前一種情況很好理解，這些年已出現了太多這樣的情況，不少家庭和幼兒園都急於把小學的課程灌輸到孩子腦中，上學前就學會拼音、100以內的加減法……這種錯誤，人們已開始有所警覺，一些明智的父母勇敢地拋棄了這種違反科學的做法，還孩子一個快樂的童年。但有些人卻走到另一個極端，孩子在學齡前什麼也不學。

我接觸過一位從海外學成歸國的母親，她接受了「玩耍就是教育」這樣一種理念，就什麼也不讓孩子學習，只讓他玩，甚至不把孩子送幼兒園，擔心幼兒園會教孩子認字、學拼音。孩子在家裡除了擺弄玩具、和老人逛菜市場，就是看電視。結果上小學後，孩子學習非常吃力，很快就表現出厭學和自卑。分析這位家長的做法，她把學習和快樂對立起來，把嬰兒和洗澡水一起倒掉。她讓孩子在學前完全沒有智力生活，所以後來孩子在學習上的吃力幾乎是必然的。

把學習和快樂對立起來，這是一種根深柢固的錯誤認識，其實這兩者完全不對立。人的天性是愛學習的，如果學習沒有奴役過孩子，孩子是不會對學習新知識反感的。一個背了一百首唐詩的孩子就肯定不如背了十首唐詩的孩子快樂嗎？數量說明不了什麼。詩歌是如何背會的，在什麼心情下背會的，孩子的感覺如何，這才是判斷的標準。

當下人們對「啟蒙教育」的否定，來源於詞語所造成的概念誤讀，「啟蒙教育」和「提前學習」事實上是性質相反的兩種東西。前者啟動了孩子的腦力，後者只是往大腦中灌輸了一點知識；對未來學習的影響，前者是推動力，後者很可能成為阻力——這裡面的分水嶺，就是整個學習過程是否伴有愉快的情緒體驗，是否啟動了孩子的興趣。在啟蒙教育的問題上，形式不重要，感覺才重要。

第三，不要相信任何測試，不要試圖提前預知孩子的智商如何、有哪方面的天賦、適合從事什麼職業等等。人的每一種才能都是多方面協作的結果，每一種命運都是千百種因素所共同造就。量表或儀器不是上帝，不能完成這樣複雜的任務。而且，這些測試往往並不能給孩子帶來正面的激勵，卻會給他們很多不良暗示，對他的發展形成束縛和限制。只要我們給孩子一個好的智力基礎和心理基礎，剩下的，交給未來吧。

中國人早就悟透了早期教育的重要，所以才有「三歲看大，七歲看老」之說。一個無中生有的生命突兀地來到世上，在平均兩萬五千天的人生中，必須在最初最弱的一千多天中完成從混沌走向清朗的大飛躍。這是生命中最初的一次飛躍，也是最重要的一次飛躍。一個人將來站立在什麼位置和高度，固然和他成年後的努力及機遇有關，但基礎卻是在童年打下的。這就是啟蒙教育的價值和意義！

①蘇霍姆林斯基，《給教師的建議》，杜殿坤編譯，教育科學出版社，1984年6月第2版，501-502頁。
②尹建莉，《好媽媽勝過好老師》，作家出版社，2009年1月第1版，45頁。
③尹建莉，《好媽媽勝過好老師》，作家出版社，2009年1月第1版，94頁。
④尹建莉，《好媽媽勝過好老師》，作家出版社，2009年1月第1版，36頁。
⑤尹建莉，《好媽媽勝過好老師》，作家出版社，2009年1月第1版，51頁。
⑥戴維．邁爾斯，《社會心理學》，侯玉波等譯，人民郵電出版社，2006年1月第1版，89頁。
⑦洪蘭，《好孩子：三分天注定，七分靠教育》（家教篇），遠流出版公司，2014年4月第1版，15頁。

# 2 「隔代教養」隔開生命間的聯結

親密的母子關係是親密父子關係的前提，孩子與父母間親子關係的品質，又決定了孩子未來和整個世界的相處品質。父母是否願意和自己的孩子相處，在孩子的生活中究竟是扮演主角、配角還是客串，這在當下只是形式和數量上的差異，最終卻是一個孩子生命品質的差異。

中國傳統文化中四代同堂、兒孫繞膝是件很美好的事，是家庭生活中彼此溫暖、合理互助的一種形式。現在，絕大多數老人家都會幫子女照看孩子，這既是傳統文化的延續，也是家庭成員間很現實的關懷。但這件事應該做得適當，如果「隔代幫忙」變成「隔代教養」，就會過猶不及，變成幫倒忙。

很多家長在孩子剛過了哺乳期，一歲左右，甚至更早，就把帶孩子的任務「承包」給爺爺奶奶，即使生活在同一個家裡，孩子的吃喝拉撒睡一切事務，全部由老人家包辦，父母在孩子的生活中只是業餘角色。更有一些沒條件和老人生活在一起的家長，乾脆把孩子全托給老人，一週見孩子一次，或一個月甚至一年見一次。也許是因為這樣的父母太多了，現象成就了商機，於是這樣的書便出現了：《孩子交給爺爺奶奶帶──現代教育全攻略》、《非常奶奶──隔代教育的成功之道》──市場操作就是可以這樣不擇手段地誤導，讓很多人暈頭轉向，誤入歧途。

兒童和世界的第一條聯結通道是由母親建立的。母乳餵養、肌膚相親、一言一語、一歌一笑等等，都是在打通和拓寬這條通道。親密母子關係是親密父子關係的前提，孩子與父母間親子關係的品質，又決定了孩子未來和整個世界的相處品質。

我在工作中經常遇到一些一頭霧水的家長，他們和孩子的相處有很多困擾，主觀上很想解決，但對於了解孩子這件事，既缺少能力也缺少興趣，所以改善也非常不易。

比如有位媽媽給我寫諮詢郵件，一封信基本上只有三句話：第一句說她兩歲的孩子經常哭，第二句問我這是怎麼回事，第三句直接索求答案「如何讓孩子不哭？」從她這三句話中，我們可以感覺她對了解自己的孩子是何等沒有興趣。還有一位媽媽，她說自己四歲的孩子在外面特別膽小，回家卻經常發脾氣，不知這是怎麼回事。我提醒她應該注意兩個方面：第一，家長是否經常在孩子面前吵架或發脾氣，做了壞榜樣；第二，是否平時對孩子管得太嚴太細，甚至打罵，讓孩子心理受阻，就會膽小且脾氣不好。她回覆說，你說得對，這兩種情況確實我們都有，家長確實有些地方做得不好，可你沒回答我的問題，我的問題是怎麼能讓孩子在外不膽小、回家不發脾氣啊！

從這些家長的態度和反應可以看到，她們和孩子間隔著一塊玻璃，表面上看靠得很近，卻無法擁抱，無法溝通。可能有人會說這是因為這些媽媽文化素質低，或比較笨，但從我接觸過的家長來看，並不是這個原因。很多人其實學歷很高，只是在和孩子相處時，顯得很「笨」。追問這些家長和孩子的早期相處情況，大多是走了「隔代教養」的路。

心理學家阿德勒說過：所謂母親的技巧，我們指的是她和孩子合作的能力，以及她使孩子和她合作的能力。這種能力是無法用教條來傳授的。每天都會產生新的情境，其中有很多地方都需要應用她對孩子的領悟和了解。她只有真正對孩子有興趣，而且一心一意要贏取他的情感，並保護他的利益時，才會有這種技巧。①

中國民間有種說法，孩子要親自把屎把尿的才會親，這是非常有道理的。血緣固然是一條紐帶，但僅靠血緣溝通親情，恐怕不夠。如果和孩子早期相處不足，彼此間的情感聯結就會比較稀疏，而這種聯結是有階段性的，錯過了就很難再建立新的聯結。這一點現代心理學研究也已證實。

大自然設計人類是有深意的。讓我們想一下，為什麼民間會總結出「寧死當官的爹，不死討飯的娘」這樣一種真理般的俗語？為什麼男人的生育能力可以維持到六、七十歲，甚至八十歲，而女人的生殖能力只能到五十歲左右？這樣的設計，就是要保證一個孩子出生後，他的媽媽有足夠的時間和精力來撫養他長大成人。

一個孩子失去父親是失去了世界的完整，而失去母親則是失去了整個世界。父親教養都不能完全取代母親，何況爺爺奶奶！

女性角色在幾千年的人類發展史中有了很大的變化，由家庭人變為社會人。但人類的天性在過去三千年中幾乎沒有什麼改變。②幾千年前降落在草叢和獸皮上的孩子需要母親的懷抱，幾千年後在電子儀器監護下和高檔嬰兒產品包圍中出生的孩子也同樣需要。母親是孩子早期生活中不可或缺的角色。生命最初的幾年，是人生的黃金期，幾乎奠定了孩子一生發展的基礎。

不幸的是，很多母親卻在現代生活中失去母性，尤其是一些高學歷或事業心強的女性，由於她們過分看重自我奮鬥的價值，且嚴重低估母子相處的價值，不能很好地協調自己的自然角色和社會角色間的矛盾，經常為了一些眼前的現實利益，很輕易地就放棄作為母親的義務。幼年的孩子如果缺失了這兩樣東西：豐富的語言交流和母愛的溫暖，正常的生命潛能就有可能無法被啟動。

我認識一位媽媽，孩子出生後，本來奶水很充足，但產假結束時，為了心無旁騖地工作，硬生生給孩子斷了奶，並把孩子交給婆婆帶。婆婆雖然和她住在同一個城市，但離得比較遠，她只有週末去看孩子一下，吃頓飯，然後就走了。婆婆本身不愛說話，也很少帶孩子到外面玩，經常讓孩子看電視或自己玩，並且為了家裡的整潔，只讓孩子在專門闢出的「兒童房」裡玩，不允許到其他房間去，邁出「兒童房」的活動，基本上只限於坐在客廳看電視。到三歲要上幼兒園時，才發現不對勁。孩子有嚴重的語言障礙，基本上不會和人交流，且十分膽小，隨便一點聲音都會把他嚇得躲到奶奶懷裡，好久不出來。而且他對媽媽似乎沒有感情，很少表現出一般孩子對母親的親近和留戀，情緒也十分不穩，經常發脾氣或大哭。這位媽媽後來帶孩子去醫院看心理科，被診斷為自閉症。

我曾和一位心理科醫生交流過，他說現在罹患自閉症、過動症等神經官能症的孩子越來越多，就診的孩子往往有較為典型的成長經歷，如百分之九十以上在幼年早期和母親有較長時間的分離，由祖父母輩或保母帶大。而負責照看孩子的人如果對孩子管得太嚴，包辦太多，或經常把孩子交給電視機，不注意和孩子的互動交流，幾種原因加起來，很容易造成孩子的心智無法正常發育。隔代教養開始的年齡越小、和父母相處的時間越短，孩子的症狀越嚴重。

自閉症當然是比較極端的一種情況，但即使孩子不得這種病，也會因「隔代教養」而留下經久難癒的心理創傷。

我們在生活中一定見過這樣的例子，那些早期由爺爺奶奶或他人撫養的孩子，和父母間永遠隔著一層紗，不是互相不理解，衝突不斷；就是特別客氣，宛如外人。沒有相守的長度，就缺乏感情的厚度。

我的一位好友，她一歲半時被送回老家由奶奶來撫養。當時交通不便，且父母工作忙，再加上弟弟妹妹相繼出生，她直到四歲才再次見到父母。父母在她眼裡完全是陌生人，別人讓她喊爸爸媽媽，她很想喊，可是喊不出來，為此遭到責罵。兩年後，父母準備把她接到身邊。當她知道這件事時，恐懼大於興奮。為了見到父母時能喊出「爸爸」、「媽媽」，一個六歲的孩子，居然獨自躲到一個沒人的地方悄悄練習這兩個發音，尤其是「媽媽」這個音。她說父母是有文化且很善良的人，他們也想努力愛她，彼此都做了最大的努力。她後來克服心理障礙，終於學會了喊爸爸媽媽，但和父母間的隔閡卻一生也不能消除。用她的話說就是：「我和父母之間永遠也不可能有弟妹妹和父母間那種貼心貼肺的感覺，我永遠覺得自己是個孤兒。」

二〇一一年，大陸媒體曝出了一樁家暴醜聞。著名的瘋狂英語創始人李陽在事業上獲得了巨大的成功，在家庭中亦扮演了一個「瘋狂」的角色。他不僅對妻子實行長期的家暴，而且對孩子缺少感情，居然宣稱孩子只是他用來做教學實驗的試驗品。媒體之後報導了他的成長經歷及自我剖析，讓我們看到隔代教養如何在一個人的生命中留下經久不癒的創傷。

李陽四歲才從外婆身邊返回與父母共同生活，一直到成年都無法喊出「爸爸」、「媽媽」。父母對他也很嚴厲，經常罵他「笨蛋」、「豬」。李陽童年口吃，自卑懦弱，電話響都不敢接。少年時期在醫院接受治療時，儀器出了故障，燙傷皮膚，他都不敢叫出聲來，忍著，因此臉上留下永久的疤痕。他自己這樣說：「自卑的一個極端就是自負。」「強硬是我以前最痛恨的，所以才會往強硬的方面走，因為我受夠了懦弱。」即使他後來取得了人們眼中的「成功」，名利雙收，每天早晨起床後的半小時，仍感覺非常恐怖，非常害怕，覺得工作沒有意義，活著沒有意義——李陽的心理後遺症非常典型。童年時代在親情上的缺乏，讓他內心積蓄了太多負能量，這猶如一座被壓抑的火山，成年後必定會以某種方式噴發，傷害別人也傷害自己。

孩子出生前幾年，往往正是父母在事業上打拚最忙的時候，但這不能成為自己對孩子撒手不管的理由，只要想對孩子用心，時間總會找出來，辦法總是有的。如果此時的奮鬥是為了將來有更好的生活，那麼對孩子的陪伴，實際是一種收益極高的投資，受益者不僅是孩子，也是父母。

在我女兒圓圓一歲三個月時，她爸爸到南方工作，我堅持不把孩子送到遠在外地的奶奶家，一定要親自帶孩子。上班時，我就把圓圓送到附近一位老太太家，下班再接回來。當時能一邊看護孩子一邊把飯做熟，已是不容易，總顧不上收拾自己。記得有位同事開玩笑地對我說，你以前挺精幹一個人，怎麼有了孩子就變成這樣了？真難想像自己當時的形象是多麼不堪。由於過分忙累，讓我的血壓降到要休克的程度，醫生甚至建議我臥床休息。因為和孩子相處的每一天都有許多快樂，所以我當時並不覺得有多苦，雖然這期間也哭過兩次，但總體感覺一直是充實而幸福的，孩子也用她日後的良好表現回報了我。

避免隔代教養，並不是說家長都要像我這樣單打獨鬥，也並非意味著父母必須有一方要辭職回家專門看孩子，更不是否定老人家幫忙的價值。能有長輩幫忙帶孩子是一種幸福，而堅持「隔代幫忙」而不是「隔代教養」其實也很簡單，孩子只要基本上天天能見到父母，經常和父母有親密接觸的機會，這就夠了。父母和孩子每天只要相處一小時，孩子獲得的滋養就夠正常成長了。

我遇到過一些家長，他們持有這樣一種觀點，以前一家有幾個孩子，送一個出去寄養，會出現感情偏差；我只有一個孩子，是唯一的愛，我不愛他愛誰啊。況且老人家疼愛孫輩往往超過疼愛子女，所以孩子交給他們帶是不會有問題的。

事實當然不是這樣，有太多的例子說明，「唯一」並不能保證愛的深刻。如果相守的程度不夠，哪怕只有一個孩子，親情照樣會打折。在孩子小時候和他分開幾年，也許一輩子就無法親近了。

當下，隔代教養的嚴重後果已顯現出來，但人們卻一直錯誤地歸因為「溺愛」——偏頗的解釋除了誤導人，更讓人無法找到有效的預防手段。很多人為了不「溺愛」孩子，故意對孩子嚴格，這對「隔代教養」的孩子來說，真是雪上加霜。這些孩子之所以出現心理問題，不是得到的愛太多，而是太缺乏。

有一次，我聽一名正在少管所接受教育改造的十六歲孩子說起他失足的經歷。他父母只有他這一個孩子，在他周歲時就外出打工，把他留下來和奶奶一起在村裡生活，他每年只是春節期間能見到父母。算下來，他長這麼大，和父母在一起生活的時間總共不超過兩年。他說小時候特別想父母，天天都盼著他們回家，但幾乎每次父母回來都鬧不愉快。父母在短短的相處時間裡，總是想抓緊時間教育他，可是又不得法，只是不停地指出他哪裡不好，告訴他應該這樣應該那樣。每次十幾天的相處，還沒來得及彼此熟悉，父母就該走了，他記憶中所謂和父母的相處，就是父母不斷地挑毛病。即使這樣，他也對父母充滿眷戀，在十歲時，有一次和奶奶鬧不愉快，一個人偷偷坐火車去深圳找父母，沒找到，流浪了幾天，被員警送回村裡，為此又挨奶奶一頓打罵。父母在電話中也對他訓了好一頓，沒有一點心疼的意思。他說最令他傷心的是十三歲那年，父母春節回來，看見他個子一下長高了，第一句話是：怎麼駝背了？挺起胸來！並且在接下來的幾天也總是不停地告訴他應該這樣、不應該那樣，很少向他表達愛和感情，這讓他感覺父母橫豎看他不順眼，自己在父母眼中真是不可愛，自此以後，徹底對父母失去希望，於是離家出走，開始墮落。

一般來說，無論爺爺奶奶多疼愛孩子，孩子在感情上仍然是和父母更近，孩子最依戀的，永遠是父母。這是自然選擇，天性所定。有時聽到爺爺奶奶們半開玩笑半認真地說孫子「忘恩負義」，再疼他，他也是和爸媽親——這其實是值得慶幸的事，說明孩子和父母情感正常。相反，如果一位奶奶驕傲地宣稱：「我家這孫子，只是從他媽肚子裡過了一下。現在跟我比跟他媽還親！」這反倒暗示著某種隱憂。

中國許多王朝的敗落，後代一代不如一代，我認為其中一個重要原因，就是皇子皇女雖然含著金湯匙出生，而且自幼都配備著高水準老師，但他們往往從嬰兒期就不和母親親近，吃奶睡覺交給奶媽，生活起居交給宮女，遊戲玩耍交給太監——奶媽、宮女和太監成了皇室後代的直接影響人和學習榜樣，不少皇室後代和奶媽的關係要超過和親媽的關係。所以皇宮造就的，並不一定是善良漂亮的公主和瀟灑勇敢的皇子，而是常出現懦夫、混混和暴君。心理和感情如果沒有獲得正常的營養，錦衣玉食、血統高貴，也無法讓一個人身心健康。如果有人從這個角度研究歷史，我想一定是很有意思的一件事。

人在感情上很少能愈挫愈勇，越是感情不滿足的人，越是變得敏感、斤斤計較。孩子的思念沒人理解，而且孩子也不懂得如何去化解痛苦。情感上的欠缺必定會在生命中留下一些無法痊癒的傷痕，即使不出現品行方面的問題，也會影響到未來的生活品質。

比如有些年輕人在戀愛或結婚後，不會和伴侶相處，不是過分依賴就是過分苛刻，總扮演情感的傷害者和被傷害者的角色；也有人心底自卑，外表傲慢，身上有種說不出的彆扭，難以和他人合作相處。這些成年後的問題，往往可以追溯到他童年時期在情感和安全感方面的欠缺。

愛，就是為了在一起。前蘇聯教育家蘇霍姆林斯基說過一句話：「母愛不應建立在抽象的理性認識上，應建立在情感基礎之上。」對父母來說，在一切養兒育女的目的中，沒有比和孩子在一起本身更重要的目的！只要是出於功利或「教育」的目標而犧牲和孩子相處的行為，都是得不償失的。

有一對定居美國的中國夫妻，他們的孩子出生在美國。為了讓孩子學好中文及中小學基礎課程，他們就把六歲的孩子送回國內讀書，由爺爺奶奶照看，父母半年見孩子一次，準備上高中時再接回去。父母送孩子回來時，為孩子置辦了一切，甚至牙膏都從國外帶回來，擔心孩子不習慣國內的牙膏。他們周密地打點孩子的每個生活細節，卻唯獨沒想到當他們搭飛機遠去時，孩子內心有多失落，生活將出現怎樣巨大的缺憾。

小孩都十分重感情，對父母的依戀之情深如海洋。我女兒圓圓上幼兒園和小學時，我比較常出差，每次準備走的時候，我都能感覺出她是如何地不捨。有一次我又開始收拾出差要帶的東西，圓圓在旁邊圍著我轉，獻小殷勤的樣子，然後突然說了一句：「媽媽，你還沒走呢，我就開始想你了。」

想像一個小孩子，如果父母突然有一大段時間從他生活中撤出，這會讓他多麼悲傷！很多人並不能真正理解孩子的心，認為反正小孩子是愛哭的，離開爸爸媽媽，哭幾天就沒事了，習慣了就好。沒錯，大多數孩子確實是哭幾天就不哭了，但這並不代表他們的感情已從挫傷中康復，心裡也許要哭幾個月、幾年，甚至一輩子。

父母是否願意和自己的孩子相處，在孩子的生活中究竟是扮演主角、配角還是客串，這在當下只是形式和數量上的差異，最終卻是一個孩子生命品質的差異。

① A. 阿德勒，《自卑與超越》，黃光國譯，作家出版社，1986年9月第1版，105頁。

② 戴維．邁爾斯，《社會心理學》，侯玉波等譯，人民郵電出版社，2006年1月第1版，94頁。

# 3 幼兒園最重要的條件是教師

在幼兒園的一切設施和條件中，沒有比教師更重要的條件。硬體設施有多好，門口的金字招牌有多炫，這些其實影響不了孩子，孩子甚至都感覺不到。幼兒園真正對孩子產生優質影響力的，是融洽的師生關係。幼兒園教師最核心的能力，不是她的學識、才藝等可見、可量化的東西，而是她愛的能力，即她發自內心的善良和對孩子們的尊重。

我女兒圓圓上幼兒園時，天天在幼兒園吃早飯，每天早飯都有一碗豆漿。有一天圓圓不知為什麼不想喝豆漿，喝到一半時，趁老師不注意，偷偷把豆漿碗弄翻，然後告訴老師豆漿灑了。這個小滑頭以為豆漿灑了就不用再喝了，沒想到老師擦擦桌子，又給她盛了一碗，並叮囑她小心點，別再灑了。小傢伙面對著眼前滿滿一碗豆漿，有些發愁，又開始打鬼主意，趁老師不注意，如法炮製，再次用一根手指頭摳著碗沿，把碗又弄翻了，沒想到這次被老師看到。

老師沒有揭穿她的鬼把戲，不動聲色地再次給她擦乾淨桌子和地面，對全班小朋友說：「豆漿好喝又有營養，可有的小朋友總是不注意，把碗弄翻，浪費了豆漿，好可惜。從今天開始，誰浪費一碗豆漿，一天不能喝；浪費兩碗，兩天不能喝。」然後老師和顏悅色地告訴圓圓說，你今天灑了兩碗豆漿，接下來兩天都不能喝豆漿了。

也許當時圓圓並不在意，甚至還有點小得意；但當第二天小朋友都有豆漿喝，她卻沒有時，她可能有些不舒服了；到第三天，眼巴巴地看著小朋友喝豆漿，她不平衡了；到第四天終於有豆漿喝時，她好珍惜，再也不灑了。

事後，在一次和老師的閒聊中，老師只是把這當笑話講給我聽，我卻由衷地佩服她。這位老師沒受過師範專業培訓，她只是憑著天性中對孩子們的尊重和愛，很自然地用這種方式處理了這件事。

她不強迫孩子去喝豆漿，豆漿就不會站到孩子的對立面，令孩子更為厭惡，而是用適當剝奪的方式，讓孩子真正對豆漿產生好感，學會了珍惜；她沒有點破孩子的詭計，而是用成人更高的智慧，不動聲色地讓孩子自己承擔「做壞事」的後果，既不損害孩子的自尊，又達到了教育的目的，處理方式可以說達到了教育藝術的境界。

幼兒園教師是孩子社會化過程中遇到的第一個關係重大者，對孩子的影響非常深刻。所以當我們考量一所幼兒園或學校好不好時，最重要的是考察它的教師如何。要看一個教師如何，也不是看她的學歷或獲獎次數，而是她是否真心尊重孩子，是否真的愛孩子——這一點很好考證，看孩子們是不是喜歡他就知道了。

有位家長寫信告訴我，說她想盡辦法且花了不少錢，把孩子送到一所幼兒園，有天孩子卻突然哭著不肯上幼兒園。再接下來每隔兩三天，孩子就會出現強烈拒絕上幼兒園的現象。後來家長了解到，該幼兒園對孩子們頗為嚴格，要求孩子坐有坐相、站有站樣，上課時手必須背到後面，喝水、上廁所必須是統一的時間，每天要上課，作業也必須完成。

如果僅僅是這種情況，孩子尚且能接受。關鍵問題是，孩子所在班級有三位老師，輪流值班，其中一位教師很嚴厲，每當孩子「犯規」了，就會大聲責罵，並懲罰「犯規者」，讓孩子站到牆角，讓他在全班同學面前丟臉。這個孩子就是有一天因為上課時沒乖乖坐著，被老師罰站。孩子站了一會兒，可能是忘記了被罰站這回事，居然擅自跑到小朋友中間一起玩了，老師發現後很生氣，把孩子的書包扔到門外，然後讓孩子自己撿回來，並罰孩子站了更長的時間。陳述完這些事後，這位家長問我：在這種情況下，如何能讓孩子喜歡幼兒園呢？

家長明明看到了問題的出處，卻來向我討要改變孩子的辦法。似乎我手裡有靈丹妙藥，給出三丸兩粒，就可以把教師的影響消除掉，讓孩子高高興興地上幼兒園。我如實對這位家長說，我沒有辦法。老師如果這樣，神仙也沒辦法讓孩子喜歡上幼兒園。

還有一種情況是，孩子平時喜歡上幼兒園，突然有一天或有幾天表現出心事重重，強烈拒絕去幼兒園，又說不出什麼理由，這種情況肯定事出有因，往往是孩子和老師或同學間發生了某種不愉快，有一個困難需要孩子面對。家長一定要了解孩子遇到了什麼困難，想辦法幫他解決，而不要生硬粗暴地對待孩子的「無理要求」。

我女兒圓圓在幼兒園沒出現過這種情況，但她剛上小學一年級時，突然有一天晚上回來顯得心事重重，跟我說她不喜歡學校，明天不想去上學了。我問為什麼，她不肯直說，找各種藉口。我知道小孩子最好面子，她肯定是在學校遇到什麼事，不好意思說出來，於是告訴她，媽媽知道你在學校肯定遇到了困難，不知道該怎麼解決，你告訴媽媽，媽媽肯定能幫你想辦法，讓這個困難變沒了。我語氣中的真誠和自信打動了圓圓，她終於說出了真實原因。

原來，學校出於安全的考量，不允許孩子們在校園裡奔跑。圓圓課間和一位同學在教室外追打著玩了一下，被值日生抓到，姓名被記下來，說要報告老師。她擔心第二天老師會當著全班同學的面批評她，就不想去上學了。講完這事，圓圓居然擔心得哭了起來。我們安慰了她，說好第二天爸爸帶她早點去學校，在上課前去找老師，說明一下情況，請老師不要在全班同學面前批評她。結果，第二天，老師不但沒批評她，還肯定了她能主動找老師認錯的行為，並隨後在班裡表揚了圓圓，說她是個知錯就改的好同學。

學校那樣的規定似乎有些過分了，此處不評說這一點。但我非常感恩這位老師，她配合家長這樣處理這件事，對孩子意義非凡。圓圓那天去上學時的狀態和放學回來後的情緒有天壤之別，由於老師處理得當，孩子的一個「錯誤」居然變成了值得讚揚的優點，所有陰影都煙消雲散，天空一片晴朗，學校又變得那樣可愛了。

老師的態度是學生決定喜不喜歡學校的最重要因素，幼兒園更是如此。老師千萬不要以為幼兒園的孩子還小，不懂事，隨便想批評就批評，其實孩子越小臉皮越薄，所以幼兒園的孩子更需要老師有智慧的處理。並不是說老師不能指出孩子的錯誤，而是要講究一下教育藝術，處理方式既不能損害孩子的面子，又能達到讓孩子改正缺點的目的，這才叫教育。

當然，我相信絕大多數幼兒園教師都是善良的，她們偶然的言行不當，只是出於專業知識的欠缺或專業經驗的不足，家長發現問題後，如果能友好地跟老師溝通，善意地提醒，老師一般情況下都願意改正。

有位家長說她孩子的班裡有一位年輕女老師，人很好，只是有時生氣了會嚇唬孩子們。有一天老師嫌她女兒太鬧，對孩子說，如果你再說話，就用膠布把你的嘴黏上！老師當然只是嚇唬孩子，孩子卻當真了，怕以後真被老師用膠布黏嘴，無論家長如何解釋和安慰，孩子就是哭著不肯去幼兒園。後來家長給老師打電話委婉地說了這件事，希望老師向孩子解釋一下那只是開玩笑，讓孩子不要再擔心。老師說她沒想到孩子會把她的話當真，立即表示歉意，並在電話中安慰了孩子。非常難得的是，這位老師屬於那種既有悟性又善良的人，不但沒有給孩子冷暴力，還和孩子們一起玩互相用膠布黏嘴的遊戲，師生樂得哈哈大笑，孩子心中的陰影消失得無影無蹤。

人無完人，老師當然也會有做錯的時候，重要的是知錯就改。

有時，老師會發現孩子一些缺點，便很善意地提醒家長。家長要做的，並不是回家如實地全部告訴孩子，而是要把注意力放在如何幫孩子解決問題上。比如，老師說你的孩子和小朋友玩的時候，總是顯得太膽小。家長如果把老師的原話轉給孩子，可能會強化孩子的膽小，更不願和小朋友一起玩。而且孩子會覺得老師不喜歡自己，在說自己的不好，會在情緒上和老師產生隔閡，這也會導致孩子不喜歡幼兒園。家長應客觀地分析一下自己的孩子，是確實膽小，還是出於孩子的謙讓或獨處的需要；如果真有問題，應該從其他方面想辦法進行改善，而不是直接告訴孩子他有什麼缺點。

當然，如果老師對孩子的某個缺點反映很多次，那確實需要直接告知孩子，但還是要講究一下方式。比如老師反映孩子喜歡搶小朋友手中的東西，多次告誡也沒用。家長可以這樣和孩子談話：「老師說你是個好孩子，有三個優點，只有一個缺點，你想不想知道是哪三個優點？」講完三個優點後，再問一下孩子想不想知道那個缺點是什麼。講完缺點後，孩子可能會略有沮喪或不好意思，家長可繼續跟孩子說：「每個人都會有缺點，而缺點其實也可以變成優點，你想不想知道怎麼變呢？」然後告訴孩子不要再跟小朋友搶東西，給孩子出一些具體的主意，如何避免跟小朋友發生衝突。孩子聽完家長的建議後，接下來肯定會略有進步，這時家長要及時和老師溝通，和老師一起強化孩子的改變。這樣既能改變孩子的一些壞習慣，又不會損害他和老師的關係。

老師和家長、老師和孩子的關係是否融洽，對孩子影響深刻。老師和家長都應該為增進彼此的關係而努力。從家長方面來說，既不要對老師盲目信任，但也不能對老師苛刻和挑剔。老師也是普通人，在管理孩子時可能會出現一些小問題，遇到問題時，家長要本著解決問題的態度跟老師溝通，而不要懷著鬧彆扭的心態找老師算賬。

有位家長跟我說，她兒子有一次在幼兒園尿了褲子，沒跟老師說，老師也疏忽了，沒發現。下午孩子外婆去接孩子時發現了。當時是冬天，老人家心疼孩子，就哭了，生氣地去質問老師，責怪老師不負責任，和老師發生言語衝突。這件事發生後，老師每天都會在上課前用略帶威脅的口吻對全班小朋友說：「上課前先上廁所，上課期間不許上廁所。」而且每次都會點到她兒子的名說：「你要去廁所嗎？上課中間不許去，尿了褲子別怪老師啊！」老師的態度弄得孩子很緊張，開始不想去幼兒園。好不容易從小班升到中班，換了老師，本來挺高興的，結果老師有一天上課前也說了同樣的話，其實並不是針對這個孩子，可是孩子一下子又不想去幼兒園了。

幼兒園教師作為社會人，並不是強勢群體，她們自身也需要成長，需要被善意地對待。如果家長總以善意的眼光看待她們，則可激發她們表達更多的愛與善。

圓圓上幼兒園小班時，有一天我去教室接她，發現她眼角邊上有幾條劃出的血痕，我大吃一驚，問她這是怎麼了。圓圓自己似乎還懵懵懂懂地不知臉上有傷，說不出來。我又問老師孩子臉上的傷是怎麼來的，老師一看，也很吃驚，但也是一臉迷茫。因為圓圓在教室沒摔倒，也沒和小朋友打架，而且孩子一直也沒哭。我和老師的表情可能有些把孩子嚇到了，圓圓本來見了我還挺愉快的，這時也出現惶恐之色，要哭了。

我趕快拿出輕鬆愉快的樣子，笑笑對圓圓說沒什麼，走吧，咱們到院子裡玩，並且友好地跟老師說再見，領著孩子出了教室，老師顯得有些歉意。

我心裡還是很難過，想知道圓圓的傷是怎麼弄的，就沒有馬上離開幼兒園，帶她在幼兒園的院子裡玩了一會兒溜滑梯和鞦韆，找個機會又問她臉上的傷是怎麼弄的。圓圓想了想，突然說「小樹」。我有些不太明白，就讓她領著我去找是哪棵小樹，圓圓就把我帶到一排冬青跟前。深秋的冬青已乾枯，枝條看起來很硬，高度和小朋友的身高差不多。到這裡，我一下就明白了。

在幼兒園小樓和小操場之間，有一小排低矮的冬青作為兩個部分的分隔。但人們經常偷懶，就在冬青中間走出一個一尺寬的小豁口。我想圓圓臉上的傷可能是老師領著他們從這裡穿越時劃到的。

如果是這樣，幼兒園老師的做法顯然不妥當，既沒考慮教會孩子們守規則，也沒考慮孩子的安全。我想，必須和老師談一下這個問題。目的不是去指責她，孩子的臉已劃傷，以後很可能落下淺淺的疤痕，縱使我非常心疼，但指責已無濟於事，重要的是提醒她以後不能再帶孩子們從這裡走。而且我猜測，這所幼兒園不止這位老師會帶孩子們從這裡走，別的老師可能也會這樣做，所以應該對整所幼兒園的老師有個提醒。

我帶圓圓返回教室，老師見我們回來，有些吃驚和擔心的樣子。我趕快笑著跟她打招呼，讓她知道我不是來找她算賬的。然後告訴她，我從孩子那裡問清楚了，臉上的傷是冬青劃出來的。老師明白了，有些尷尬。我對老師說，冬青的高度正好在孩子們的頭部，很容易劃到臉上；劃破點皮是小事，萬一正好有孩子在那裡摔倒，有可能傷到眼睛。老師趕快點頭說是，並說看來以後不能走那裡了。我對她說，我知道幼兒園好多老師都習慣領著孩子們從那裡走，我想去跟園長說一下，把那個口擋住，或再種幾株冬青，提醒老師們以後不要再從那裡走。這是考慮孩子們的安全，另一方面也教會他們守規則，你看如何？老師嘴上說好，但我看出她似乎有一些猶疑。我趕快笑笑對她說，我今天不去說，改天再去，也不會對園長說圓圓的臉被劃破的事，我只是作為家長看到了幼兒園的一點點小問題，給園長一個建議。老師聽我這樣說，才放心地說好。

後來我找了園長兩次，冬青的豁口補植好了，老師們不再領孩子從那裡穿過。我也有意地和圓圓的老師更常說話，讓她感覺到我的友好，我們因此更加熟悉了，關係一直很融洽。圓圓臉上確實留下了淡淡的疤痕，直到她長大了才看不出來。

當然家長不能期望幼兒園老師都有良好的心理素質，有個別老師，儘管家長給出的是善意的建議，仍有可能心生不滿，進而對孩子施加冷暴力。有位家長跟我說，她的孩子回家說班裡有個小朋友尿褲子了，老師換褲子時打了小朋友的屁股。家長覺得老師做得不對，想和老師談一下，又擔心得罪老師，反覆想了兩天，把所有的措辭都想好了，很謹慎地跟老師談了一下，老師當時表示自己做得不對，並保證以後再也不會發生這樣的事。結果此後幾天，家長發現孩子回家後，只要問起幼兒園的事，孩子的眼神總是一片憂鬱和恐懼，躲躲閃閃地不敢說。家長透過耐心的詢問才知道，老師聽完家長意見的第二天，就嚴厲地指著孩子的鼻子說：「以後把你的嘴給我閉得嚴嚴實實的，幼兒園的事情，回家什麼都不許跟你媽說。再說小心我撕了你的嘴！」老師還對全班小朋友下了命令，不許大家回家跟家長講幼兒園的事。

這位家長一點錯都沒有，遇到這種情況，的確必須跟老師說清楚。如果一位教師能對別的孩子那樣粗暴，那她對你的孩子流露粗暴只是早晚的事。覆巢之下，安有完卵？即使你的孩子僥倖沒在她手下「犯事兒」，教師這樣一種做人的態度對孩子也會有負面的影響。所以無論如何都要說。如果因為家長提了意見，教師就更加粗暴地對待孩子，家長一定要向幼兒園的管理者反映，要求更換教師。如果有難度，應該聯合更多的家長，一起促成事情的解決。當然，有可能幼兒園園長並不買家長的賬，以各種藉口搪塞，不積極認真地解決問題。這樣的話，只能帶孩子一走了之，換一家幼兒園是最好的。

我猜測，有的家長看到這裡可能會說，換幼兒園哪裡是想換就可以的，現在想選到一家好的幼兒園有多難，這個幼兒園還是我費了九牛二虎之力才進來的。

我想說的是，在幼兒園的一切設施和條件中，沒有比教師更重要的條件。當「最重要條件」非常糟糕時，其他一切條件都變得不重要了。硬體設施有多好，門口的金字招牌有多炫，這些其實影響不了孩子，孩子甚至都感覺不到。幼兒園真正對孩子產生優質影響力的，是融洽的師生關係。幼兒園教師最核心的能力，不是她的學識、才藝等可見、可量化的東西，而是她愛的能力，即她發自內心的善良和對孩子們的尊重。

近年來，相繼爆出孩子在幼兒園受到傷害的事件，由於孩子太小，不懂得主動陳述，或是受到老師的威脅或暗示，不敢對家長說，以至於有些傷害家長遲遲不能知曉。二〇一四年三月揭發的西安、吉林等地幼兒園為了私利，擅自長期給孩子服用抗生素的惡性事件，時間之長、隱瞞之深，讓人怵目驚心。當然我們相信這樣的情況不是普遍的，但只要自己的孩子遇到了，那就是百分之百的不幸，所以了解孩子在幼兒園的情況十分有必要。

想了解孩子在幼兒園是否受到隱藏的傷害，當然不能直接問老師罵你沒，老師有沒有給你吃藥之類的，那樣會給孩子不良暗示，也可能問不出來。可以態度輕鬆地說一句：豆豆的幼兒園規定不讓回家告訴家長每天吃什麼午飯。然後問孩子：你們幼兒園規定什麼不能回家跟家長說？

注意，一定要態度輕鬆，做出不經意的樣子。萬一聽到有什麼事情，家長一定不要當著孩子的面表現出情緒激動。要先冷靜下來，再想辦法確認一下，如果確定有問題，應先找家人商量，再找幼兒園其他家長調查一下。發現問題後，要盡量通過正規管道解決，不要衝動。解決方式很重要，要特別注意，不要給孩子內心留下陰影。

# 4 孩子入園前的心理準備

兒童成長中，總會出現一個又一個的難關，家長應客觀陳述這些事情的真相，不誇張困難度和痛苦，也不過分美化客觀事實，更不能採用瞞騙的方式。要盡量實事求是地引導孩子坦然面對，這樣才能培養他們接受困難、適應生活的勇氣和能力。上幼兒園不是孤立事件，它是整個教育鏈條中重要的一環，對孩子的成長影響深遠。

每個即將入園或剛剛入園的孩子都要面臨兩個問題，一是克服焦慮，二是適應規則。幫孩子跨過這兩道門檻，就是幫孩子做好了入園的心理準備，這需要家長從以下幾個方面來做。

## 與孩子一起克服焦慮

首先，喚起孩子對幼兒園的嚮往。

有一位家長，她利用人們「得不到的就是最好的」這個心理，在孩子上幼兒園前半年，就開始有意無意地帶孩子去幼兒園外面「窺視」。孩子非常羨慕裡面的溜滑梯等各種娛樂設施，但是媽媽告訴孩子，現在還不能進去，要等到九月份才可以去。平時帶孩子到親戚朋友家時，如果看到幼兒園，也會讓孩子從外面看，引起孩子的嚮往，有時甚至會帶孩子進去參觀。因為現在的幼兒園管理都很嚴，警衛看得緊，一般不允許外人隨便進去。所以每次家長帶孩子進幼兒園，都需要和警衛求情，但成功的次數卻很少。這更讓孩子覺得，幼兒園好難進，能進去是多麼幸運的一件事。到六月給孩子報名時，媽媽帶著孩子一起去排隊，讓孩子看到，有多少小朋友想進這所幼兒園，這樣進一步激起孩子對上幼兒園這件事的興趣。所以，終於盼到入園的那一天時，孩子簡直可以說是迫不及待。

能喚起孩子對幼兒園嚮往之情的方法很多，需要大家根據自己的條件和喜好來想辦法。只要留心，辦法總是有的。

當然，這件事要做得有分寸。有的家長為了吸引孩子進幼兒園，結果把幼兒園說得天花亂墜。如，幼兒園有很多玩具，有很多好吃的，老師像媽媽一樣……待孩子進幼兒園後，發現不是家長講的那個樣子，一方面會因失望而不願去幼兒園，另一方面則不再信任家長，以後再講多少去幼兒園的道理，都沒用了。這是應該注意的。

其次，在訓練孩子的生活自理能力上，宜不動聲色，不宜張揚。

不少家長自從給孩子在幼兒園報名後，總是習慣性地把一切事情都跟上幼兒園聯繫起來，例如睡覺時說「按時上床睡覺，上了幼兒園就不能這樣太晚睡了」。吃飯時，「不能剩飯，到幼兒園剩飯的話，就要挨老師的罵」。目的太張揚，反倒壞事，這些話會給孩子不良暗示，讓他覺得幼兒園就是個限制和管束自己的地方。

在孩子入園前應教會他遵守規則，盡量讓孩子學會自己大小便、吃飯、穿鞋子等。但訓練最好做得不動聲色，不要讓孩子意識到你在訓練他，一旦意識到，會引起孩子對事情本身的抗拒，同時也會增加孩子對幼兒園的恐懼感。比如平時家長天天給孩子餵飯，後來突然不餵了，告訴孩子要上幼兒園了，你要自己學習吃飯。習慣於家長餵飯的孩子，一般對自己吃飯這件事沒信心，也沒有興趣。還沒上幼兒園就面臨困難的任務，這很容易放大孩子對即將到來的幼兒園生活的焦慮感。

最好的訓練是什麼？是家長平時就不包辦。尤其到孩子快要上幼兒園時，家長更要有意識地讓孩子自己去做事，把各種練習自理的機會留給孩子。

以吃飯為例，孩子一歲以後，就應該讓他自己吃飯。到孩子即將入園時，家長一定要不動聲色地讓孩子自己來，既不要強迫孩子吃飯，也不要餵飯。到吃飯時，大家各吃各的，不要在意孩子如何吃、吃多少，不要把吃飯這件事時時置於家長的關照之下。一定要給孩子時間和機會，讓他自己練習和適應。只要孩子哪天做得好，就及時表揚，強化一下；做得不好，也不批評，裝沒看見。依孩子的天性，其實都是願意自己吃飯的，當他發現家長總是忙得沒時間餵他吃飯，也沒在意他吃得如何時，他就不會再有依賴思想，自己吃飯的興趣和能力就開始生長了。

各種生活技能訓練的道理都大同小異，基本原則是，在一切訓練中，家長自己首先要有定力，不要一著急就出手，還一邊幫忙一邊抱怨孩子。否則，除了降低孩子自己做事的興趣，降低他的自信外，別的一點好處都沒有。

## 第三，家長自己要克服和孩子的分離焦慮。

有位家長告訴我，她準備送女兒去幼兒園，孩子還沒去，她的心已經揪成一團了，總是想像女兒離開媽媽時會如何撕心裂肺地哭，又擔心孩子不適應幼兒園，能不能和小朋友好好相處，不知道老師好不好，吃得如何，還有安全問題……可能是她和孩子講這些時帶出太多的焦慮，以至於後來一提幼兒園三個字，孩子馬上就哭著說不上幼兒園了。

要孩子不害怕去幼兒園，很多時候不是為孩子做心理建設，而是要解決家長自己的焦慮情緒。這位家長的焦慮，讓我想到另一位家長，她在第一次帶孩子去打針時，孩子還沒大哭，她自己居然就心疼得先哭起來，結果是把孩子給嚇住了，以後每次打針，孩子總是拚了命地反抗。

孩子一生會遇到許多困難，甚至是痛苦。面對這些問題，家長應先給孩子樹立一個好榜樣，而不是無克制地釋放自己的情緒。一個不理性不克制的家長，只會給孩子製造更嚴重的心理負擔，而不能教會他理性和克制。

### 第四，不要採用任何以毒攻毒的方式。

有位媽媽，她準備要送兩歲半的孩子去幼兒園時，就把孩子獨自送到外外婆婆家住一個月，認為這樣可以讓孩子習慣和媽媽分離。結果是孩子一個月後見到媽媽，先是用陌生的眼神看著媽媽，不敢和媽媽親近，待媽媽抱起他後，孩子突然大哭起來，充滿委屈。此後，孩子和媽媽寸步不離，哪怕媽媽上洗手間，他也要跟到門口等著，唯恐媽媽轉眼間又消失不見，結果變得比以前更黏媽媽，而且特別脆弱，特別愛哭。

一個人不是經歷過刀割就會不在意針扎。須知人往往是「一朝被蛇咬，十年怕井繩」。家長不管在任何時候，想解決孩子的心結時，都不要有這種「以毒攻毒」的心理，孩子承受不起。這樣做，其實只會更增加了送孩子進幼兒園的難度。

兒童成長中，總會有一個又一個的難關出現在家長面前，家長應客觀陳述這些事情的真相，不誇張困難度和痛苦，也不過分美化客觀事實，更不能採用瞞騙的方式。要盡量實事求是地引導孩子坦然面對，這樣才能培養他們接受困難、適應生活的勇氣和能力。上幼兒園不是孩子成長中的孤立事件，它是整個教育鏈條中重要的一環，對孩子後面的成長影響深遠。

## 教孩子學會適應規則

所謂的「適應」問題，就是要孩子學會服從幼兒園的統一安排和各種規則。我當然反對幼兒園給孩子們制定太多規則，但適當的規則肯定是需要的，也是孩子必須學會遵守的，所以上幼兒園第一步是要讓孩子認識「規則」，遵守規則。

在這個問題上，我先說一下自己的經驗。

確定好送圓圓到哪家幼兒園後，我就帶著她到幼兒園先看了一遍，站在幼兒園的柵欄外，看著裡面的孩子們排隊做體操或玩耍。我簡單地跟她說了一下過幾天我要上班，要把她送到這裡，問她可不可以，她說可以。看樣子她對裡面有很多小朋友這件事很有興趣，所以願意來。但我知道她一旦身臨其境就會有不一樣的感覺，所以在帶她直觀地看到這種生活，引起她一定的嚮往後，也要讓她知道裡面的生活除了和小朋友在一起玩耍外，還要有規則。

我另選了一個日子，和幼兒園老師溝通好後，帶著圓圓走進幼兒園，讓她認識一下裡面的生活。那天去的時候是中午，午飯後幼兒園的小朋友都睡午覺了，整個幼兒園靜悄悄的，和圓圓上次看到的孩子們在外面玩耍的情形大不相同。我在帶她走進去時就告訴她，現在是午休時間，小朋友都在睡覺，所以院子裡看不到人，並告訴她我們進去後，說話聲音要輕一些，不要把小朋友吵醒了。圓圓懂事地點點頭。

一位老師帶我們進了教室。這家幼兒園沒有專門給孩子們睡覺的地方，孩子們午休就在活動教室木地板上打地鋪，分兩排睡著，小鞋子整整齊齊地擺放在地鋪前面。我低聲問圓圓：寶寶，你看小朋友都睡覺了。大家一起睡覺好不好啊？圓圓說「好」。我又問：如果哪個小朋友不想睡，亂吵，弄得別的小朋友睡不著，那樣好不好啊？圓圓說「不好」。

我又給圓圓指了指地上的小鞋子，對她說，小朋友睡覺前，老師會要求大家把鞋子擺整齊了。你說這些小鞋子擺整齊了好，還是亂扔亂放的好？圓圓說：「整齊好。」我說對，如果亂扔亂放，不光是不好看，小朋友醒來了，也不容易找到自己的鞋子。我觀察圓圓，感覺她能理解我說的話。

然後我們又在教室裡簡單參觀了一下，看到所有的玩具都收納在箱子裡，整齊地放在牆角，小朋友從自己家帶來的小杯子也整齊地擺放在飲水機旁邊的架子上。這些我都指給圓圓看，讓她感覺到整潔和條理。

簡單參觀過後，我們就出來了。回家的路上，我對圓圓說：「家裡就小圓圓一個孩子，中午的時候，媽媽讓你睡覺，你說不想睡，那就不睡了。在幼兒園，一位老師要照顧好多個小朋友，老師說小朋友該睡覺了，如果有的小朋友睡有的不睡，老師就不知該照顧誰了。寶貝，你說入園後，你應該聽老師的話去睡呢，還是像在家裡一樣說我不想睡？」圓圓想了想，說「去睡覺」。我親親她的小臉蛋說：嗯，寶寶說得對！

事後我發現，這個「預防針」打得特別有用。平時圓圓在家是不喜歡睡午覺的，我不管她，睏了就睡，不睏就不睡，只是我自己辛苦些，中午要陪著她玩。假設我不是這樣領著她「身臨其境」，只是在家裡口頭告訴她幼兒園必須午睡，必須聽老師的，甚至強制她睡午覺，可能反效果的強化了她不午睡的習慣。一個小孩子，只要內心沒想著唱反調，躺下了，用不了多少時間就會睡著的。事實證明圓圓上幼兒園後，午睡確實從來不是問題。我沒直接問她中午有沒有睡著，而是背後悄悄問老師，老師說她睡得很好。我從圓圓簡單的話語及表情上也能感覺她沒什麼問題。

在孩子入園前的那段時間，我有意識地隨時和圓圓進行相關交流，對她進行正強化。比如該吃飯了，我帶她去洗手時，會問她：進了幼兒園，如果你和小朋友玩積木玩得正高興，老師說，小朋友們，該吃飯了，大家現在排隊去洗手，你應該趕快去洗手，還是繼續和小朋友玩積木？圓圓說「去洗手」。我說「對，寶寶說得真好！」我總是充滿讚賞地親親她的小臉蛋，讓她知道自己的回答非常好，並表現出對她的信任。

透過參觀及生活中的強化，我讓圓圓知道幼兒園是有「規則」的，更讓她看到了規則之美。這樣，她接下來面對一些必要的約束，就會從容得多。兒童的適應力其實很強，只要這個「規則」在正常範圍內，不傷及他們的天性，孩子都能很快適應，並願意遵守。

在培養兒童規則意識時，要注意以下三點：

第一，體驗中一定要用「問」啟發孩子自己思考，而不是以「講」說明和灌輸。兩種方式，效果大不同。

比如帶著孩子排隊時，問孩子，大家都這樣排隊好，還是不排隊擁擠好。再問孩子，如果大家都排隊，可有的人不排隊，亂插隊好不好。家長除了多留心，在生活中多發現此類教育契機，還要注意的是，問話要在幼兒理解的範圍內。如果感覺孩子不理解，適當解釋，努力讓孩子明白為什麼。

當然家長自己也要守規則，給孩子做出榜樣。假如家長一方面給孩子講交通安全，另一方面帶孩子闖紅燈，那你是無法教會孩子遵守秩序的。

第二，通過「角色扮演」的遊戲讓孩子體驗「聽話」的好處。

比如先由媽媽扮老師，爸爸、爺爺、奶奶和孩子一起扮小朋友，「老師」指揮大家去做一件事，看誰做得最好。然後讓孩子扮老師，指揮各位「小朋友」做事，各位「小朋友」可以有聽話的，有不聽話的，讓孩子體會配合的美，及不配合所帶來的不便。「角色扮演」是非常有效的一種教育方式，能讓孩子很快明白為什麼要這樣做，也能練習應該如何做。

第三，在向孩子灌輸規則意識時，切忌採用恐嚇的方式。

比如有人這樣跟孩子說，「以後不能亂扔玩具，這樣到了幼兒園老師會罵你」。或者「上了幼兒園就不能剩飯了，剩飯的孩子得不到小紅花」。或者「這麼不聽話，我管不了你，等你去了幼兒園，看老師怎麼收拾你！」……這些話只是簡單地把規則和懲罰聯繫在一起，沒能讓孩子看到規則之美，其潛台詞就變成了「幼兒園要束縛你，不會讓你舒服的」。這樣講「規則」，只會增加孩子的焦慮感，對於讓孩子理解規則一點幫助也沒有。

總之，要孩子學會守規則，就必須讓孩子看到規則之美，並和孩子的理解力接軌，不能讓規則以獄卒或魔鬼的樣子出現。

# 5 孩子不願去幼兒園怎麼辦

孩子初上幼兒園時難免會哭鬧，此時特別需要家長拿捏好自己的態度。既要關懷孩子，又不能縱容孩子的脆弱。解決孩子的焦慮問題和許多其他教育問題一樣，不在於你說什麼，而在於你的態度如何。好辦法總是可以四兩撥千斤，如果有些孩子總是「不聽話」、「不懂事」，那多半是由於家長一直在某些問題上一味使蠻力。

有一次我坐長途汽車，車上有個一歲半左右的孩子，幾乎一直在哭，媽媽和爸爸輪流抱孩子，站起來又坐下，拍啊哄的，卻總是哄不住。看起來孩子沒有身體方面的不適，只是情緒很煩躁。車到半路，上來一位媽媽，抱著一個大約兩歲的孩子，這個孩子從一上車就循著哭聲，很注意地看著那個小朋友。一歲半的孩子本來哭得天昏地暗的，扭頭突然發現了同年齡的小孩，一下子就不哭了，小嘴瞬間就咧開，笑得像花一樣。在後面的一個小時車程中，這個小傢伙只要一想哭，父母就把他抱起來看看兩歲的孩子，靈丹妙藥似的，總能立即止哭。

這種有趣的現象常發生在小朋友身上，甚至是小孩子和小動物身上。我女兒圓圓三、四歲時，有一次我們帶她去家小飯店吃飯，進門時，小飯店裡一隻小狗正寂寞地蹲在一個角落裡，可憐巴巴地四處張望。牠一看圓圓進來，眼睛一亮，歡快地躍起，直奔過來，他鄉遇故知似的，繞著圓圓轉，搖尾討好，眼裡完全沒有別人。兩個小傢伙很快嬉戲起來，彼此間好像有一種專屬語言，玩得那麼快樂默契。到我們吃完飯要走了，小狗送我們到門口，眼神滿是哀怨，圓圓也戀戀不捨，恨不得把小狗帶走。

講上面兩個小故事是想說明，尋求同伴關係是很多生物的一種本能，尤其人，天生是群居的動物。正常情況下，兒童對兒童是非常感興趣的，特別是幼兒之間，他們有獨屬的交流系統，別人聽不懂，這種交流能給幼兒帶來極大的愉悅感，非常有利於身心發育。所以我們首先應該相信，孩子原本是願意上幼兒園的——這個心理前提非常重要，可以影響家長的很多言行，並給孩子很多正面的暗示。

但事實是，現在有很多孩子不願意上幼兒園，並且持續不斷地反抗幼兒園。這種情況不正常，背後一定有問題，若不是幼兒園本身的管理有問題，就是家長無意間給孩子灌輸了恐懼情緒，造成孩子對幼兒園的排斥。關於幼兒園的管理問題，已在本書中〈關於選擇幼兒園的幾點建議〉中陳述，此文將從家庭的角度，談談如何讓孩子喜歡去幼兒園。

## 以輕鬆愉快的態度回應孩子的脆弱

孩子初上幼兒園時難免哭鬧，此時特別需要家長拿捏好自己的態度。既要關懷孩子，又不能縱容孩子的脆弱。下面是我的經驗。

我女兒初上幼兒園時，我帶她參觀了我的學校，讓她知道什麼是「上班」，明白為什麼媽媽上班的時候她應該去幼兒園，這讓孩子從理性上接受了這件事。接下來的一天，我送她到幼兒園大門口，有的小孩子在哭鬧，圓圓顯然已有了相當的克制力，非常配合地走進大門，走到老師跟前。我把她交給老師，跟老師說兩句話，就跟她說再見。

看得出來，圓圓還是非常難過的，嘴裡說「媽媽你去上班吧」，兩隻小手卻緊緊抓著我不肯鬆開，可憐巴巴地看著我，強忍著眼淚。我口氣輕鬆地說，你跟老師進去吧，再見寶貝！她仰頭看著我，眼神那樣悲傷無助，又說「媽媽你去上班吧」，小手抓得更緊，眼淚就下來了。這一瞬間，我的眼淚也差點流出來。我的第一個衝動是蹲下來抱抱她，安慰幾句。但我知道不能，那樣做是對她脆弱的無意識獎賞，反而會放大她的痛苦，我不能強化她這種情緒。

所以我只是笑笑，一臉輕鬆地掙開她的手，用愉快的口氣對她說「寶寶跟老師進去吧，再見！」扭頭就走了。

圓圓哇地在我背後大哭起來，我的心一下被揪住，很疼，真想回去抱抱她，給她擦眼淚，但還是忍住了。只是停下來，回過頭，笑著跟她揮揮手，仍然口氣輕鬆地說，「不要哭了，跟老師進去吧，再見寶貝。媽媽下班了來接你！」轉身走了。圓圓還在背後大聲哭，我的眼淚也流下來，克制著沒再回頭。

下午接圓圓時看她情緒愉快，我沒再提早上她大哭的事，一路和她聊些其他事，表現出我確實不在意她的哭鬧。

接下來一天，圓圓早上去幼兒園時還是有些情緒低落，我既不安慰也不講道理，假裝沒在意她的情緒，一路上輕鬆地和她隨便聊些什麼。到了幼兒園門口，圓圓還是一副悲傷欲哭的樣子。我仍然採取和前一天一樣的態度，表情愉快地和她說了再見後，就轉身走了。這次沒聽到圓圓在後面大哭。從那以後，圓圓再也沒因為去幼兒園而哭過，隨著她和小朋友越來越熟悉，去幼兒園成了一件非常正常自然的事。

小孩子最會察言觀色，在某些關鍵時刻，只要家長流露一點軟弱，他立即會把握住，並在以後加以利用。所以要想培養孩子樂觀面對困難的態度，家長的態度首先要樂觀，不能無意識地去渲染困難，避免放大孩子的負面情緒。

有位家長希望通過「同理心」來安慰不願去幼兒園的孩子，「媽媽知道寶寶在幼兒園會難過，媽媽和你一樣難過，讓我們一起面對這件事……」這樣的話沒有任何意義，而是煽情，只會助長孩子的脆弱，讓他更加纏綿。

也有家長安慰孩子說：「媽媽會一直在幼兒園大門外等著，離寶寶很近，到放學時就進來接寶寶。」這種不合邏輯的解釋，也反映了家長內心的焦慮感，不但不能安慰孩子，反而會讓孩子陷入更大的困惑中。站在孩子的角度體會一下，媽媽近在咫尺，卻不能相見，孩子哪裡有心思和小朋友玩？一道鐵門成為阻攔他和媽媽見面的障礙，孩子內心會更加反感和害怕幼兒園。

解決孩子的焦慮問題和許多其他教育問題一樣，不在於你說什麼，而在於你的態度是怎樣的。

## 關於幼兒園的一切言行要正面

幼兒園生活有很多細節，無論事情大小都應該和孩子進行正面交流，避免負面言行和不良暗示。遇到早上孩子不願出門，家長要想辦法吸引孩子去幼兒園，或進行正面暗示，比如「我家寶貝不喜歡遲到，總願意按時去幼兒園，是不是？」或「昨天圓圓比你早到，今天我們比圓圓早點到，好不好？」

有些家長則是採用哄騙的方式讓孩子出門，甚至在送孩子去幼兒園的路上，也在騙孩子說是要去公園，結果卻把孩子送到了幼兒園門口。這種做法很負面，很殘酷，既欺騙了孩子，也阻礙了孩子對幼兒園的接納度，同時損害了孩子對家長的信任，甚至會導致孩子多疑和說謊，有礙道德成長。

甚至還有家長透過打罵，強行把孩子送進幼兒園，這更不可取，極端負面的行為只能造成極端負面的後果，既惡且蠢。

傍晚接孩子時，家長們在回家路上多半會問孩子一些問題。這方面的建議是，可以問一些具體的、容易回答的問題，比如今天做了什麼遊戲，中午吃了什麼飯，今天和哪個小朋友玩的時間最長等等。不要問空泛的、負面的或和評價有關的問題，例如「今天乖不乖，表現好不好？」「有人欺負你嗎？」或「今天老師表揚你沒？」

家長問什麼也是一種引導，前一類問題只需簡單的回憶，孩子進行客觀陳述即可，不會給孩子壓力。後一類問題其實孩子很難回答，並且指向評價，是一種庸俗引導，會讓孩子患得患失，增加上幼兒園的壓力。

當然，如果孩子主動跟家長說老師今天表揚或批評我了，家長要真誠以對，正常表示高興，分享孩子的自豪，或語氣平和地問為什麼，想辦法化解孩子的心結。

孩子在幼兒園遇到的最大負面問題就是挨老師罵或和小朋友鬧意見。對這兩類問題的解決，特別考驗家長。總的原則就是要用建設性的態度解決，努力協調孩子和老師或其他小朋友的關係，而不是遇點事情就要理論個是非曲直，或有點衝突就要一爭高低。這方面的具體建議，本書中〈幼兒園最重要的條件是教師〉、〈「三不原則」讓孩子學會與同伴相處〉有較詳細的論述。

## 不要把上幼兒園這件事搞成「任務」

有的家長一旦開始送孩子去幼兒園，就風雨無阻地堅持天天送，唯恐一天不報到，就會把孩子慣壞了。這種擔心大可不必。如果你的孩子真是那種給三分顏色就要開染坊的人，那一定是他經常被當作一個不講信用、沒有分寸感、沒有自尊心的人看待。須知孩子的天性都是有分寸感、有自尊的。這一點，在很多小朋友身上都可得到驗證。

我的一位朋友跟我說，她兒子剛上幼兒園不久，之前因為一直是爺爺帶著，所以和爺爺感情很深，總是在早上因為要去幼兒園而不高興。有一天，小傢伙突然說他今天不想去幼兒園了，要到爺爺家待一天。剛開始父母都不同意，孩子就保證說，如果允許他到爺爺家玩一天，以後就好好上幼兒園，不再哭鬧。孩子父親還是不同意，認為既然上幼兒園了，就應該堅持天天去，擔心孩子以後遇事太容易懈怠；也擔心孩子到爺爺家一天，接下來更不想去幼兒園。媽媽覺得應該信任孩子，相信他能說到做到，於是跟孩子講好條件，第二天把孩子送到爺爺那裡。孩子到爺爺家玩了一天後，很愉快，果然在接下來的時間信守諾言，每天愉快地上幼兒園，再也不哭鬧了。

世上有太多不講信用的成人，卻很少有不信守諾言的兒童。「言而無信」是後天習得的一種社會行為，「食言」也是需要經歷才能學會的。如果一個孩子沒有遭遇連續不斷的無理要求和言而無信的對待，他是不懂得食言的。

孩子偶爾找藉口不想去幼兒園，這很正常的事。我女兒圓圓小時候也不時地有不想去幼兒園的想法，記得有一次晚上睡覺前，小傢伙問我今天是星期幾。我告訴她星期三。她說：「怎麼不像星期三？」我問像星期幾，她說「像星期五」——小小的人，用這種方式告訴家長，她明天不想去幼兒園，但她知道該去，所以她不會說出明天不去幼兒園的話，她有自己的理性和自尊。她知道，如果有條件不去幼兒園，媽媽是不會強行把她送去的。平時我盡量滿足她的願望，如果哪天我沒課，可以不去上班，而她又不想去幼兒園，我就會放下一切，在家裡陪她玩一天。

家長和孩子的相處只要從來不「擰」（鬧彆扭），孩子就能形成很好的理解力與自制力，變得「懂事」。如果成人從不信任孩子的理性，認為孩子不懂事，需要被強行控制，那孩子往往會以「不懂事」的行為，來證明家長的防範是有必要的——這真是個微妙的問題，悟到了，就是海闊天空。

以上幾條如何在生活中靈活運用，下面這個案例頗有代表性。

有位家長，她的孩子原本是由奶奶和爺爺天天接送。老人家心疼孫子，每天早上送孩子到幼兒園門口，都要和孩子又親吻又擁抱的，還一再許諾早早來接，表現出依依不捨的態度，結果弄得孩子上幼兒園已有幾個月了，每天早上還都是在號啕大哭中被老師從大門口強行抱進去。

父母意識到可能是爺爺奶奶的纏綿不捨弄得孩子天天大哭，提醒老人家幾次，但他們不聽，於是父母決定自己送。但孩子已養成早上在幼兒園門口大哭的習慣，所以即使後來改成媽媽送，也是天天如此。

幼兒園老師告訴家長，其實每天家長一走，孩子馬上就不哭了。媽媽通過觀察，也確信孩子在幼兒園過得很快樂，幼兒園本身沒什麼問題。於是有一天，她和孩子進行了這樣的對話。

「寶寶，你喜歡媽媽每天都高興還是不高興？」

「喜歡媽媽高興。」

「你喜歡老師每天高興，還是喜歡老師不高興？」

「喜歡老師高興。」

「真是好寶寶。那麼，怎麼讓媽媽和老師天天高興，你想知道嗎？」

「想。」

「媽媽早晨送寶寶去幼兒園，你如果開開心心地讓老師拉著手，自己走進去，媽媽和老師就都高興；如果你哭鬧著不進去，總是要老師費力地把你抱進去，媽媽和老師就都不高興。」

孩子聽到這裡，有點不知所措地看著媽媽，不知該說什麼。媽媽微笑著，接著問孩子：「寶寶，你說，你高高興興地跟老師拉著手走進去好，還是哭著讓老師抱進去好？」

「走進去好。」

「寶貝說得對！那你明天想不想試一下，讓老師和媽媽都高興？」

「嗯……想。」

家長於是跟孩子約好明天就這麼做，讓媽媽和老師高興一次，孩子同意了。

第二天早上送孩子到幼兒園的路上，媽媽簡單提醒了一下昨晚和孩子的約定，孩子仍舊答應不哭。果然，和媽媽道別時，孩子出人意料地平靜，乖乖地讓老師拉著手進去了。

下午爺爺奶奶接孩子時，老師表揚了孩子。待媽媽下班一進家門，爺爺奶奶就把老師的表揚說了一次，爸爸下班回來又說一次，大家都表示出極大的喜悅，誇孩子一下子懂事了，以後再也不為上幼兒園哭了，孩子也在這種氣氛中表現得非常快樂。從那以後，孩子果然不再為上幼兒園哭鬧，一個讓全家人和老師頭痛好久的問題，就這樣輕鬆簡單地解決了。

這個案例中的孩子很容易就不哭了，但其他孩子有可能出現另外一種情況，雖和家長約定去幼兒園不哭，但第二天沒能遵守諾言，臨陣反悔，又故技重演，哭鬧不已。在這種情況下，家長也不要生氣，切記不可指責孩子說話不算數，應該一笑置之，不再說什麼，就像前面提到的我對付女兒圓圓在幼兒園門口的哭泣一樣，輕鬆愉快地說再見後，走就是了。晚上回到家中後，再重新激勵孩子。

比如這樣跟孩子說：寶寶今天早晨上幼兒園還是哭了，因為寶寶一下子還不習慣不哭。不過，寶寶特別懂事，想讓媽媽高興，也想讓老師高興，以後肯定能做到上幼兒園不哭，是不是？然後問孩子想不想明天再試一次，看能不能做到不哭。只要孩子第二天的表現比前一天好，哪怕是好一點點，家長就要及時進行正面強化，幾天下來，孩子肯定就不哭鬧了。

好辦法總是可以這樣四兩撥千斤，如果有些孩子總是「不聽話」、「不懂事」，那多半是由於家長一直在某些問題上一味使蠻力。所有的兒童都是天使，單純友善，只要家長在面對孩子時動動腦筋，以教育智慧來解決問題，想要孩子「不聽話」、「不懂事」也難。

# 6 關於選擇幼兒園的幾點建議

第一，好的幼兒園是一個「玩耍」的場所，而不是「上學」的場所。
第二，好幼兒園一定有好的人文素養，是從招生開始就讓人感覺到的。
第三，在安全的前提下，規則越少、越自由的幼兒園越好。
第四，不上幼兒園也是選項之一。

在談如何選擇幼兒園時，先說幾句題外話，它有助於我們更好地理解後面的擇園建議。

現在很多人把孩子上幼兒園稱作「上學」，詞語上的不經意可能反映了意識上的偏差。幼兒園在本質上不是教育場所，是兒童托育中心，最重要的功能是幫家長看孩子，保障孩子身體上的健康、安全。所以家長不要寄託太多的早期教育任務在幼兒園身上。降低期待，會讓選擇變得更客觀、理性。

但由於幼兒園是孩子由家庭邁向社會的第一個連結點，幼兒園的每一位老師、每一種生活又深刻地影響著幼兒智商和情緒的發展，所以客觀上它又肩負著教育的功能，就其教育影響力來說，重要性甚至超過大學。所以，教育功能雖然是幼兒園的附加價值，卻是考量一所幼兒園水準優劣的重要參考依據。

從這個層面來說，如何選擇幼兒園的問題，其實是一個學前教育觀的問題，我們可以從以下幾個方面鑑別這個「附加價值」的高低或優劣。

## 好的幼兒園是一個「玩耍」的場所，而不是「上學」的場所

當下，這一條必須作為重點首先考量，因為有太多的幼兒園搞得貌似富於教育要素，實則變態畸形。我經常收到來自家長的這樣的問題：孩子在幼兒園不好好聽老師講課，上課時亂動該怎麼辦，並且回家不愛寫作業怎麼辦——這樣的問題我沒有答案，因為問題本身就是問題。

當「教育」二字淺薄到只是謀求考試成績時，「學前教育」自然就變成了「前小學教育」，所謂的「幼小銜接」（幼兒園和小學接軌）不是學習智力和學習情感上的準備，僅僅是簡單的課堂內容的承接。所以我們可以看到，現在太多的幼兒園在做小學才該做的事：上課、寫作業、考試……孩子們以學習了多少英語單詞、認了多少個字、能計算幾位數的加減法等等來論優劣，導致很多家長甚至不敢讓上幼兒園的孩子請假，生怕耽誤了「學習」。

同時，當下有些小學老師，當他們發現一些剛入學的孩子表現出學習困難時，並不考慮學生的個體差異，也不打算想辦法從啟蒙的角度來幫助學生，卻是建議家長，讓孩子退回到幼兒園再學習一年，多學習一些拼音、數學或多認一些字，認為這樣就可以「幼小銜接」了。這種有課堂約束沒有啟蒙教育、有學習活動沒有智力成長的學前教育，是教育中典型的短見行為，也許能讓孩子學會一些簡單的知識，卻會早早地傷害孩子的學習興趣，影響孩子的智力發育和學習情感。

幼稚教育和其他年齡階段的教育有本質上的區別，它們不是由淺到深、由少到多的「先後關係」，

而是由播種到耕耘，由量變到質變的「因果關係」。幼稚教育的任務是啟蒙，不是灌注散碎的簡單知識。啟蒙教育必須是自由的、快樂的，兒童體內的智力能量才能被激發出來；如果是壓抑的、束縛的，令孩子不快樂，則會走到啟蒙教育的反面，變成給兒童成長造成障礙（約束、綁手綁腳）。

現在小學的學業就已經太重，對孩子們造成傷害，如果再把這樣一種教學模式往前挪，放到幼兒園，不但無助於「啟蒙」，還會「致愚」。真正的「幼小銜接」，應該是心理和智力上的適應力，這種適應力不是在課堂上完成，而是在玩耍中完成。那種認為習慣了在幼兒園上課、寫作業，上小學就會更習慣上課和寫作業的想法是完全錯誤的。事實恰好相反，正如一個人坐監獄時間再長也不會習慣坐監獄，只會生長出更多逃離監牢的念頭，在幼兒園被管束過度的孩子，上小學後會表現出更嚴重的注意力渙散；在幼兒園被作業奴役過的孩子，從上小學一年級就會出現厭學的症狀。

就當下的「上課」概念來說，在幼兒園，不上課才是學習。較之傳統的「上課」，做手工、玩遊戲、唱歌、畫畫、表演、閱讀等等，能給孩子帶來快樂，提供真正的智力生活。「當兒童有機會從事各種調動他們的自然衝動的身體活動時，上學便是一件樂事，兒童管理不再是一種負擔，而學習也比較容易了。」①學齡前兒童只有在輕鬆快樂的氣氛中，心智才能正常發育，進入小學後才能更好地適應學校的各種生活情境。

所以我們可以這樣判斷，一所幼兒園不要求孩子們乖乖坐著聽課，不需要孩子回家寫書面作業，孩子沒有被「學習」奴役，只有快樂的玩耍，那它至少是一所正常的幼兒園。如果幼兒園能做到不僅讓孩子充分而快樂地玩耍，而且在玩耍中注入了智力因素和情感因素，很好地啟迪孩子的智慧，那它就是一所好的幼兒園。至於如何「注入智力因素和情感因素」，這在其他文章中有提及，此處不贅述。

## 好幼兒園一定有好的人文素養，是從招生開始就讓人感覺到的

我們對一所幼兒園的感覺往往是從它的招生工作開始。幼兒園的人文素養如何，招生方式往往能窺見端倪。這個特殊的片段，是展現辦園者教育素養的特別視窗。正如企業家的素養就是企業文化一樣，幼兒園管理者的素養，也正是幼兒園文化層次的反映。

現在常有些所謂的「特色幼兒園」，其「特色」往往定位於某些具體的技能，比如英語、美術、音樂、舞蹈等才藝，並以此為賣點，進行高收費。其實絕大多數「特色幼兒園」並沒有對應的實力師資，實現「特色」的手段就是讓略懂英語或略懂繪畫、舞蹈等某種才藝的人來給孩子們上課，在形式上搞得有點「特色」。結果進入這些幼兒園的孩子，既學不到多少知識和才藝，也沒得到更好的藝術薰陶，反而被大量剝奪玩耍的時間，被強迫學習，甚至把外語天賦扼殺了，把繪畫或唱歌的愛好消解了，「特色」變成了「特別損壞」。

辦幼兒園不是開餐館，「特色」只能成為噱頭。幼兒園最動人的地方是在於它的大眾、自然和樸素，孩子在一個不做作的、自然的環境中，天性才能自然發育。

說到這裡，不能不說說現在動不動就出現的「天價幼兒園」。在一個價值觀普遍和金錢捆綁的年代，很多人誤以為花錢就能買到教育，花更多的錢就能買到更好的教育——這樣的想法十分幼稚。天價幼兒園往往設施奢華，這也是他們的宣傳點，可這對孩子沒有意義。孩子需要的並不多，只要兩三部溜滑梯、幾架鞦韆、一個沙坑、一些書、一些玩具，外加能奔跑嬉戲的場地就可以了。一碗飯好不好吃，不在於飯勺是黃金的還是黃銅的。擇園時，千萬不要被一些幼兒園的豪華設施晃花眼睛，幼兒園的主要價值恰體現在看不見的東西上，因為看不見，所以需要用心考察。

## 在安全的前提下，規則越少、越自由的幼兒園越好

現在，不少幼兒園給孩子制定了太多管制條例，令人吃驚。比如有的幼兒園規定不能在幼兒園的洗手間大便，只能回家拉，甚至尿尿也要在規定的時間排隊才能上廁所，導致孩子們拉褲子或便秘；吃飯也必須在規定時間內全部吃完，不許剩飯，如果到了規定時間還吃不完，老師就再往碗裡多添飯，逼孩子必須都吃下去……孩子們從一進入園門，幾乎一切行動都要納入統一的控制中，甚至玩耍也要按老師的要求來玩，完全沒有自由空間——這樣的幼兒園，無論金字招牌有多少，無論老師多辛苦多認真，都不是一所好的幼兒園。

一所理想的幼兒園應該是這樣的：除了一部分活動和吃飯需要時間統一，其餘時間孩子們都有自主選擇的餘地。他可以選擇遲到早退，可以選擇不午睡，可以選擇某頓飯吃得多些或少些，可以選擇隨時上廁所，可以玩積木也可以畫畫。老師領著大家唱歌時，他想唱就唱，不想唱就可以不開口，而不會受到指責。理想幼兒園也很少搞評比和競賽，卻會為孩子們設計出許多好玩的活動，孩子們不需要整天為得到了幾朵小紅花、是否得到表揚、是否得到好成績而糾結痛苦……孩子們頭腦中沒有「好孩子」、「差孩子」的概念，沒有「表現好」與「表現差」的區別，他們可以輕鬆愉快地玩耍，而不必擔心受到批評和懲罰。

表面上看，這樣的幼兒園太沒規矩。事實上，這種「沒有規則」，恰是一個人早期成長最需要的「自由的氛圍」。在自由的氛圍下，兒童內在的心理秩序感不會被打亂，才能依自然提供的規律有序地生長。

我不贊成在幼兒園以「紀律」處處要求孩子們。幼兒園有些紀律是必須的，比如不能打人、自己的杯子必須放在固定的位置等，但如果太多了，就不是在培養孩子的規範意識，而是給他上捆綁的繩索了。

事實上，某些幼兒園製造出的很多「紀律」完全沒意義，不過是為了成人自己的方便，或是做樣子給別人看，像前面提到的規定孩子們統一大小便的時間，或是聽老師講故事時必須把手背在身後，一動也不動。大多數形式上整齊劃一的東西，對幼兒來說都沒什麼意義，幼兒園階段的孩子還是個「小動物」，他還是一個自然的人，不是一個社會性的人。不尊重孩子的心理和生理生長規律，把「紀律」這種屬於成人社會的東西早早套在孩子身上，就是給他們戴上一個精神發育的「緊箍咒」。

一所「自由」的幼兒園可能不如那種整齊劃一的幼兒園看起來「井井有條」，管理工作表面上看來可能更複雜一些，但從一個較長的時段來看，其實更簡單。教師如果眼睛一刻不停地盯著所有的孩子，不停地指點，說實在的，那樣不但老師累，孩子也很累。孩子們其實經常是專注的，並不喜歡自己做一件事時有人監督，更不喜歡被打擾。只要安全，老師就應該盡量和孩子做到兩不打擾。這樣的幼兒園，老師和孩子都不會無端地耗費能量，內心都是平和輕鬆的。

我不希望有人把這種「充分的自由」理解成孩子在幼兒園可以無法無天。這種極端的理解很沒道理，卻很普遍，所以有必要說明一下。教育中，「自由」和「不守規則」根本是兩回事，是一對反義詞。在一所有充分自由的幼兒園，孩子們不會變得很難管，而且恰好相反，享受了充分自由的孩子，才更守秩序。如果孩子們在整個上午都沒聽到一個令他厭煩的指令，到吃飯的音樂響起時，他們會很快地停止玩耍，走向飯桌。管制越少的幼兒園，孩子們越容易學會遵守規則。

以上幾條擇園建議，似乎都有和當下現實唱反調的意思，這也許是當下的相關問題太多了，所以本文除了建言，更包含了對當下變態的學前教育的批判。

教育觀念和教育行為的分歧，經常是人道主義教育學和功利主義教育思想的博弈。教育學勝利的地方，就有兒童的歡笑；功利主義行為占上風的地方，總能聽到孩子的哭泣聲。兒童的未來是光明還是灰暗，也由這歡笑還是哭泣塗上了第一層底色。

所以我也常常這樣告訴一些家長們，考察一所幼兒園如何，有一個最簡單的辦法，就是孩子們在這裡快樂不快樂。比如，可以每天早晨去觀察一所幼兒園，看看大多數孩子是高高興興走進去，還是吵嚷哭鬧著不肯進去。孩子們對幼兒園的情緒狀態可以告訴你很多，而且很準確。也可以和一些已入某所幼兒園的孩子家長打聽一下，而且一定要多方打聽，問問他們對幼兒園的感覺、孩子回家的反映等。

當然，現實中很少有極端好或極端差的幼兒園，絕大多數幼兒園總是有優點有缺失。以上建議，只是給出一個大致的方向，家長在擇園時，要考慮各方資訊，綜合分析，平衡取捨。再次強調，幼兒園就是個幼兒託管所，孩子安全快樂就行。

在安全的底線上，如果一定要為各種選擇資訊排序，依重要性，大致順序是這樣的：孩子快樂，願意去幼兒園；老師素質良好，對孩子和藹有耐心；離家近，方便接送；硬體條件好，教具和圖書豐富；名氣較大，獲得榮譽多——這個排序體現的是摒棄虛榮和急功近利、兒童利益最大化的教育價值觀。在具體生活中，需家長根據不同情況，綜合權衡後做出判斷。

## 可不可以不上幼兒園？

選擇一所理想的幼兒園不是件容易的事，那麼，如果選擇不到，孩子不上幼兒園可以嗎？我的答案是可以的。

有位從天津遷到上海的家長，在孩子上幼兒園的問題上遇到困難，向我諮詢。在天津時，幼兒園不教孩子寫字，為此還特意給家長開了會，說明幼兒園孩子的小手肌肉還沒發育好，過早寫字是不對的，幼兒園只開設手工課，以此鍛鍊孩子們手的靈巧性。幼兒園其他方面的管理也很好，所以孩子在天津的幼兒園一直非常快樂。後來他工作調動到上海，全家人跟著過來。但孩子在上海的這家幼兒園的教育跟天津那家完全不同，這所幼兒園天天要上課，到孩子們離開幼兒園進入小學時，拼音就都學完了。孩子到了這裡，一下子就顯得很「落後」，不會拿筆，也不認識拼音，在幼兒園被老師和小朋友笑話，說他笨，時間一長，孩子自己也總說自己笨，很沒自信；再加上常常因為寫不好作業挨老師罵，孩子變得非常害怕上幼兒園。

這位家長打聽了一下，周圍幾家幼兒園差不多都是這樣，而朋友推薦的兩所沒有「上課」和「作業」的幼兒園又離家太遠。這種情況下，家長開始考慮不送孩子到幼兒園去，因為孩子媽媽正好近幾年不上班。但家長有幾方面的顧慮：一是孩子不和小朋友接觸，會不會影響他以後和同學相處；二是不上幼兒園，會不會存在「幼小銜接」方面的問題；三是如果媽媽白天帶著孩子在社區裡玩，別人問為什麼孩子不上學，該怎麼回答。

這位家長的三個顧慮都不是很有必要。和小朋友接觸，並不是只有上幼兒園才能實現，只要想辦法，孩子有很多和小朋友接觸的機會。當下所謂的「幼小銜接」本來就是個不存在的問題，家長想讓孩子退園，豈不就是為了逃離變態的學前教育？啟蒙教育無所不在，家長自己完全可以成為孩子最好的啟蒙老師。只要智力和心理正常的孩子，進入小學後自然能和新生活「銜接」好，反倒是被幼兒園的「作業」奴役的孩子，上小學後更有可能出現厭學，而厭學是學習的最大敵人，很容易導致孩子一輩子和學習不「銜接」。

至於孩子不上幼兒園讓自己難為情的事，這是家長在潛意識中把「不上幼兒園」等同於「輟學」了，是家長自己的認知錯誤。孩子在這樣的問話中是否難為情，完全取決於家長的態度。如果家長真的想通這件事，勇敢地選擇退園，並為自己的明智感到慶幸，這個問題就完全不存在。那麼當別人問為什麼孩子不上學時，家長可以自豪地說，自己不上班，有時間帶孩子，對此表示出滿意和自信，孩子也會為此滿意和自信的。

當然，選擇退園時，沒必要對孩子說幼兒園的壞話。只是讓孩子知道，任何人都可以按自己的情況和喜好去選擇自己想要的東西，這就夠了。

① 杜威，《民主主義與教育》，王承緒譯，人民教育出版社，2001年5月第2版，211頁。

# 第四篇

# 贏在教育細節

# 潛台詞是最重要的台詞

把潛台詞說好，並不是說每句話都要小心謹慎，都要設計；而是要不斷觀察孩子，經常反思自己，從觀念上提升自己。因為潛台詞並非是理性思考的結果，而是下意識的表達。意識提升了，話語自然也就到位了。

就像「潛規則」經常是左右事情走向的暗力量一樣，潛台詞往往是最能說到人心裡的無言之語。教育中，為什麼經常會出現目的和願望的背離，其中一個重要原因，就是教育者往往只關注自己說了些什麼，沒關注自己話語表象之下的潛台詞是什麼。潛台詞，雖然無聲無息，甚至難以意識，卻是真正對受教者產生影響的部分。說對了，就是教育；說錯了，就是反教育。

比如有的家長看到孩子把玩具弄壞了，說「你不愛惜玩具，就送給別的小朋友玩吧」。且不說「愛惜玩具」的要求本身就是錯誤的，什麼是愛惜，讓那個玩具總是乾乾淨淨地放在那裡就是愛惜？被孩子拆卸了就是不愛惜？更糟糕的是，這樣說，孩子聽到的是這樣的內容：第一，自己是個不愛惜玩具的人，媽媽對我不滿意；第二，玩具給別的小朋友玩，是對我的懲罰——有這樣的印象墊底，那麼以後孩子出現不珍惜手中玩具、自尊感低落、不願意和小朋友分享玩具等，幾乎是必然的。

教育不是簡單的告知與被告知，因為大腦具有對資訊進行處理和加工的能力，兒童之所以對潛台詞比成人更敏感，在於他的意識尚未受到世俗社會的浸染，處理和加工系統還沒有被過分擾亂，所以能敏銳地捕捉到成人話語中的弦外之音。如果家長們總是在意自己說了什麼話，不考慮孩子加工出來的是什麼資訊，這反映的其實是成年人在孩子面前的不成熟。

有一位爸爸來找我諮詢，他遇到的問題是，五歲的女兒總是不好好吃飯，並且經常發脾氣。據這位父親陳述，他和媽媽對孩子都很用心，每天都會把飯菜做得美味可口，也從來不對孩子發脾氣。他們總是採用激勵的方法和孩子說話，比如經常在開飯時對孩子說：「寶寶是好孩子，爸爸媽媽一招呼，就馬上過來吃飯。」這一招不行的話，就會採用激將法：「你不喜歡爸爸媽媽了嗎？不和我們一起吃飯了嗎？」等到終於把女兒招呼到飯桌上來，孩子卻總是不好好吃，不是拿著玩具玩，就是要求父母餵，父母就會說「寶寶是懂事的好孩子，吃飯時不玩玩具」，或「好孩子都是自己吃飯，不用別人餵，讓爸爸媽媽看看你是不是好孩子！」

表面看，這位家長的話語都很正面，實際上卻句句都有不良暗示。站在孩子的角度體會一下她聽到的是什麼：

「寶寶是好孩子，爸爸媽媽一招呼，就馬上過來吃飯。」——如果你不立即過來，就不是好孩子。

「你不喜歡爸爸媽媽了嗎？不和我們一起吃飯了嗎？」——和我們一起吃飯就是愛的表現，不一起吃就是不愛。

「好孩子都是自己吃飯，不用別人餵，讓爸爸媽媽看看你是不是好孩子！」——事實上你經常讓爸爸媽媽餵飯，所以你不是好孩子。

設想孩子整天處於這樣的語境中，她怎麼可能不對吃飯這件事深惡痛絕，怎麼能不發脾氣？

分析家長的話，他們把孩子吃飯的表現和「好」、「壞」以及與父母的感情聯繫起來，讓吃飯這件簡單的事情背負了道德、責任和情感等太多的東西，給了孩子很大的壓力。依天性，兒童都想討好父母，所以我們可以想像，最初父母這樣說時，孩子會努力迎合父母，努力做得令父母滿意。但由於孩子對吃的興趣已轉移到如何討好父母上，而吃的方式如何、吃多少，又成為父母衡量「好」、「壞」與「愛」的尺規，吃飯這件事就慢慢變成一項任務。這個任務的艱巨性在於它日日出現，一個幼小的孩子無論如何也無法每回都讓父母滿意，無法長期擔當。在父母這些「激勵語」之下，孩子會經常懷疑自己、否定自己，感覺自己不能令父母滿意，內心因此產生愧疚，並且對父母之愛產生不確定感，陷入惶惑。這種挫折感一再發生，孩子不但形成穩定的厭食心理，更有可能形成穩定的內疚感和違逆心理，對吃飯這件事更加痛恨，並且情緒煩躁、發脾氣——這就是潛台詞所造成的後果。

所以我給這位父親的建議是，在孩子的吃飯問題上不要再和孩子糾纏，「放下」就是最好的解決，這本身也是一種潛台詞，可以最有效地告訴孩子，吃飯是人生的一種享樂，而不是負擔。（如何「放下」，這個問題在《好媽媽勝過好老師》一書中有專門論述，此處不再贅陳。）

如何才能把握好自己的潛台詞？關鍵是你的話語中——不，你的意識中——是否給了孩子信任和尊重。這是說好潛台詞的底線。

有一次，我到一位朋友家找她逛街。當時正值暑假，她讀初中的兒子也在家。我們要出門時，媽媽推開孩子的房門打招呼，我看到孩子正在書桌前學習。朋友對兒子說：「媽媽和阿姨去逛街，你記得寫完作業去練琴，不許偷偷看電視啊。」兒子懶懶地嗯一聲。

我們乘電梯下樓，走了一段路後，朋友突然想起忘了帶手機，於是我們一起回去，再上樓。打開房門，看到孩子確實沒有像媽媽擔心的那樣，趁家長不在時跑到客廳看電視。朋友很高興。

孩子聽到我們回來，從自己房間走出來。當媽的愉快地對兒子說：「媽媽忘了拿手機，不是故意回來檢查你！」孩子聽媽媽這樣說，臉上一下浮起不滿，朋友卻沒在意，拿了手機，在出門時順便又叮囑一句：「寫完作業了就去練琴，不要看電視啊。」孩子答一句「知道了」，一臉不屑和厭煩。朋友可能習慣了孩子這樣的表情和語氣，並沒在意，心滿意足地走出家門。

這位朋友經常向我抱怨孩子不好好學習，喜歡看電視，頂撞她等等。基於我和她很熟悉，關係很好，彼此信任，下樓後，我忍不住坦率地對她說：你這幾句話，真不如不說。朋友一聽，非常吃驚，忙問我為什麼。

我說，你好好感覺一下，兩次出門前的叮囑，有必要嗎？朋友說，有必要啊，我兒子不像你女兒那樣自覺，所以我得經常叮囑他。

我想了片刻，對朋友說，認為有必要叮囑，這只是你自己的感覺。你站在孩子的角度感覺一下，能從這幾句話中聽到信任和尊重嗎？心裡會舒服嗎？如果你總是這樣暗示孩子，讓他覺得自己沒有自制力、喜歡偷看電視、需要家長監督，又怎麼能指望他不變成這個樣子呢？朋友聽我這樣說，有些認同，又似乎有些不服氣，問我，那你說該怎麼說呢？

我說，很多情況下，家長少說幾句話倒是好的。就今天的情況，跟孩子說清楚我們去逛街，大約什麼時間回來，這就可以了。信任孩子，相信他自己會安排好自己的事情，這本身是一種潛台詞，會傳達給孩子更積極的資訊，遠比你叮囑這幾句好得多。

朋友聽我這樣說，表現出認可，覺得我說的有一定的道理，不過末了又感歎一句：我要生個女兒就好了，你說是不是女兒天生就比兒子聽話？

我又一次意識到我無法讓她在這個問題的認識上走得更遠，依過去的經驗，為了不傷和氣，只好無可奈何地笑笑說：也許。

從理論上說，人們都知道「耳提面命」與「潤物無聲」是兩種不同的教育境界，效果大不相同，哪個好哪個不好幾乎沒有歧義。但無論是生活還是工作中，有太多的家長和教師只關注自己告訴了孩子什麼，而不去考慮孩子聽到了什麼。他們的話聽起來沒錯，甚至很動聽，可到了孩子那裡卻從來都是無效的。

某知名作家寫給她兒子的一段話被很多人在網路上轉載，這段話是這樣寫的：「孩子，我要求你讀書用功，不是因為我要你跟別人比成績，而是因為，我希望你將來會擁有選擇的權利，選擇有意義、有時間的工作，而不是被迫謀生。當你的工作在你心中有意義，你就有成就感。當你的工作給你時間，不剝奪你的生活，你就有尊嚴。成就感和尊嚴，給你快樂。」

這段話看起來句句成理，否則不會有那麼多人轉載，不過它肯定無效，因為孩子真正聽到的是：你以為媽媽要求你用功讀書只是為了跟別人比成績，錯了，媽媽要的不是成績，是未來。你不懂得，現在有好成績，未來才有好工作，好工作意味著閒暇、尊嚴、快樂，這之外的生活，都沒有意義，都是被迫謀生，這些都要我來告訴你——當媽的把人人皆知的普通道理當作自己獨有的觀點陳述，自以為高人一籌，但其中的潛台詞，既輕賤了自己孩子的智商，貶低了其他人的認識水準，也很市儈氣，沒有境界。雖然從道理上孩子無從辯駁，但憑直覺，孩子會讀出另外的這些東西，這令孩子心底生厭，本能地排斥。所以，這段看似金科玉律的話，一點都沒超越人群裡最平庸的認識水準，區別僅僅在於措辭更美麗一些，掩蓋了內涵的無聊，但對孩子來說，它一樣不中聽。

社會精英的孩子並不必然成為精英，人們常歸因於他們太忙，沒時間照顧孩子，或孩子自己天賦不佳，是扶不起的阿斗。可能有這樣的因素，但更多的，是精英們在和孩子相處中出了問題。並不是高學歷的人都會教育孩子，高官都善於培養孩子，富商都不嘮叨孩子，這樣的家長如果在和孩子相處中不得法，破壞力可能比其他家長更大。

我認識一位生意做得很好的家長，她的孩子對寫作業簡直是深惡痛絕。這位家長對孩子很用心，幾乎天天監督孩子寫作業，即使這樣，孩子還是常常出現作業寫不完的情況，成績一直是班裡倒數一、二名。有一次我聽到這位媽媽這樣催促孩子寫作業：「你已經欠數學老師三次作業了，還欠著英語老師兩次作業，今天再不寫，欠得更多了！」既然家長能這樣說話，就不必奇怪她的孩子為什麼對學習那麼沒有責任感。家長把生意場上的思維帶進了教育，學習成了件欠賬與還賬的事情；而且她分明在告訴孩子，作業是老師的，不是你的，你寫作業是在為老師工作。長期生活在這樣的語境下，孩子怎麼可能對學習有正常心態呢？

功課學習是所有孩子面臨的一件大事，家長和老師莫不希望孩子熱愛學習，有好成績，所以這方面會對孩子說得多一些，出現錯誤潛台詞的概率也就大一些。比如有的老師會這樣說：「考試沒上90分的，罰抄課文十篇。」很多家長經常這樣說「先寫作業，然後才能玩」。當學習成為刑具，成為阻礙享樂的任務，怎麼能讓孩子喜歡它呢？這就是為什麼越喜歡說這類話的老師或家長，他手下的孩子對學習的興趣越淡的原因。

想避免此類不良潛台詞對孩子的負面影響，消極的辦法是少說，如果不知道該如何說，不說就是最好的。積極的辦法是正面思維，給孩子正面暗示。比如，把「先寫作業，然後才能玩」改成「如果今天寫作業花太長的時間，擠占了玩遊戲的時間，罰明天不能寫作業」，或者「玩遊戲的時間到了，玩去吧，不可以寫作業了，沒寫完也不要再寫了」。這樣，作業和遊戲就具有了相同的價值和樂趣，這樣才更容易讓孩子對學習懷有好感，也不容易導致孩子出現過分迷戀遊戲的情況。

這樣的方法可能會讓一些家長擔心，我的孩子本來就不喜歡寫作業，如果這樣罰他，他會不會做得更差，乾脆不再寫作業了？放心，只要家長總是言行一致，不是今天罰不寫作業，明天沉不住氣，又罰不玩遊戲，孩子的心理就不會被搞亂。一個心理正常的孩子，他的自尊不允許這樣，他不想玷污自己的榮譽。哪怕出於自我保護，他也不會故意讓自己墮落到天天不寫作業的。

生活有萬千細節，在和孩子相處的每個細節中都有教育，所以成人應該時時關注自己的潛台詞。把潛台詞說好，並不是說每句話都要小心謹慎，都要設計；而是要不斷觀察孩子，經常反思自己，從觀念上提升自己。因為潛台詞並非是理性思考的結果，而是下意識的表達。意識提升了，話語自然也就到位了。

有位家長告訴我，她兒子從小就喜歡聽故事，經常拿書要求媽媽讀給他聽。但當時家長沒意識到閱讀對孩子有多重要，只是把讀故事當作哄孩子的一種辦法，而且最主要是家長工作忙，也對閱讀沒有太多興趣，而孩子總是要求媽媽一個接一個地講故事，一本書會反反覆覆地讀好多遍，讓媽媽覺得有點煩，就總說自己講得口乾舌燥，講故事真累。孩子上小學一年級時，雖然識字量已很大，但卻不肯自己看書，到了二年級，父母一再跟他說以他的認字量可以自己讀書了，可孩子還是拒絕自己閱讀。為此父母又經常批評孩子太懶，責怪他不肯自己看書。

後來，這對父母反思自己的教育出了什麼問題，這才突然意識到，可能是這幾年家長無意中說的那些「口乾舌燥」、「看書好累呀」之類的話給了孩子不良暗示，讓孩子覺得閱讀是件累人的事，而批評又進一步強化了他不喜歡自主閱讀這樣的心理。但畢竟孩子從小領略了讀書的樂趣，愛閱讀是人的一種天性，所以孩子既喜歡閱讀，又逃避閱讀。

接下來，他們改變了方法。她和丈夫決定不再說一句要求孩子自己看書的話，而是首先給孩子做榜樣。他們開始買書，每晚都各自拿本書看，看到精彩的地方，就說出來分享。有時，一方故意在講到精彩的地方時找個理由停下來，去做別的，另一方就會拿起書來自己看，看得津津有味，讓孩子生出好奇和羨慕。他們自己越來越感受到閱讀的重要，盡量享受閱讀的樂趣，並且把這種樂趣真誠地表達出來。比如爸爸調侃地說他的人生有三大樂趣是：和鐵哥們一起喝酒，暈而不醉；陪老婆買衣服，好看又不貴；躺沙發上讀一本書，不用加班不用開會。

在這個過程中，他們對孩子沒有任何要求，他想幹什麼就幹什麼，不干涉。孩子有時還是會要求他們讀書給他聽，他們就會很痛快地讀上一會兒，在讀到孩子很有興致時，找個藉口說媽媽現在有點事，你自己先看一會兒，待會兒媽媽再給你讀。

這樣一直堅持下去，孩子逐漸發現了自主閱讀的樂趣，就像一個一直喜歡大人抱著的孩子，突然發現自己走路比被人抱更自由、更有趣一樣。於是孩子不知從什麼時候開始，不再要求父母給他講故事，而是經常自己捧著一本書讀得如醉如癡。

從這個案例中我們可以看到，觀念變了，潛台詞就變了；潛台詞變了，孩子就變了。

在人類生活中，形而下的財富、物品可以直接贈與。比如我有十萬元，送給孩子，他就有了十萬元，不多也不少。但形而上的經驗、意志、理想、價值觀等等這些東西，卻難以直接贈送，也不能簡單拷貝。因為孩子是有獨立意識的人，他會對各種資訊下意識地進行加工，做出自主判斷，然後做出相應的意識整合和行為調整。

成人一定要把教育關注點從「我告訴了你什麼」轉移到「孩子接受到了什麼」，關注到後者，才是關注到教育。這就是本文所說的「潛台詞是最重要的台詞」的核心關鍵點，也正是教育的為難之處和微妙之處。

① 盧梭，《愛彌兒》，李平漚譯，人民教育出版社，2001年5月第2版，69頁。

# 2 藝術教育應該是甜美的

「藝術教育」不是「藝術技巧教育」，一個人縱使熟練掌握一門技藝，如果不包含熱情，也不過是個普通匠人。孩子將來能在某種才藝上有成就，這固然是件好事，但純粹地玩，也不是件壞事，快樂就是最大價值。從目標到手段，藝術教育都不應該是苦的，應該是甜的。

孩子學才藝需要吃苦，需要家長拿著雞毛撣子站在旁邊監督，這是近年來流行的一種誤導。誤導的直接後果就是，在藝術教育中，人們不再關心藝術的娛樂價值，只關心它的實用價值。只強調才藝學習要吃苦，卻不懂得帶孩子品味其中的甜美。例如有的人捨得每月花幾千元給孩子找音樂老師，卻捨不得一年花五百元帶孩子去聽一場音樂會。藝術的趣味性在不合理的手段之下被慢慢消解，生命中本該最可口的果子漸漸變得酸澀。

某天，我打開電視，很偶然地看到當時被媒體猛烈炒作的一位號稱「虎媽」的女嘉賓，正在說她女兒學鋼琴的事。「虎媽」出過一本書，書中講述了她對孩子嚴格控制，為了逼孩子在功課及鋼琴方面取得好成績，不惜採用羞辱孩子的辦法。在那天的電視中，「虎媽」照例在節目中宣傳自己的做法。支持她的另一位男嘉賓為佐證她的觀點，語氣鏗鏘地說，朗朗能有今天，就是他爸爸用大耳光抽出來的！他的話博得了觀眾席上的笑聲和掌聲——這就是一些淺陋粗俗的教育觀點在現實中得到的優越待遇——因其淺陋粗俗，反而特別容易傳播。赤裸裸的庸俗成功學，總有與之相匹配的粗俗教育方式相呼應。

我非常欣賞鋼琴家郎朗的演奏，也讚美他給中國人帶來的自豪，但非常不喜歡近年來媒體宣傳中所宣稱的他父親的粗暴。拆一間房子只需一把鎬頭，蓋一間房子卻不知要動用多少東西。如果想把一位天才變成蠢材或變成一名心理變態者，確實光有大耳光就夠了；但如果說大耳光抽出一位傑出的鋼琴家，這相當於說一名農夫掄著鎬頭在土堆裡亂刨亂挖就能造出一間宮殿，或者說一名鐵匠天天掄著錘子去敲打一塊鐵皮，就可以把它敲成一枚發射到太空的火箭。如此邏輯，只要稍微動用一下我們的常識和理性，就知道這是多麼可笑。

全中國乃至全世界的「郎朗」為什麼鳳毛麟角，因為他的成功必須是多方面條件配合的一個成果。自身天賦、父母的影響、教師水準、個人努力、經紀人的能力、機遇等等，缺一不可。在他的整個學藝過程中，郎朗像任何一個孩子一樣，可能有懈怠、痛苦，也有和家長的衝突等這些負面的東西，但這些東西一定不構成他藝術學習生活的主體。至於他父親那句「名言」——練不好琴，要麼跳樓，要麼喝藥去死——假如真這樣說過，這也只是一個偶然事件，絕不可能是父子相處的常態。可能是媒體放大了一個偶然的細節，或者是他本人在品嘗勝利果實時，對過往的某個不愉快細節進行了誇張回憶，誇大了它的影響和意義。

心理學研究表明，人在回憶一件事時，會依自己的心理需求對材料進行加工，下意識地挑選出那些對自己有利的部分，或者是對過往事實進行合理解釋。所以一些人在談到自己的成功時，可能對一些健康因素視而不見，卻歸納為自己的成長得益於早年父母的打罵或老師的懲罰。這是其潛意識不願接納過去某種令人不快的經歷，通過美化讓它變得能夠為自己所接納。這是一種下意識的自我掩飾和自我療傷行為，只是當事者很難辨識這種心理。

「虎媽」節目現場，一個二十多歲的女孩子對這位女嘉賓說：「如果我遇到一位像您一樣的媽媽，我的鋼琴就可以達到很高的水準了。」她的話在現場喚起一片認同——正因為太多的人持有如此幼稚的邏輯，在許多教育問題上進行淺薄的因果關係推理，所以「虎媽教育」才有一定的市場，但生命和教育的加減法卻不是這樣計算的。

女孩的假設只有部分成立。如果她遇到一位像虎媽一樣的家長，她最多有百分之十的可能學好鋼琴，有百分之一的可能喜歡鋼琴，但有百分之九十的可能厭惡鋼琴並罹患某種心理障礙。我在這裡提到「虎媽」，完全無意去評價她個人，相信她是位出色的女性，同時也相信她在家庭生活中應該不是書中表現的那樣，這裡只是要批評她所代表和推廣的「嚴厲教育」的概念。

音樂、繪畫、舞蹈、打球、下棋等這些活動，本來是人類的娛樂行為，依兒童的天性是喜歡學習這些東西的。可現在，才藝學習成了苦差事，「興趣班」經常變成了「折磨班」。究其原因，最根本是成年人忘記了為什麼要對孩子進行藝術教育。

有位家長跟我說，她女兒三、四歲就表現出喜歡大提琴，很想學。但老師說琴太大了，需要等到孩子六歲才可以學。孩子等得簡直有些迫不及待。終於盼到可以學習的年齡，孩子剛開始不知有多興奮。由於媽媽工作忙，學琴主要由爸爸陪著。孩子和爸爸一直相處得非常好，做父親的非常疼愛女兒，以前父女關係一直很好。自從學琴後，做爸爸的認為要想學好才藝，就得嚴格要求，每天很辛苦地陪孩子練琴，發現孩子拉得不好，就用小棍子打手。錯第一次打一下，錯第二次打兩下，依此類推，而且在發現孩子不專心時，會發脾氣，經常弄得孩子一邊拉一邊哭，不但很快產生厭學情緒，跟爸爸的關係也不親密了。當媽的私下跟老公溝通過很多次，認為不該這樣逼孩子。老公生氣地說，學習哪有不吃苦的，並搬出自己從網路上看來的郎朗父親發飆的例子為證。

這位家長給我寫信的目的是想求得一個在無法改變老公的情況下，如何讓孩子快樂學琴的辦法。我如實相告，沒有這樣的辦法。以痛苦的方式讓孩子有一種「專長愛好」，這幾乎是妄想，孩子最多可以獲得「專長」，不可能獲得「愛好」。我不知這位父親最終是否有改變，但如果他這樣一意孤行，天天如此「嚴格要求」孩子，一位天才的大提琴手估計是要被他扼殺了，而一名心理障礙者可能就要產生了。

很多父母當他僅僅面對幼小的孩子時，心底柔情萬種，發誓要讓孩子幸福，包括要孩子去學一門才藝，最初的動機也往往很單純，只是要孩子有一項專長，有功課以外的愛好。可一旦孩子進入學習程序，不少家長很快就忘記了這個初衷，放不下「學習就要吃苦」這樣的教條，最終把藝術教育做到了「興趣愛好」的反面。

教育家盧梭說過：野蠻的教育為了不可靠的將來而犧牲現在，使孩子受各種各樣的束縛；為了替他在遙遠的地方準備他可能永遠也享受不到的所謂幸福，就先把他弄得那麼可憐。即使說這種教育在目的方面是合理的，但把孩子置於不可容忍的束縛之中，硬要他們像服刑的囚徒似的連續不斷地工作，歡樂的年歲是在哭泣、懲罰、恐嚇和奴役中度過，這種做法對他們沒有一點好處。①

功利教育思想幾乎決定了家長或教師必然熱愛簡單粗暴的教育方式，認為把孩子打一頓他就乖了，不允許考B他就拿回A了，罵他是垃圾他就羞愧萬分地變成黃金了，不好好彈琴給個大耳光他就用功得像貝多芬了……功利教育眼裡只有「物」沒有「人」；只有社會衡量標準，不在乎兒童內在的感受；只關注孩子學到了什麼技巧，不關注他是否體會到了美和愉悅。

教育過程不是企業生產線，所以不是嚴格控制每個環節，最後就會出產一個好產品。產品沒有生命，不需要關照它的個性，越接近統一標準越好；而孩子是有血有肉的，每個孩子都獨一無二，有著莊嚴的內在秩序。家長和教師的意圖都無法直接注入孩子的意識，而要經過孩子心理的發酵和轉化。情緒的力量是巨大的，幾乎決定了教育的品質，這正是教育的微妙之處，也是教育的困難之處。

在才藝學習中，如何保護孩子的學習興趣，如何讓孩子品味到才藝的魅力和樂趣，避免錯誤管理導致孩子痛恨才藝學習，這是家長和教師要面對的最大難題。

難題不一定難解，美好的教育其實總是簡單的。從家庭教育的角度來說，就是要做好兩個方面：一是家長要端正藝術教育的態度，不要在「愛」和「好」之上再附加任何其他目的；二是想辦法幫孩子找到一位好老師。可以說，除去孩子天賦，藝術教育的成敗大部分由教師決定，所以如何選擇教師就是一件非常重要的事情。

## 首先，是教師自身的藝術示範水準

任何藝術學習都必須經歷一段觀摩期，沒有模仿就沒有學習。教師的示範意識和示範水準，反映了教師對這門藝術的精通程度和理解程度，也決定了他對孩子的專業引導程度。

我女兒圓圓從小學二年級開始學習二胡，在這之前，曾學過幾個月手風琴。學手風琴是圓圓第一次學樂器，卻是一次失敗的經歷，其中一個重要問題就是老師很少進行示奏。也許是出於教學經驗的不足，也許是自身演奏水準有問題，怕露怯，老師只是講指法，幾乎沒做過示範，即使我委婉地提出要求，她也不做，其教學效果可想而知，孩子不但學得很茫然，興趣也被敗壞，幾個月後我們不得不中止學習。

有了這次教訓，再找才藝老師時我特別留心這一點。非常幸運的是，圓圓遇到的兩位二胡老師都非常好，都是資深演奏家。一把琴在他們手上，如同有了魔力，隨便一拉，就有美妙的旋律流出，整個學習過程就是老師不停的示範過程。對比手風琴老師的教學，可以說效果有天壤之別。

兩位老師的專業造詣還表現在對二胡文化乃至整個音樂文化的理解上。他們在給孩子上課時，不僅講二胡的演奏原理，還穿插著講一些和二胡相關的背景知識，甚至是有趣的小故事，這對激發孩子的學習興趣也非常重要。

當然，像那位手風琴老師那樣教學的情況可能比較少見，但考慮到現在的藝術教育市場越來越混亂，老師素質良莠不齊，還是提醒家長們注意一下。

**其次，是教師的教學管理方式**

有一些才藝教師自身專業水準不錯，但只看重手頭技巧，不注意關照孩子的心理，就特別容易陷入技術至上的錯誤觀念，這對幼小的孩子來說是不適宜的。

比如有一些教小提琴的老師，在教孩子如何拉琴前，要求孩子花大量時間背五線譜，理由是拉小提琴要用五線譜，所以學琴前要先學五線譜。可這項作業極為枯燥，孩子幾乎以為學琴就是花大量時間背五線譜，會很快出現厭倦感。如果調整一下思路，讓孩子首先體會到學習的樂趣，接下來的學習可能會順利得多。

我女兒圓圓遇到的第一位二胡老師在這方面很有經驗。他既沒有讓孩子專門去學簡譜，也沒有一上來就把孩子投入枯燥的基本功練習中，而是在教過簡單的演奏技法後，很快讓圓圓學會了一首小曲子，我記得是《小星星》。剛學一兩次，就能拉出一首完整的小曲子，這讓孩子非常有成就感，還透過電話拉給外婆聽，外婆的誇獎更讓圓圓有滿足感。

我有一位朋友，她九歲的女兒學小提琴已有三年，孩子在前面幾年一直很願意學，也學得不錯。可是有一段時間，孩子突然卻表現出對學琴的厭煩，不想學了，回家也不願意練。媽媽沒有急於批評孩子，而是細心地尋找問題的根源。她發現這位老師非常好，很認真，如果孩子哪首曲子拉不好，就不讓過。家長突然意識到，孩子半年來只拉一首曲子，卻總是過不了，是不是因為這個原因產生了挫敗感。於是私下和老師溝通。老師經由家長的提醒，非常配合地改變了策略，讓孩子在這首曲子上通過，並表揚了孩子的悟性和堅持的精神。所以孩子那天從老師那裡學習完走出來時，情緒非常愉快，在接下來的學習中又恢復了以前的積極狀態。

任何學習都要經歷一個由笨拙到熟練、由粗陋到精湛的過程。教無定法，貴在得法。不同的老師在處理具體教學任務時，會有不同的辦法，總的一個原則就是不讓孩子有挫敗感，不斷地給孩子成就感。自信和興趣猶如隱藏在汽車中的引擎，看不到，卻不可或缺。教師若能體恤孩子，注意保護孩子的自信，藝術教育就已成功一半。

**第三，是教師對待孩子的態度**

教師和學生的關係深刻地影響著學生的學習狀態，也影響到學生對所學專業的熱情。如果一個孩子很討厭那位老師，那麼他幾乎不可能把老師所教的功課學好。我從女兒圓圓的學藝經歷中清楚地看到這一點。

圓圓在九歲時還學習了爵士鼓。這是件即興而為的事，鄰居家經常和圓圓一起玩的小源很喜歡爵士鼓，附近正好新開一家藝術學校，有爵士鼓這個項目，小源報了名，圓圓聽說了，也想學，我就也給她報了名，正好和小源一起去上課，老師進行一對二的教學。

這位老師鼓打得很好，他的示範演奏顯然深深地吸引了兩個小姑娘。孩子們第一次看老師演奏時，被這流暢而激越的鼓聲點燃了，眼神都那樣激動明亮，躍躍欲試。爵士鼓入門並不難，兩個小姑娘接受能力都很強，應該是兩個不錯的學生，但接下來的情況卻出乎預料。

這位老師是年輕男老師，脾氣很大，似乎不能容忍孩子們的任何錯誤。他從第一節課開始，就總是皺著眉頭，說話時一臉冰冷，一旦孩子們在哪裡打錯了或打得不夠好，他就表現出生氣或不屑的神情，不時地呵斥孩子們。從第二節課開始，兩個小姑娘上課就表現得戰戰兢兢，完全沒有了開始的興奮。

我私下趕快和這位老師進行溝通，希望他對孩子們的態度友好些。老師居然有些生氣，表示出對我的想法很鄙視，說學藝就得嚴格，因為她們是女孩子，他才不打，如果是男孩子跟他學，演奏不好的話，他還會揍他們呢。我沒辦法，只好去找學校負責人，要求換老師。學校負責人勸我不要換老師，說孩子跟著一位老師學下去比較好，換老師對孩子的學習不利，而且這位老師的水準很高，嚴師出高徒，孩子習慣了就好。但由於我的堅持，圓圓只跟這位老師學了四節課，就轉到一位姓高的老師那裡。

高老師對學生非常和氣，總能心平氣和地跟孩子說話。他的演奏水準依我這樣一個外行人來看，和前一個老師沒什麼差別。我想，即使有差別，也無所謂，圓圓不可能去當專業鼓手，這只是個業餘愛好，學得好點差點沒什麼大不了的，喜不喜歡、快不快樂才重要。況且，如果教師不能刺激孩子的學習興趣，不斷打擊孩子，損壞了孩子的學習興趣，那麼即使教師自己的演奏水準是世界一流，對學生來說也意義寥寥。

藝術是大自然埋進每個生命中的寶藏，是人生的終極追求和愛好，好的開採可以讓它光華耀世，亂採濫挖則是對這些寶藏永久性的破壞。如果沒有條件開採，寧可不去動它，至少它會安然無恙地存放著，讓孩子內心完整地保存著對某種藝術的喜愛。熱愛本身也是種享受，或許有一天，某個機緣可能會讓它迸發出光彩。

凡是那些動不動對孩子吹鬍子瞪眼睛、打罵孩子、羞辱孩子的老師都是差勁的老師，他是不可能把孩子教好的。他從家長這裡拿走了報酬，只教給孩子很少的一點手頭技法，卻打碎了孩子的夢想，奪走了孩子對某種藝術的熱愛，甚至損害了他們的自信。

我認可這樣的說法：「嚴師出高徒」這句話恐怕是史上最惡毒的謊言之一，深受其害者不計其數……必須承認，嚴師出高徒是件「可以有」的事兒，古今中外也不乏這樣的例子。但是，有沒有人想過這樣一個問題，那就是，嚴師毀掉多少高徒？任何一種人生哲學，只要它露骨地宣揚了一種「少數人成，多數人敗」的理念，就必須被我們所鄙夷、所唾棄。「嚴師出高徒」，就是這種罪惡理念的典型代表。成年人強加給兒童身心的重負，往往會扼殺他們的熱情，毀掉他們童年的幸福。即便他們「成功」，這種成功也往往是「生命不能承受之重」。①

對態度惡劣的教師，家長要提出自己的意見。我相信大多數老師發脾氣，他主觀願望也是好的，是為了學生學得更好。如果他認識到發脾氣只能損壞孩子的學習熱情，無助於學生的學習，反而是種破壞力，他會趕快修正自己的錯誤的。假如教師一意孤行，家長的努力不能解決問題，應該堅定地更換老師，哪怕中止學習，也不要讓孩子痛苦地學下去。

小源媽媽原本也想給小源換老師，可能是受學校負責人的影響，就沒換，結果小源學了幾個月，徹底對爵士鼓失去興趣。打爵士鼓在孩子心裡已變成一件非常討厭的事，而且她對自己的學習能力也沒自信了。看圓圓打得越來越流暢，小源總說自己笨，打不好。因為我們都是一次性付了半年的學費，小源學到三個月時，已有些堅持不下去。她媽媽心疼學費，要求她把半年的課程學完。小源勉強又學了兩個月，說什麼也不肯學了，哪怕她媽媽說給她換到教圓圓的高老師這裡，她也不接受。小源的這項學習到此結束，基本上一無所獲。

圓圓的爵士鼓學了一年，已打得很流暢，卻因我們遷居北京，不得不停下來，為此我們常覺得遺憾，總期待著什麼時候能再找到學習機會。雖然後來一直沒有這樣的機會，但圓圓這種愛好一直保留著，甚至她上大學後，還一直惦記著再找個老師學爵士鼓。只因大學生活更豐富，學習更忙，這個心願只好不了了之。

圓圓的才藝學習只學了二胡和爵士鼓這兩樣。二胡斷斷續續學了六年，過程中一直伴有良好的情緒體驗，所以她對手中這把琴始終懷有好感。進大學後，又自願參加了學校民樂團，功課雖忙，仍堅持每週排練。她隨團參加了教育部舉辦的全國大學生藝術展演活動，獲得民樂團體第一名。圓圓雖不是主力隊員，但能參加這樣的活動，取得這樣的成績，也令我們非常高興。在二胡演奏方面，圓圓不是天才，也沒投入太多的時間和精力，但這並不妨礙二胡成為她一生的愛好和特長。在樂團中拉首席固然不錯，能開獨奏音樂會更好，但沒有這些，難道人生就不完美了？

圓圓的爵士鼓學習雖然中輟了，但對孩子來說仍是一項有意義的經歷，不只在技術方面打下了一定基礎，在藝術素養和對心理、意志的鍛鍊方面，也有提高與促進作用。早年學過的東西往往終身難忘，我想，假如有一天圓圓想組個小樂隊自娛自樂，即使到了中老年，她也是可以把這項技藝再撿回來的。

「藝術教育」不是「藝術技巧教育」，一個人縱使熟練掌握一門技藝，如果不包含熱情，也不過是個普通匠人。藝術教育原本是為了培養孩子的藝術修養，讓他活得更高雅，那麼就不要帶著他徑直地往匠人的方向奔去。而且，每個人天賦不同，一個孩子擅長或不擅長某種才藝，在某個特長方面表現得強還是弱，這並不影響他的人生觀和幸福感。

孩子將來能在某種才藝上有成就，這固然是件好事，但純粹地玩，也不是件壞事，快樂就是最大價值。從目標到手段，藝術教育都不應該是苦的，應該是甜的。

① 南勇，《革自己的命，要暴力一些》，安徽人民出版社，2013年7月第1版，20-21頁。

# 3 對藝術教育的幾點建議

藝術教育的第一步不是花錢買樂器和報名，而是首先讓孩子接觸、認識和了解將要學習的東西。不要用一個成功目標給孩子製造壓力，在學藝初期，盡可能把才藝學習活動當作玩耍是最好的，讓孩子的心態單純一些。多才多藝固然令人羨慕，但要考慮成本，尤其是孩子的時間成本。以犧牲童年的快樂來換取一些才藝的做法，是非常不可取的。

藝術教育較之一般的學校課程教育有其特殊性，但也和課程學習有相似之處。家長在這方面應該注意些什麼，在此給出幾點建議。本文多以樂器學習為例，其中的教育原理同樣適用於其他藝術教育，如繪畫、舞蹈，包括體育運動等。

## 應該學點什麼才藝

孩子能量有限，並且需要充裕的玩耍時間，所以不要給孩子報太多的才藝學習班，有選擇地報兩三個就可以了。多才多藝固然令人羨慕，但要考慮成本，尤其是孩子的時間成本。以犧牲童年的快樂來換取一些才藝的做法，是非常不可取的。當然，如果某些才藝學習能和孩子的玩耍興趣結合起來，對孩子來說基本上是沒有負擔的，去學習相當於玩，適當地多報一兩個也可以。總之，原則是，孩子是否喜歡，是否願意去學。下面以樂器學習為例，給出建議。

選擇學什麼樂器，如果孩子有明確的傾向性，這就是個簡單問題，喜歡什麼就學什麼——這是最重要的選擇原則。但由於學樂器往往是在孩子較小的時候開始，大多數孩子很難明白自己喜歡什麼樂器，這就需要家長幫助他判斷和選擇。當然，家長的能力也有限，絕大多數家長對樂器的了解比較外行，因此這方面的建議是：不盲從，不虛榮，不功利。

首先，還是家長要捫心自問，自己到底喜歡什麼。這並不是家長強權或家長意志，在孩子沒有觀點的情況下，家長對某種才藝的喜愛會感染孩子，影響到孩子對這種才藝的情感。

其次，要向懂的人請教一下。比如學樂器，要先了解某種樂器的學習難易度。不同的樂器，學習的難易度是不一樣的，尤其是入門階段。比如在中國民族樂器中，揚琴、笛子、古箏較易入門，二胡較難，琵琶最難。家長需要權衡孩子的興趣、天賦、能投入的時間和精力，以及期望達到的目標等各方面情況，綜合判斷。

第三，要考慮自己的經濟條件。不同的樂器價格差異懸殊，學費也不一樣。盡量選擇和自己經濟條件相匹配的，如果孩子在相關學習中沒有極為突出的天賦和強烈的喜好，就沒必要讓孩子的藝術教育成為家庭沉重的經濟負擔。

第四，要注意避免盲目跟風和虛榮心，更不要有功利心。在學什麼樂器的事情上，這些年一直存在崇洋媚外、厚古薄今的現象。例如有一些人認為民族樂器很「土」，鋼琴、小提琴等西洋樂器很高雅，感覺家中擺放一架鋼琴很有面子，可構成高雅生活的一部分。所以既不顧孩子的喜好，也不顧自己的經濟實力，且不考慮師資情況，勒緊褲帶買鋼琴。虛榮是生命中的一大硬傷，可以說哪裡有虛榮哪裡就有傷害，學樂器也概莫能外。

我女兒圓圓當初選擇學二胡，周圍有些人覺得很詫異，言語中流露出的就是：二胡多土啊，怎麼學那個呢。圓圓二胡老師在第一節課時對她說：小提琴有四根弦，可以拉出很豐富的樂曲；二胡只有兩根弦，表現力絲毫不輸小提琴，所以二胡可以稱得上是世界最偉大的樂器之一。如果你小提琴拉到中國最好，不見得是世界上最好；但如果二胡拉到中國最好，你就是世界最好，正所謂越是民族的越是世界的。老師的話讓圓圓更認同手中這把琴，更喜愛這項學習。

音樂是一種娛樂，一個人喜歡西方音樂還是民族音樂，喜歡古典音樂還是通俗音樂，這和高雅或庸俗沒有任何關係，或者說對他的人生觀、幸福感及品格心理沒有任何影響。況且現在我們聽的一些「古典」音樂在當初也屬於「流行」音樂。好聽的音樂都是美的，無功利地熱愛就是高雅，附庸風雅才是真正的庸俗。我在這裡不是渲染民族主義觀念，而是強調選擇學什麼一定要出於內心喜歡，且要盡可能實事求是。

另外，藝術教育中的功利化和工具化，是當前一種可怕的流行病。在選擇學什麼、為什麼要學的問題上，有些人只是把孩子藝術學習的目的定位在升學和找工作上，藝術教育中藝術的價值被消解掉了，只剩下謀生的價值。藝術專業成了許多人走捷徑的一種選擇，培養藝術家的教育變成了培養「手藝人」的教育，這導致藝術專業學生品質嚴重下降。「接觸藝術教育的孩子學到的，遠遠超過他們所學的藝術本身」①，這不但傷害兒童的幸福感，扭曲他們的價值觀，也損害整個民族的藝術素養和精神品質。

## 如何做前期準備工作

藝術教育的第一步不是花錢買樂器和報名，而是首先讓孩子接觸、認識和了解將要學習的東西。之所以父母喜歡什麼，孩子往往會喜歡什麼，這並不是簡單的生物遺傳，更是一種環境的薰陶。孩子如果從小生活在某種藝術環境中，他會自然地和這種藝術達成一種溝通，學習起來當然會容易得多。

例如培養孩子的音樂感受，可以從孩子很小的時候做起。在聽音樂時，家長和孩子一起隨著節奏進行律動，也可以經常唱歌給孩子聽，讓音樂成為家庭娛樂的一部分。打算將來讓孩子學什麼樂器，就要經常在家裡放相關的樂曲。尤其是孩子將來會學習到的一些經典樂曲，聽熟了，在學習中就很容易找到音準及節奏，而且也容易喚起孩子的喜愛。同理，如果打算讓孩子學繪畫，就可以經常跟孩子一起玩繪畫遊戲，讀一些有關畫家的傳記，參觀一些美術展等等。

前期啟蒙教育還包括樹立孩子的自信。比如一個孩子喜歡唱歌，太小的時候有可能唱不準，如果家長急於提醒，並經常說這孩子唱歌走音，很可能就此挫傷孩子唱歌的自信和熱情，讓孩子永久地失去一種愛好。

除了一些天生音感極好的孩子，唱歌走音這在許多孩子身上都會發生，大多數孩子能在長大後自行解決。比如我和先生在唱歌方面都天賦平平，圓圓這方面也沒表現出特別的天賦，她小時候唱歌有時也會走音，我們基本上不提醒，只是很自然地和她一起唱，讓她聽到正確的音調是怎樣的，而且我和先生還經常故意互相開玩笑貶損，說對方唱得不怎樣，順口說能像圓圓唱得那樣就好了，暗示圓圓她唱得很好。到圓圓長大後，我們在家裡一起唱卡拉ＯＫ，或者她和同學一起到ＫＴＶ唱歌，發現她已經唱得很好了。

有一次我遇到一位父親，他女兒才三歲，他就很肯定地說女兒以後當不了畫家，用他的話來說，就是女兒都不能像樣地畫個圓，經常是想畫什麼又不敢畫，最後總要家長幫著畫。事實是，絕大多數孩子在小時候都不可能像樣地畫個圓，這位家長不顧孩子的年齡，輕易地給孩子下這樣的定論，導致孩子在塗鴉這件幾乎所有兒童都感興趣的事情上，變得縮手縮腳的。很可能，他女兒會用一輩子在繪畫上的無能來證明父親當初斷言的正確。

當然，家長也不必誇大孩子的天賦，不必把剛會畫幾筆的孩子看成是未來的齊白石，也不必把愛打撞球的兒子看成是未來的「撞球神童」丁俊暉。也就是說，不要用一個成功目標給孩子製造壓力，在學藝初期，盡可能把才藝學習活動當作玩耍是最好的，讓孩子的心態單純一些。

學琴前的心理建設還包括讓孩子知道學琴的漫長和艱苦，就像我在《好媽媽勝過好老師》一書中提到的「打針原理」一樣②。即當孩子需要面對一個比較富於挑戰的事情時，家長應對即將面臨的困難如實相告，不誇大也不縮小，讓孩子有正確的心理預期，這樣會提高他們面對困難的勇氣和毅力。

## 幾歲開始學才藝？

因為才藝內容不一樣，所以學習時間也很難給出統一的標準答案。但有一個重要原則，就是學藝不宜太早。這是由孩子身心發育水準所決定的。

例如以前有人說學習樂器要早，四、五歲就要開始學，甚至有人把這個年齡提前到三歲，其根據可能是莫札特三歲就可以演奏鋼琴了。這樣的建議是不適宜的，且不說幼小的孩子在生理上十分稚嫩，從心理來說，「大多數五歲前的兒童，尚未形成自我規範意識，要他們靜下來學習樂器，對家長、教師及孩子本身都是一種折磨」③。

當孩子對什麼東西表現出興趣時，第一個念頭應該是如何讓他快樂地接觸和嘗試，而不是馬上去給他報學習班，尤其在一些純遊戲項目上，完全可以等待一段時間看情況再決定要不要找老師。

就學樂器的問題，我請教了幾位音樂界的專業人士，他們給出的共同答案是，如果家裡沒有這方面的專業薰陶，作為培訓活動，在小學一、二年級，即六、七歲開始比較適宜。

要學習的才藝不一樣，開始學習的時間也會不同，最好多請教幾位專業人士，聽聽大家的看法。總的建議是，寧可稍晚一點，也不要提前去學。

## 學習管理要注意些什麼

首先，在孩子學藝過程中家長進行周邊服務就夠了，對具體的學習活動參與度不要太深。

家長如果表現得太積極，很容易消解孩子的興趣和責任感，讓他覺得是在為爸爸媽媽學的。有一次我在社區裡正和一位媽媽閒聊，恰好她老公帶著孩子學琴歸來。當媽的隨口問孩子今天學了什麼，小姑娘怯生生地回答：「我不知道，爸爸知道！」做父親的不以為然地笑了。這種情況應該是令人擔憂的。

家長帶孩子去學習，對老師教的內容和要求要了解，在孩子練琴時要幫他聽哪裡有什麼問題，適當地幫忙就可以，不能大小通包。所有的學習，背後的管理道理都是一樣的，「不陪」才能培養好習慣。④

在圓圓學二胡的前三年，她每次練琴時我都會坐在旁邊，幫她聽音準及節奏，會提醒她哪個地方有什麼問題；但她每天什麼時間練琴、練幾次、練到什麼時間、練哪個曲子等等，我很少發表意見，基本上都由她自己決定。哪天她忘了練琴，我往往也「沒想起來」，她發現不能指靠我，就只好自己操心了。

我認識一位家長，她告訴孩子，練琴是自己的事，家長不去提醒，建議孩子定鬧鐘，天天由鬧鐘來提醒。同時，家長也盡量注意家庭生活的規律性，保證孩子到鬧鐘響時，有時間練琴。孩子很樂意這樣做，定了每天晚上七點半。開始幾天還行，後來就出現鬧鐘響了，孩子關了鬧鐘，卻沒及時去練，然後就忘了這事，直到要睡覺才想起來。這種情況重複幾次後，家長也沒批評他，只是又給孩子建議，如果鬧鐘響的時候正在做其他事，想要過一會兒再練，那就臨時把時間往後調整一下，或是通知媽媽十五分鐘後來提醒自己去練琴。因為家長在這件事上做得很輕鬆自然，所以孩子一直沒有緊張感，基本上都能做到自覺練琴。

其次，不規定練習時間，只著眼練習效果。

很多家長和教師習慣給孩子規定練琴時間，每天必須彈夠半小時或一小時。這樣做有一個弊端，就是很容易轉移孩子的注意力，讓孩子在練琴時不由自主地把注意力分散到時間上。尤其當孩子不想練時，就會把更多注意力放到鐘錶指標上，熬時間，小和尚念經有口無心。這樣不但無益於練習，還會生出倦怠感。

不如把每天的練習定位於彈奏本身，即曲子彈得如何，熟練度、準確性及技巧等是否有所提高。在時間上不刻板，可以長也可以短，只要把該練的地方練到了就可以。如果想鼓勵孩子多彈一會兒，不要說「再彈十五分鐘，不到時間呢」。最好說「今天拉得又有進步，不過還有兩個地方需要改進，能不能把這兩個地方再練習幾次？」如果孩子確實表現不錯，某天或某段時間能堅持練習較長時間，想表揚孩子的話，最好不要直接誇他能堅持練多長的時間，而是要誇他的琴拉得好。

第三，允許在練習中偷懶，甚至某天不練習。

理論上講，學琴必須天天練，一天不練手生，三天不練陌生。但這並不意味著需要一味地嚴厲管制。再強調一次，在學習早期，呵護興趣比學到技巧更重要，不要把學習做成任務，要盡量做成遊戲。如果孩子哪天忘了玩遊戲，我們不會去批評他，不會在意。同理，哪天他特別不想練琴，也不必在意。這並不是縱容偷懶，只是放長線釣大魚，是一種策略。

我女兒圓圓小學時學爵士鼓，我每天下班後帶她到藝術學校去練，那裡是按時間收費的。我們交了每天一小時的練習費用，但圓圓經常剋扣時間，很少能練到一小時，有時只打了二十多分鐘就不想打了，我一般都聽她的，不想打就不打了。我不知每天強迫她練夠一小時，她的演奏水準會怎樣，可能會更好一些。但更好一些又怎樣？難道圓圓的童年就更幸福、人生就更美好？我希望她有很高的才藝水準，同時也接納她在這方面的平庸，唯願她有快樂的童年，這才是我最在意的追求。

## 需要參加才藝檢定和各類比賽嗎？

檢定是以量化的方式來評價一個人的才藝水準，一定程度上可以促進學習，但如果把檢定當作學習目標，則是認知上的錯誤，很容易扭曲孩子的學習動機，也給家庭增加不必要的負擔。

還是以音樂教育為例。音樂檢定誕生於十九世紀的英國，後傳入香港，近二十年在內地興盛起來。由於種種利益關係，中國的音樂檢定越來越功利，越來越混亂，利益團體結成各種利益鏈，想方設法把孩子們推入名目繁多的檢定中。目前全國約有幾十家音樂檢定機構，評價標準不一，評語不明確，惡性競爭。現在甚至出現了專門針對中小學生的「音樂素養」檢定，即關於音樂的書面知識考試——這是多麼沒有意義的行為，而所有的檢定亂象，都是要隱蔽地榨取家長的錢財。

很多教才藝的老師為了迎合家長的需求，也步入了「應試教育」的模式，只教檢定規定的曲目，不教其他內容，且盲目讓孩子「跳級」，二、四、六……這樣跳著考。美妙的音樂兌換成了證書上的數字，這或許讓一些家長陶醉，但不少孩子拿到最高級別證書後，從此再也不摸一下琴——這是不是藝術教育中最大的損失？

在圓圓學二胡的最初幾年，我對樂器學習及檢定的認識尚不明確，也一度把學習的目標定義在檢定上。倒不是過分看重證書本身，只是以為只要學樂器，就必須檢定。後來逐漸有所感悟，對檢定這事也就放下了，中止了這件事。圓圓在後期學習中，只拉她喜歡的曲子，不必為了檢定而專攻指定曲目。她喜歡音樂，也不討厭手中這把琴，這就夠了。記得她上高中時，有一次班裡開聯歡會，她主動報一個節目，把當時的一首流行歌曲改編成二胡曲。在參加聯歡會前，她在家裡練習演奏，我聽到琴聲美妙，感覺十分欣慰。不是說圓圓拉得有多好，而是它作為一種愛好滋養著我們的生活。這份滋養不是證書和級別能檢驗出來、比得上的。

我不反對檢定本身，正如我並不反對學校課程考試一樣，我批判的是檢定對藝術教育的扭曲，以及種種檢定亂象。

除了期望政府規範檢定市場，給家長的建議是，要對檢定介於在意與不在意之間，要認真權衡各方面得失，不要為了眼前一點小利益——比如證書和擇校掛鉤——而犧牲長久的教育理想。有些事，沒人追捧，煽風點火者自然無趣。對檢定持有正確的認識，不僅可以預防無謂的能量耗散，更可呵護孩子的學習興趣，呵護他的幸福感。

另外，我也不贊成拉著孩子到處參加比賽，除非你想要孩子成為某種才藝的職業選手，比如做職業鋼琴家，否則才藝學習不需要摻雜進太多的競爭。

事實是，現在很多比賽也被市場綁架，成為一些人謀取利益的手段，而這些比賽經常會打著體面的旗號。所以家長和教師在面對令人眼花撩亂的競賽邀約時，要特別注意主辦者的資格、素質、動機等等，覺得不適宜，應當堅定地拒絕。

我女兒圓圓讀初中時的一個暑假，我正帶她到一個海濱城市旅遊，班導師突然打電話來，通知圓圓去參加一個英語競賽，並陳述了此次比賽的重要性。圓圓的英語一直學得不錯，這個比賽聽起來很誘人，所以我們得到這個消息後有些興奮。為了趕上比賽，我們提前結束旅遊，飛回北京。第一次去參加初選時，組委會安排選手們先去交參賽費，然後等候安排。且不說一進來就收費已讓人感覺很突兀，接下來的組織工作都是亂哄哄的。來了不少家長和孩子，大家被幾名工作人員吆來喝去的，似乎都很茫然。我也對整個競賽流程不太清楚，覺得組織工作很不到位，有些不滿。終於等到評委到齊，坐定，比賽開始，我的不滿越來越強烈。幾名評委一副高高在上的樣子，卻又表現得不認真，處處對孩子們表現出不尊重，競賽環節的設計也有不少問題。我忽然覺得，就這麼幾個牛頭馬面，憑什麼能組織一個高水準的賽事？參加這樣的比賽，即使能拿個獎，對孩子來說有什麼意義呢？

我看看圓圓，她也在看我。我從她眼睛裡也能看到不適，於是問她：我們走吧，不參加這事了，好嗎？圓圓點點頭，我們當即起身離開。走出那裡後，感覺真輕鬆。雖然浪費了一些時間和錢，但總比繼續浪費下去要好得多。商品時代，教訓確實經常要用錢來買，尤其在孩子的教育問題上，不必為了某種具體的利益或為了心疼錢而任由某個問題去困擾孩子，及時結束，也許是最好的做法。

最後，我建議任何才藝學習，家長都最好能陪在孩子身邊，保證孩子的安全。尤其是一對一教學，不管男老師還是女老師，不管老師年輕或年老，都不要把孩子獨自留給老師。我們相信絕大多數教師都是值得信賴的，但也必須意識到，教師不過是個職業，成為教師的人，並非經過了高於一般職業群體的道德考證，誰都不能保證有個別心理不良的人混跡其中。況且課外才藝學習一般都是鬆散的師生關係，家長很難了解到教師的情況，所以這方面必須特別注意。

① 雷夫．愛斯奎斯，《第56號教室的奇蹟》，卞娜娜譯，中國城市出版社，2009年8月第1版，22頁。
② 尹建莉，《好媽媽勝過好老師》，作家出版社，2009年1月第1版，1頁。
③ 鄭又慧，《父母是孩子最好的音樂老師》，作家出版社，2012年9月第1版，131頁。
④ 尹建莉，《好媽媽勝過好老師》，作家出版社，2009年1月第1版，145頁。

# 4 只要方法對，四兩撥千斤

兒童尚未受到社會文化的浸染，作為自然的、純粹的人，相似度更高，每個兒童身上都包含著所有兒童的特徵和心理需求——正因此，我們才能信任教育的力量，才能在面對每個不同的孩子、每一種不同的教育情境時去想辦法，以共有的教育規律，通過「微調」，解決萬千種不同的問題。

有人說：「世界上沒有兩個完全相同的孩子，每個孩子都是不一樣的。」此言既可認為是真理，也可看作是廢話，取決於說話者持何種心理傾向——如果意在尊重個體差異，在每個教育細節中都想辦法，避免簡單粗暴地對待孩子，相信教育力量的強大，它是對的；如果認為人生來就有好有壞，有的需要尊重，有的需要打罵；有的天生優秀，有的天生墮落，感歎教育拚不過天性，那它就是錯的。

教育要研究的是人類共同的心理規律，目的是通過外部控制和刺激引發健康的內在心理傾向。所以從教育者的角度來說，我更願意強調人與人是一樣的，這一點，其實也早已被心理學所證實，被無數先哲所強調。「人之初，性本善，性相近，習相遠」，這是先聖孔子所有教育理想的立足點和前提，也是古今中外一切優秀教育思想能夠成立的基礎。

兒童尚未受到社會文化的浸染，作為自然的、純粹的人，相似度更高，每個兒童身上都包含著所有兒童的特徵和心理需求——正因此，我們才能信任教育的力量，才能在面對每個不同的孩子、每一種不同的教育情境時去想辦法，以共有的教育規律，通過「微調」，解決萬千種不同的問題。

以下幾個例子，可以讓我們看到這一點。

## 父母裝瞌睡，孩子真瞌睡

我曾收到一個標題為「一個崩潰的媽媽來信」的郵件。寫信的媽媽說她女兒現在只有兩歲多，可因為孩子的睡覺問題，她及全家人天天都飽受煎熬。他們本來很想培養孩子良好的作息習慣，一到幾點就拍著孩子睡覺，可小傢伙明明已睏得厲害，卻硬撐著不睡，且為了不睡覺故意折騰人。如果媽媽帶她到一個屋裡，她就要找外婆，到了外婆的屋，又要找阿姨，然後再找媽媽，輪番找，不讓她折騰下去就大聲地哭，一直哭到聲嘶力竭，弄得誰都睡不成。偶爾會因為很睏，順利地睡了，可半夜醒來就不肯再睡，在床上滾來滾去，一會兒要媽媽講故事，一會兒要喝奶，一會兒要上廁所，一會兒又要上外婆的屋。

媽媽不僅擔心睡眠不足影響孩子的生長，自己也因為長期睡眠不足，脾氣越來越暴躁，感覺精神和體力都幾近崩潰。全家人想過很多辦法，媽媽爸爸外婆外公及阿姨，大家輪番紅臉黑臉白臉都唱過，不起作用，事情越來越進入一個惡性循環中，以至於孩子對睡覺這事充滿警惕，只要一意識到家長想讓她睡覺，就開始反抗。

我告訴這位家長，制服孩子的壞毛病，最好不要紅臉黑臉白臉輪著唱，而是要「讓拳頭打在空氣中」，也就是對於孩子的無理要求不回應，不回應才是最好的回應。然後我向她講了我治理圓圓不睡覺的辦法，讓她試試。

我女兒圓圓小時候也經常在該睡覺的時候不睡，找藉口拖延時間。比如，說好講三個故事就睡覺，我坐在沙發上給她講完三個故事，該上床了，她卻說：「我是想讓你在床上講三個故事，不是在沙發上講三個故事。」這種情況下，我笑笑，不揭穿她的鬼把戲，聽她的，再上床給她講三個，但提出的條件是，多講的故事必須閉著眼睛聽，睜開眼睛媽媽就不講。她就閉著眼睛聽，往往一個故事沒聽完，就睡著了。偶爾她閉著眼睛聽了一個又一個還沒睡著，我絕不因此訓斥她。這種情況下，我會自己裝睏，一邊講，一邊做出睏得無法支持的樣子，一個故事剛講完，或只講到一半，就一下倒在床上，呼呼睡去。

圓圓會來搖我，喊我，翻我的眼皮，摳我的鼻孔，掏我的耳朵。我被她弄得難受，忍不住，翻個身。她會轉到這邊來繼續喊我、拍打我，我這時不光睡得香，還開始輕輕地打呼，再翻個身，就是不醒來。她偶爾會哭幾聲，但這沒用，媽媽睡得醒不來，找救援也是不可能的事，因為這時候爸爸肯定也睡著了，在沙發上或床上鼾聲大作，也一樣弄不醒。她獨自一人折騰一會兒，沒轍了，再哭幾聲，翻翻書或幹點什麼，用不了多久，也一頭倒在床上睡著。

我這個方法和很多媽媽分享過，屢試不爽，這位家長告訴我的結果則更令人鼓舞。

她說，收到信的當天，她就採用了我的方法，果然孩子很快就睡著了。但到了清晨四點，孩子就醒了，按慣例還是要喝奶，她就去熱了牛奶。喝完奶後，孩子照例做出不打算再睡的樣子，說要去找外婆。媽媽說外婆在睡覺，不可以去打擾，孩子就哭起來。如果是以前，媽媽總是先好言相勸，勸不住就發火，然後外婆跑過來抱走孩子。這次外婆聽到孩子哭聲，確實又忍不住跑過來，但媽媽很堅定地讓外婆回去睡覺，不允許抱走孩子。「救駕」的走了，媽媽和顏悅色地對孩子說，寶寶不想睡，那就再哭一會兒吧，媽媽好睏，先睡了。

小傢伙不明白今天是怎麼了，居然沒人理她，拚了命地大聲哭，卻不能把媽媽吵醒，外婆也一直沒再來。孩子一直哭到有些累，哭聲開始變小，媽媽才醒來，又叫她一起睡覺，孩子抽泣著，既有些委屈又聽話地躺到媽媽身邊，摟著媽媽，很快就睡著了。

這位媽媽本來以為這個方法至少得一個星期才可以讓孩子適應，沒想到第二個晚上，她跟孩子說，天黑了，我們該睡覺了。孩子居然對睡覺的提議沒有了抗拒，開心地回答說好，乖乖地聽著媽媽的故事入睡了。半夜醒來，有些哼哼唧唧，但僅僅是拍了幾下，就又睡了，也沒再要喝奶，一覺睡到天亮。之後再沒出現因為睡覺哭鬧的事。

這位家長說到的孩子變化之快，也讓我有些意外。分析為什麼轉變得那麼快，可能是因為長期睡眠不足、折騰家長，孩子自己也很累，生理和心理都不舒服。一旦有一種生活方式讓她感覺適宜，順應了她的天性和生理需求，她會本能地趨往那個方向，毫無困難地接受了。年齡越小的孩子，越容易改變，因為壞習慣還沒有固定下來。

用裝瞌睡的方法治理孩子不睡覺很有效，那麼早上孩子不願起床又該如何呢？在這裡，我順便分享一下早晨叫圓圓起床的辦法。

我女兒圓圓小時候像很多孩子一樣，晚上不想睡，早上不想起。一般情況下，我是允許她睡懶覺的，想幾點起床就幾點起床。如果哪天需要按時起床，我從不以時間到了為理由來叫她，孩子哪有什麼時間概念呢？我盡量用一件事情來吸引她，讓她不知不覺鑽出被窩。

比如「今天媽媽做了三種早餐，你猜是哪三種？來，穿上衣服去看看你猜對了幾種」。或用她喜歡的布娃娃做道具，「今天阿格麗和咱們一起吃早飯，已經坐到餐桌上了，咱們快去看看她是怎麼坐的」。

接下來一天，換個說法：「今天媽媽給阿格麗換了一個碗，昨天那個太大了，你知道阿格麗今天的小碗是啥樣的嗎？」冬天孩子尤其不想起床，貪戀被窩的溫暖，我提前把圓圓的衣服放在暖氣上烤熱，然後拿來衣服，興沖沖地說：「烤得真熱啊，趕快穿，一會兒就涼了。來，試試褲腿裡暖和不」……類似的辦法，只要動腦筋，經常可以有新的。我同時也注意對她進行正強化，找準時機，故意當著親朋好友的面誇讚她一下，說她睡覺起床都很自覺，基本上不用家長操心。

圓圓並非一直需要我這樣「耍花招」，在我的記憶中，需要這樣「耍花招」的時間並不長，頻率也不高。我一直在她的作息方面要求得並不嚴格，她也大致做得不錯，所以這一直不是個問題。似乎從她上小學開始，該睡就睡了，該起床就起床，內心從無抗拒。她的沒有抗拒，我相信和父母一直不在這件事上和她產生衝突有關。

## 發放三兩「權力」，收穫半斤「懂事」

我的一個遠親，有個可愛的女兒叫小豆。小豆四歲時，父母帶著小豆及奶奶一起回了趟老家。返程時，奶奶因為一些事情暫時走不了，要在老家多耽擱十天左右，這樣小豆就需要留下來和奶奶一起走。因為父母要上班，早晚沒時間接送她上幼兒園。

小豆之前從沒離開過父母，一聽要把她和奶奶留下，不願意，任憑父母把道理給她講了一遍又一遍，就是不從。奶奶私下建議豆爸豆媽偷偷走，認為孩子哭上半天就沒事了，但豆媽豆爸不忍心，不願意那樣做。小倆口商量後，決定改變策略。

臨走的前一天，豆媽豆爸故意在孩子面前做出愁眉苦臉的樣子，引起小豆豆的注意。豆爸像對一個大人說話一樣，鄭重其事地對小豆說：「爸爸媽媽遇到一件困難的事情，不知道該怎麼辦。」小豆問怎麼了，爸爸說，我和你媽跟公司請假只請到明天，回去就得上班。不過，現在看來回去也不能上班，因為我們要接送你去幼兒園。到十天以後爺爺奶奶回來了，我們才能上班。不過，到那時候，好多工作已經耽誤了，老闆肯定要訓斥我們，工資也要被扣掉很多。唉，這可怎麼辦呢？

小豆有些同情地看著爸爸媽媽。媽媽也唉聲歎氣地說，這可怎麼辦呢，得趕快想個辦法啊！

小豆像個小大人似的眨巴著眼睛，似乎也在幫父母想主意。

片刻後，豆爸像忽然想起了什麼好主意，對小豆豆說：爸爸想來想去，覺得有一個辦法能夠解決這個問題，不知你同意不同意？

小豆豆一聽，催促著爸爸趕快說。

豆爸慢慢地講到：我想到的好辦法是這樣的，爸爸媽媽先回去上班，你和奶奶在這裡再住幾天，這樣我們的工作就能按時完成，不擔心被公司開除，我們的困難就解決了。你看這個辦法怎樣？

小豆豆看看爸爸，又看看媽媽，這些道理前面聽過，沒參與思考，現在爸爸徵求她的意見，她就很努力地去想，欲言又止，一時不知該說什麼。

媽媽在旁邊接話說，嗯，我也覺得是個好辦法，寶寶你覺得怎樣，好不好？

小豆豆點點頭，好。

爸爸一下子一臉輕鬆，滿懷欣慰地說，看來我們三個人一起動腦筋，就會想出解決辦法的！

媽媽也愉快地接著說，小豆真懂事，能跟我們一起想好辦法了。

孩子一下子高興起來，很有成就感的樣子。

豆爸語氣欣喜地說，小豆豆，你趕緊去告訴爺爺奶奶我們想出來的這個好辦法吧！小豆歡快地去向爺爺奶奶彙報去了。

第二天早上父母臨走前，爺爺突然問小豆豆，真的不打算跟爸爸媽媽一起回去嗎？豆爸很擔心爺爺這樣問會弄得小豆豆又糾纏著不讓他們走，沒想到小豆豆很自豪地說：我們想出好辦法了，現在我不回去，爸爸媽媽要上班，沒有時間送我上幼兒園，我和爺爺奶奶一起回去！說話間，一副有擔當的樣子。

分析豆媽豆爸的做法，他們在這件事上採用的是關係扭轉的方式。開始時，孩子居於次要地位，是被動角色，是被說服的對象。她被要求聽從大人的安排，需要為成全他人的安排而出讓自己的利益，所以孩子本能地拒絕。到後來，爸媽主動把自己降到次要地位，孩子就從一個被說服的對象，成為一個可以做出選擇的主動者，同時成為可以實施決定的踐行者。當她參與了一項決策，意識到自己有主動權，有辦法幫助父母解決他們自己都不能解決的困難時，她的責任感和自我重要感都在上升。

這種感覺是人類內在的追求，哪怕是一個孩子，也會被這種感覺所陶醉。就這樣，問題很容易就解決了，孩子也變得懂事了。

## 買下軟豆腐，治好硬茬頭

有位年輕媽媽曾向我求助，說她兩歲的兒子樂樂是天生的「硬茬頭」（指個性倔強、不聽話、脾氣大、固執己見的人），不讓幹什麼事，偏得去幹不可。尤其現在進入第一（幼兒）反抗期，變得更不聽話，弄得她很抓狂，不知如何對付這個時期的孩子。

說實在的，我不喜歡「第一反抗期」、「青春叛逆期」等等這類說法，它是一種對兒童成長中正常行為的負面描述，是幼稚認識的產物，很容易誤導一些家長。孩子從來沒有反抗期，也沒有叛逆期，兒童的本性都非常溫和。如果說他們叛逆，那是因為受到了壓抑，或不被理解。所以我猜測這位家長一定是平時對孩子有太多的管制，以至於讓孩子不得不反抗了。當我把這個想法說出來後，這位媽媽搖搖頭，說她是那種懂得給孩子自由的人，從不束縛孩子，她現在倒是懷疑孩子的「硬茬頭」是被慣的，考慮是不是應該對孩子更嚴厲些。

我讓她隨便舉個孩子不聽話的例子。

她說每次帶樂樂到菜市場都很煩，原因是樂樂看到什麼都想摸一摸、動一動，經常冒冒失失地弄翻什麼，或把人家的蔬菜水果弄到地上。尤其最近，孩子對豆腐產生了興趣，每次走到菜市場的豆腐攤前，看到板子上的豆腐，就想摸一摸，不讓摸就大哭，有兩次還生氣地把旁邊菜攤上的青椒故意撥到地上，弄得媽媽非常生氣，打過兩次屁股也沒用，現在都不敢帶孩子到菜市場了。

這位媽媽自認為對孩子很寬容，懂得給孩子自由，可就所述的事實來看，並非如此。所以我對這位媽媽說，這個年齡的孩子對一切都充滿好奇，什麼都想去動一下，這是他們認識世界的一種方式。尤其到了菜市場，那麼多花花綠綠的菜，肯定吸引孩子；他看家長可以隨意在菜攤上挑來挑去，就也想去模仿。所以說孩子「不聽話」，根本就是家長的誤判，是家長管太多了。

家長聽我這樣說，分辯道，其實平時他摸那些菜時，我管得並不嚴，只是說說，但豆腐和菜不一樣，他摸過了，別人怎麼買呢？賣豆腐的人也不允許。

我說，很簡單，讓孩子去摸，你把摸過的那塊買下來，回家做個麻婆豆腐，或乾脆讓孩子把豆腐捏碎了玩個痛快，滿足一下他的好奇心，問題不就解決了？

這位媽媽有點恍然大悟的樣子，但又有些疑慮地說，那如果下次再去菜市場他還要摸，怎麼辦呢？我說，再買下來。這位媽媽有些詫異地看著我。

我笑笑說，一塊豆腐不過兩塊錢，即使一個月連著天天買，也不過六十塊錢，等於給孩子買個玩具。

況且孩子不可能對一塊豆腐有那麼長的興趣，最多三、四天，他應該就沒興趣了。

這位媽媽是個非常有悟性的人，我只是輕輕地點了一下，她立即意識到了自己的問題。此後不但允許孩子到菜市場摸豆腐，而且自己從網路上下載了做豆腐的方法，並訂購了磨豆的小磨及其他相關用具，在家做豆腐給孩子看。她和樂樂一起做豆腐的過程，就是一個親子遊戲的過程，而所有的工具都變成了孩子的玩具。依此類推，在其他問題上，她也不再簡單地去管束孩子，而是利用孩子的好奇心，像做豆腐那樣，把一件簡單的事擴展開來，讓孩子感受更多的驚奇，領略到更多的知識。

後來我和這位媽媽再交流時，她說樂樂現在不僅變得懂事，而且十分聰明，智商明顯高於同年齡的孩子，想想以前總說孩子「不聽話」，真是自己太幼稚了，現在才真正領悟了什麼叫「不管是最好的管」。

## 暗中設圈套，明處消劣習

有一年，我九歲的小侄子虎虎暑假從呼和浩特到北京玩，在我家住了一個禮拜。這孩子從小養成一個壞習慣，幾乎不喝水，只喝瓶裝飲料，水果更是一點也不吃，不管什麼水果，讓他吃一點都像吃藥似的難。這對他的健康沒有好處，我想利用這次他來我家的機會，改變一下這個壞習慣。

那幾天北京氣溫非常高，坐著不動也會流汗，需要不停地喝水。我把家中的瓶裝飲料清理乾淨後，買個大西瓜，冰鎮起來，當天的晚飯放了相當於平時兩倍的鹽，空調也藉故關掉。飯後不久，我們就又熱又渴。小傢伙愛出汗，看起來更渴，到冰箱中找飲料，沒有，來問我。我裝作剛知道飲料喝完了，表示出內疚。他看外面天黑了，不方便到超市買，就想喝水，又發現涼水壺是空的，好失望。我說：哦，今天忘了在涼壺裡存水了，姑姑馬上燒水。

在我燒水時，我先生湊過來說他也覺得好渴，沒水喝，吃西瓜吧，邊說邊到冰箱中取出西瓜，切開來。涼爽的西瓜端到桌子上，真是誘人。招呼侄兒過來吃，他搖搖頭，本能地表示拒絕。我們不再說什麼，自顧自地開始吃。先生還邊吃邊感歎一句：這西瓜真好吃，又涼又甜！

壺裡的水在響，小侄子在旁邊一臉愁容地看著我們。

水開後，我倒一杯放到他面前，熱氣騰騰的。本來就熱得冒汗，看著這杯水，感覺更熱。小侄子顯出更焦渴難耐的樣子。我心中暗笑，不理他。

我吃完西瓜後，站起身一邊收拾桌子，一邊漫不經心地對侄子說，水看來一時半會兒涼不了，西瓜真的很好吃，要不要先吃一點解解渴？他猶豫著，不知該如何。

我看他心有所動，便到廚房把一小塊瓜挖出來，又切成幾小塊，放到一只漂亮的盤子裡，並配上一隻水果叉，放到他面前。對他說，試試看，感覺好吃就多吃點，不好吃就少吃點。說完就走開了。

小侄兒遲疑片刻，生理需求戰勝習慣，終於拿起叉子，吃了一塊，然後又一塊，又一塊，幾下就把盤中的西瓜都吃了。我沒再理他，裝作沒在意，不再提這事。過一會兒，他又把杯中的水都喝了。

第二天，我又找藉口沒去超市買飲料，侄子既喝了水也吃了西瓜。傍晚，我還在網路上「意外」地看到一篇關於喝飲料的壞處的文章，招呼侄子一起過來看，然後感歎一句：「沒想到喝飲料還是件冒險的事呢，看來以後還是要少喝！」侄子看完了沒說什麼，但我注意到，此後他在我家的這幾天，再沒要求我買飲料，我也假裝忘了這回事，沒再給他買。他天天都能正常地喝水吃水果了。

## 空出一面牆，擠走電視症

有位家長說她特別不願意孩子天天看電視，可自己沒有父母幫忙，每天下午從幼兒園接孩子回家的時間，正好是做晚飯的時間，沒空陪孩子玩，又擔心孩子一個人在客廳不安全，就只好把電視打開，這樣孩子就可以安靜地坐下來看電視，自己才能去廚房做飯。但她很擔心這樣長期下去，孩子會養成看電視的習慣，不知道這個矛盾怎麼解決。

我認識一位姓劉的媽媽，管她叫小劉。小劉的情況和這位媽媽差不多，但小劉卻很好地處理了這個問題。我把小劉的經驗介紹給了這位媽媽。

小劉每天接孩子回家後也需要做飯，又希望能和孩子多說說話，她就把廚房的一面牆空出來，讓這面牆成為孩子的大畫板。她家廚房的四壁都鑲了瓷磚，是光滑的，可以隨時把畫上去的東西擦掉。

這樣，每天從幼兒園接孩子回家後，母女一起進廚房。媽媽邊做飯邊和孩子說話，孩子或畫畫或和媽媽說話，或看媽媽做飯，總之孩子也非常喜歡這樣待在廚房裡，很少想到要去看電視。

小劉說用這個辦法，孩子既不會養成長時間坐在電視機前的習慣，同時又能滿足畫畫的需求，還增加了親子溝通交流的機會。她發現比起獨自坐在客廳看電視，孩子其實更樂意待在媽媽身邊，因為整天沒見，孩子其實是很想和媽媽待在一起的。這樣還有一個好處是孩子始終在自己的視線內，非常安全。

可見，要防止孩子形成一些壞習慣，不是先不經意地「培養」，然後再費心費力地去改造，更不是事無巨細地監督孩子，而是要家長自己在生活細節中用心，努力為孩子營造一個健康的成長環境，從一開始就不讓孩子被壞習慣纏住。

## 巧用心理戰，便秘去無蹤

現在便秘的孩子很多，這是不正常現象。兒童陽氣旺盛，便秘很少是由於內臟功能羸弱所致。吃得太精致，跑跳類活動太少等不良生活習慣才是重要原因。更主要的，是孩子一直無法建立正常的排便條件反射，即大腦對排泄信號出現抑制反應，使排便生理需求無法被大腦識別，結果就是總沒有便欲感。沒有便欲感又會延長糞便在腸道的停留時間，導致大便乾結，增加排便困難，使事情進入惡性循環。

痼疾的起源，往往不是因為家長沒關心孩子大便這件事，恰恰相反，很可能是家長在這件事上太在意了，對孩子進行了太多的錯誤訓練和不良暗示，反而抑制了排便反射正常形成。所以，雖然兒童便秘是個生理問題，如果想根治，則多半需要回到根源，採用心理治療。

下面這個例子對這問題的成因有很好的說明，也給出一種有效的解決辦法，值得借鑑。

一個叫小雨的孩子，家人在她一歲半左右開始訓練她定時大小便。時間一到，小雨就被要求去坐便盆，孩子常常不願意，家長便軟硬兼施地把孩子摁到尿盆上，或多或少，總要孩子撒點尿或拉點什麼出來，才允許站起來。過度訓練阻礙了孩子的自我生理調適，也使孩子對大小便這件事很厭惡，從不主動去坐便盆，能逃避就逃避，於是常常憋便，只要家長一疏忽，就拉尿在褲子裡。為此家長非常生氣，以為這是訓練得不夠，更嚴格地訓練孩子坐便盆。這樣，孩子每天都有不少時間在便盆上度過。可能是長時間坐便盆之故，剛兩歲就出現輕微脫肛現象，引起排便疼痛，這讓排便這件事在孩子心中更恐懼，於是更經常性地憋便。憋便引起大便燥結，燥結使得排便更困難、更疼痛，也使孩子對這件事更恐懼，更沒信心，便秘越來越嚴重。

便秘特別容易引起上火和感冒發燒，所以家長經常為孩子大便的事憂心忡忡。家長的焦慮傳染給孩子，小小的人，也為這事心理負重，經常在排便不成功時，或因疼痛或因內疚而痛哭，好像自己犯了大錯。偶爾哪一天順利排便，就輕鬆高興得宛如中了大獎。找醫生看過幾次，醫生總是開些瀉藥，吃了能管用，不吃就不行。但藥不能經常吃，而小雨能夠自主排便的情況越來越少，家長實在沒辦法，開始給孩子使用塞劑，這更使孩子在生理和心理上形成依賴。到四歲時，已幾乎不會自主大便，每隔三、四天用一次塞劑。

小雨父母後來從媒體上看到一則消息，一位還不到四十歲的知名企業家因直腸癌英年早逝，這和企業家多年來一直有便秘的痼疾有關。他們驚出一身冷汗，意識到便秘是個很大的隱患，用塞劑相當於飲鴆止渴，必須想辦法解決這個問題了。恰好這時遇到一位有經驗的媽媽，給了他們一個絕招。雖然這位媽媽的建議初聽起來令人有些擔憂，有些刮骨療毒的味道，但兩害相權取其輕，他們認真思考過後，完全接納了這位媽媽的建議，透過給孩子短暫用藥，主要利用心理戰，很快就化解了這個難題。

採用這位媽媽的辦法，必先理解背後原理：

便秘如同失眠，是生理和心理不良互動的後果。心理越緊張，對生理越抑制；生理越抑制，心理越有障礙。所以解決途徑就在於建立生理和心理的良性互動，關鍵在兩點：首先消除孩子的心理障礙，建立排便自信，讓孩子不再為這件事焦慮；其次是養成定時排便的習慣，建立穩定的生理反射。

具體操作方法如下：家長瞞著小雨，去醫院找醫生開了適合兒童服用的瀉藥。晚飯後，把藥碾成粉，摻到一種果汁裡，不動聲色地讓小雨喝下去。藥的劑量掌握在第二天早上小雨可以排便，又不至於腹瀉的程度。第二天早上，小雨自主排便，孩子狂喜，家長也表現出驚喜，說：「哦，媽媽查過書了，有些孩子的腸胃功能成熟得晚，頭幾年會發生便秘，到了四、五歲就開始成熟了，會像大多數孩子一樣開始正常排便，看來你這是開始好轉了。」這時要關注一下孩子拉的是稀的還是乾的，以衡量一下接下來的一天需不需要用藥，或使用劑量的多寡。

在接下來的三、四天中，都採用相同的方法，暗暗促進孩子定時自主排便，並用欣慰的口氣對孩子說，「以前總發愁你的大便問題，看來長大自然就解決了，根本不用發愁！」家長這樣說是要讓孩子相信，是她自己的身體開始正常工作了，她的便秘問題從此消失了。

同時家長想辦法給小雨一個暗示，即她習慣在每天早晨排便。裝作不經意地對別人說：「我家小雨的習慣是每天一吃完早飯就去上廁所。」也可以對孩子說：「你習慣天天早上大便，這倒是個好習慣，天天早上把肚子倒空了，一天輕鬆，午飯可以多吃點兒。」媽媽還故意在孩子面前批評爸爸：「你習慣不好，兩天拉一次，要向寶寶學習，及時清理肚子。」小孩子非常容易受到暗示，當她以為自己會經常在某個特定時間大便，大腦就會自動讓這個時間和排便建立起關聯，形成條件反射。一旦條件反射建立，不需要意識主動驅動，到了那個時間，身體自然會首先接受大腦發出的信號，產生生理反應，然後又通知大腦，該上廁所了。

小雨第一期用的瀉藥是四天服用三次，停藥後，正常拉了兩天，第三天再出現便秘。家長按那位媽媽的指點，表情平和地告訴小雨，這種情況很正常，大便再規律的人，都會因為某個原因，有一天或有幾天不排便。你已經開始有自己的規律了，早上沒便，下午或晚上估計要便；今天不便，明天早上肯定會便。肚裡有，不用管它，到時想留也留不住——這些確實是事實，大便正常的人也會在某幾天或因飲食不當、外出旅行等原因導致排便不順，只要生活正常了，很快就會恢復正常。而規律只要形成了，確實是想擋也擋不住的。

家長表現出完全不焦慮的樣子，但暗中又悄悄「下藥」一次，小雨接下來的一天又在那個時間去了廁所，出來後更愉快，說果然每天都得這個時間上廁所，從孩子表情來看，她已堅信自己形成規律了。家長只是愉快地笑笑，簡單答應一聲，沒多說什麼。此後，孩子的習慣確實開始形成，排便的條件反射基本穩定下來。極偶然的情況下會發生便秘，在飲食和運動上暗中調理一下，就可以解決，不再需要瀉藥，便秘的問題徹底解決了。

如果採用這個方法，提醒家長要注意以下幾點：

第一，不要讓孩子知道家長的計畫，要讓孩子相信，一切變化是基於他自身身體的成長和習慣。這是他建立排便自信、能夠形成條件反射的心理基礎。整個計畫的框架，就是用心理戰取得生理戰的勝利。

第二，盡量促成孩子排便時間規律，但不需要很精確，大約以早上、中午、晚上來區別即可，或以「每天」為單位，不管早晚，一天一次即可。這需要家長觀察孩子，或根據孩子的生理習慣或生活規律來具體調整和確定。比如一般以早上為好，但如果早晨急著送孩子到幼兒園，就把這個時間放到晚上比較好，切不可因為時間緊迫，匆促地命令孩子趕快去排便。若再度引起孩子的反感，或讓孩子察覺到你的意圖，很可能前功盡棄。個人認為這個辦法在孩子的寒暑假開始實施比較好，或為了改善問題，家長和孩子專門請半個月的假也值得。總之，在開始階段，一定要從容輕鬆，不要讓過分規律的時間弄得孩子緊張兮兮的，無論什麼原因產生的緊張，都會擾亂孩子正在形成的習慣。即使習慣形成了，也要防止任何原因導致孩子因時間或情緒上的緊張而憋便。沒有便意不焦慮，一有便意就去上，這非常重要。

第三，飲食和運動一定要跟得上，尤其是改善初期，不要吃得太精致，多吃些蔬菜水果糙米之類含粗纖維多的食物，而且要經常帶孩子做運動或和孩子一起玩鬧。總之，要綜合治理，尤其要讓孩子動起來，促進腸胃蠕動。

## 「看道理」勝過「講道理」

我女兒圓圓兩歲半上幼兒園時，我像絕大多數家長一樣，也是告訴她媽媽要去上班，所以要送她到幼兒園。由於之前我正好有一個三個多月的假期，天天和她在一起，那正是她開始懂事、有記憶的時期，所以她的印象可能是媽媽總是這樣天天二十四小時和她在一起。

入園第一天，圓圓有新鮮感，很高興地進去了；第二天就不願再去，走到幼兒園大門口，說要跟媽媽回家，不進去。我就只好又給她講媽媽要去上班的話，她無可奈何地哭著跟老師進去了。我心裡很難過，一時也想不出該如何是好。接下來一天，早上要送她到幼兒園時，她忽然說一句：「媽媽不要和上班在一起，和我在一起。」

圓圓這句話一下提醒了我，我才意識到孩子心裡在想什麼。是啊，「上班」對成年人來說多麼簡單的一個詞，可小孩子怎麼能知道什麼叫「上班」呢？本來天天和媽媽在一起，現在突然有一個叫「上班」的東西跳出來，和她爭奪媽媽，她當然不願意了。我於是決定帶圓圓去看看什麼是「上班」。

第二天我正好沒課，就把圓圓帶到學校。在路上我告訴圓圓，媽媽上班就不在家裡了，而是到學校。走進學校大門，我告訴圓圓，這就是學校，媽媽每天就是來這裡上班的。然後我把她帶到教學樓，正值學生們上課的時間，我讓圓圓從教室門的玻璃上看進去，一位老師正在講台上講課。我告訴她說，媽媽是老師，就是像這位老師一樣，要天天來這裡給學生講課，這就是「上班」。

圓圓一定是聽懂了，她明亮的眸子裡閃現出好奇的神情，看看教室裡的老師，又看看我，一定是把我和那個站在講台上的人進行聯繫。我問她，你看媽媽上班時是不是不能帶小圓圓呀？她點點頭。我又問：「那媽媽上班的話，小圓圓是不是應該去幼兒園啊？」她說是。

我還帶圓圓去了辦公室，盡量讓她完整地看到我平時的工作場景，並簡單地和她講了我平時要備課、看作業等。我相信她聽懂了，雖然她不理解講課、備課的涵義，但她知道媽媽是必須天天來這裡做事的，這個時間沒有辦法和她在一起。所以第二天，我送她到幼兒園時，她雖然在道別時還是有些想哭，卻有了明顯的自制力；此後，凡我說要去「上班」，她就不再因任何事和我糾纏。

我在任何事上都不會讓孩子一再地感覺為難，更不會強行要她接受某個事實或道理。我是成年人，有責任在各種問題上動腦筋、想辦法，比如為什麼要上幼兒園這件事，透過「講」無法讓孩子明白，帶她去看一看，孩子一下子就明白了，也就變得懂事了。

## 家長不生氣，孩子不惹事

我曾在假期去一位同學家住過三天，當時她兒子兩歲多，非常淘氣，家長不讓做什麼，他就非做不可，彷彿是在故意挑釁。比如吃飯時，菜和米飯剛放上桌，媽媽對他說句「別亂動」，他就把湯匙伸到盤子裡亂攪；媽媽要餵他吃飯，他要自己吃，媽媽無可奈何地說「那你自己吃吧，別把飯灑了」，話音剛落，小傢伙就把碗裡的米飯故意灑在桌子上。

同學說她要被兒子累死了，並說兒子比女兒難帶。她沒有女兒，就把原因歸結到性別上。但我看得出來，她對孩子管得太多，嚇唬、批評也太多，所以跟她說，我幫你帶兩天吧。

這兩天中，我盡量順著小傢伙，他想幹什麼就幹什麼，幾乎沒有阻止過他，也沒批評過。比如他把放在茶几上的一個餐巾紙盒扔到地上，然後看著我，等我的反應。我知道小傢伙在向我發出挑釁的信號，等我生氣，但我不接招，只是笑笑，撿起來，放回茶几上。他又扔到地上，觀察我的表情，我又笑著撿起來，然後就這樣，他不停地扔，我不停地撿，後來他不再觀察我，真正開心起來，每次一扔就大笑，我也和他一起笑，不知多少回合，他有耐心扔，我就有耐心撿。

我同學在旁邊都忍無可忍了，我示意她不用管。終於，孩子感覺膩了，不再扔了。小傢伙也許開始還是想激怒我，但他發現我不生氣，扔紙盒就純粹變成了一個遊戲。我們的友好關係就從這裡開始。

過一會兒，孩子開始撕一本童話書，同學又想阻止兒子，我趕快對她說，讓他撕，很多孩子最初「讀書」，不是用眼睛，而是用嘴或手，不要管，這還能鍛鍊小手的靈巧性呢。小傢伙在沒人打擾的情況下，把一張紙用力地撕成好多塊，扔到地上，又從書上撕下一張，一撕兩半，不再有興趣撕碎，扔下，去搞別的「破壞」。

這兩天中，我和同學一直堅持不干涉孩子，這對同學來說可能是件痛苦的事，她開玩笑說忍得都快要內出血了。但成就也很快就看到了。

到第三天，孩子明顯不再跟大人逆著來，而且也不再看媽媽的臉色，神情平和多了。我們準備出去時，我和同學都坐在餐桌邊化妝，小傢伙抓起我的一支口紅。我帶了兩支口紅，已被他弄壞一支，這支可不想讓他也毀了。於是伸開手說，把這個給阿姨好嗎，阿姨要用這個。他居然很聽話地給了我，安靜地看著我如何打開使用。我的同學眼睛一亮，我們都暗暗笑了——這可是小傢伙以前從來不會做的事。

我後來不時地和同學通電話，她說小傢伙自從我來過後，變得聽話了，再也不和她逆著來，她現在感覺帶孩子沒那麼累了。

事實上，改變最大的是她自己。她心態平和了，能正面看待孩子的許多行為，不再把屬於幼兒的正常探索看成是破壞，接納孩子的行為，減少了對孩子的限制，給孩子充分的自由。孩子心裡沒有違逆，當然就變得聽話了。

## 反串「小監工」，幹活有熱情

在我女兒圓圓大約三、四歲時，我像天下所有媽媽一樣，希望孩子能學會自己收拾玩具。我開始培養圓圓收玩具的方法很直接，就是告訴她玩過後要自己把玩具收起來，但她總是收得丟三落四的，我就得不斷提醒，這裡還有一個沒收拾，那個也要收起來。結果弄得她對收玩具這件事很感冒，也做得很被動，一直沒有進步，總得我跟在屁股後面不斷嘮叨。

意識到這是個問題後，我開始想辦法。

有一天，我對圓圓說，以前都是媽媽指揮你收玩具，今天你指揮媽媽，讓媽媽來收拾好不好？她一聽，非常樂意，說好，立即就有大權在握的感覺，不由自主四處看去，觀察哪些東西要收起來。

我模仿她平時的樣子，只把放在眼前的一些收起來，然後就說收好了。圓圓作為監管者，眼裡開始有活兒，不知不覺地像我平時那樣，告訴我這裡有一個沒收，那裡有一個也需要收起來。我乖乖地聽她的指揮，一趟又一趟地跑著，直到她認為東西都已經收好。

其實有幾個小玩具還沒收起來，但她沒注意到，我不直接說出來，擔心那樣會降低孩子的成就感。晚上和在外地出差的爸爸通電話，我故意把這件事講給她爸爸聽，爸爸隨後在電話中表揚了圓圓。

接下來一次收拾玩具，還是她做監工，我動手。把玩具收好後，我說，寶寶指揮得這麼好，玩具收得這麼乾淨，但家裡還有一點亂，要不你再指揮媽媽收拾一下屋子？其實還有兩個玩具她沒看到，我也假裝沒看到，暫時沒收。

圓圓本來還意猶未盡，聽我這樣說，又來勁了，四下看看，告訴我把扔在地上的沙發靠墊放到沙發上，再告訴我把茶几上的水杯送到廚房，然後告訴我把沙發上的衣服掛起來……我在做這些的過程中，假裝無意中發現那兩個還沒收的小玩具，順口說一句「哦，剛才沒注意這個」，把小玩具送到玩具籃裡，然後再不動聲色地順手把圓圓沒指揮到的東西歸整一下。

屋子很快就顯得乾淨整潔，我愉快地環顧四周，對圓圓說，寶寶指揮得這麼好，屋子一下子就乾淨了。圓圓也能感覺出屋子前後大不相同，非常有成就感。

接下來兩三次收拾屋子，都是圓圓指揮，我跑腿。她的觀察力明顯比之前細緻，指揮得越來越好。但我知道不能一直這樣下去，所以再一次幹完活後，對她說，以前是媽媽指揮你幹活，這幾次是你指揮媽媽幹活，以後這樣吧，咱倆輪流著做指揮，你說好不好？圓圓說好，所以我在接下來幾次收拾東西時，和她互換角色，一會兒做指揮，一會兒幹活。我在幹活時，故意說我要做到最好，讓她這指揮官沒事幹。所以到她幹活時，也力求做到最好。非常明顯，她眼裡有活兒了，知道哪些東西應該收起來，盡心盡力地做，而不像從前，只是胡亂應付我。我在扮演幹活者時，有意疏漏，給她留點指揮的餘地；當我扮演指揮者時，既做出嚴格監督的樣子，又睜隻眼閉隻眼，不讓她感覺到難為情。總之，我盡量體諒她作為一個幼兒的能力，不苛求；同時又讓她有成就感，體會到做家事並不是件複雜的事。

這件事我沒有一直做，玩過一段時間後，不了了之，主要是圓圓沒興趣了，我也懶得堅持，所以圓圓並沒有就此養成天天主動收玩具的習慣。但我相信她已有收穫，這之後，她再去收拾玩具或收拾屋子，能力明顯見長，我覺得這就夠了。

在圓圓的成長中，在很多勞動技能如洗碗、洗衣服、收拾書桌等，我都採用類似激發興趣的方式，以讓她體驗為主，而不讓她感覺被家務勞役。那麼小的孩子，重在獲得初步的勞動技能，感受勞動的成就感，而不是天天去幹多少活。這些最初的技能和興趣，是孩子將來能夠形成正常生活能力的酵母。

圓圓只是在幼兒園和小學時，被我這樣設圈套做了一些家務，上中學後就沒再做家務，因為她時間明顯不夠用，除了功課，還要閱讀、玩遊戲、練琴等，我根本不忍心再用家務去瓜分她的時間。做家務是件簡單的事，只要孩子不厭惡，到該做的時候，自然就會做了。她考完大學後，我招呼她和我一起做飯，發現她動手能力很強，第一次切馬鈴薯絲，雖然有些笨拙，但切得又細又勻。在其他一些家務事上，也都是一開始有些笨拙，但很快就熟練了，做得又麻利又好。雖然從目前來看，圓圓不是家務高手，但獨立打理自己的生活已不成問題，我作為家長，對此已非常知足了。

以上幾個故事都是個案，事情不同，解決方法看起來也各不相同，事實上它們共有一條紅線——所有故事都讓我們看到，天下沒有不聽話的孩子，只要用對方法，孩子都是好孩子。

教育和醫療一樣，其存在的價值基於人與人的相似，沒有對相似性的把握，就不存在差異化對待的能力。所以，「教育」不在宏大話語中，也不在遙遠的目標中，而在當下的細節中，做好了細節，就是做好了教育。

《金剛經》裡講，任何一顆恆河的沙粒都包含著整個宇宙。每個孩子也都是一個小宇宙，需要我們心懷謙卑地以誠相待。作為父母或教師，如何檢驗我們對待孩子的方法對不對，如何避免被一些所謂的「教育專家」或「心理專家」誤導，有一個簡單的測試方法：你在讓孩子哭泣、憂鬱、屈服，還是讓他歡笑、平和、悅納——此方式不僅用於自我鑑別，也可用於判斷專家水準高下——不要用教育意圖來說事，也不要用專家名氣論高低；教育的對與錯，用孩子的表情和反應足以判斷出來。

只要方法對，不但能讓眼前的事情從「山重水複疑無路」跨進「柳暗花明又一村」，還能暗暗地滋養孩子的好品格，並使這好品格遷移。這就是教育的魅力，具有四兩撥千斤的功效。

# 5 走出心理沼淖——閱讀改變心靈的故事

我相信，一個愛閱讀的孩子，他心底向善向美的本能不會輕易死去，這是他在被嚴重損害的情況下，仍有可能變得正常的最後的火種。一個孩子，只要他尚存一息自尊，覺得自己有被人認可的地方，就不會完全墮落。在所有的交流中，我把握的原則就是不矯情，不強勢，平和，理性。我能感覺到孩子有一種終於被理解的快樂。

我曾在一所小學工作，遇到一個叫小春的四年級學生，他暴力傾向極為嚴重，幾乎每天都和同學或老師發生衝突。別的同學在走廊裡看了他一眼，他說人家的眼光不懷好意；排隊時別人不小心蹭了他一下，他說是故意擠他；甚至有的同學隨口唱兩句歌，他說人家故意在他面前炫耀，嘲笑他不會唱歌……總之，儘管大家很小心，盡量躲著他，還是會莫名其妙惹到他。

他發起脾氣來很恐怖，會狂躁地大哭大鬧，像瘋了一樣摔打東西、追打同學，會咬牙切齒地喊「我要殺死你，把你的頭擰下來，用刀剁碎……」老師如果去勸說他，他會連老師一起打罵，甚至故意攻擊女老師的胸部。在他最狂躁時，連體育老師也按不住他。學校甚至專門請來心理諮詢師對其進行心理輔導，都沒什麼效果。

他媽媽聽從一些老師的建議，帶他去醫院精神科看過病，有的醫院診斷是過動兒，有的醫院診斷是自閉症，吃過不少藥，但這些藥物除了讓他上課昏昏欲睡外，沒什麼別的作用。

小春的班導師告訴我，這孩子其實非常聰明，很愛看書，他上課似乎從來不聽講，成績卻不差。只是，班裡有這麼一個學生，同學和老師都沒好日子過，每天提心吊膽，不知他什麼時候「發飆」。家長們曾聯名向學校和教育局反映，但學校不能開除這孩子，又找不到解決辦法，只能這樣湊合著往下走。

校長也告訴我說，就因為班裡有這樣一個孩子，沒人願意來這個班當導師，管理這一個孩子比管理四十個正常孩子還要累，老師們甚至不願意給這個班上課。以前老師們經常因為小春鬧得不像話而找他的家長來，現在也懶得找了，他外婆和媽媽也很少來學校，甚至回避家長會。校長擔心小春會在哪天捅出個大婁子來，已跟附近派出所取得聯繫，以備萬一發生什麼事時，能迅速獲得員警的幫助。

我第一次看到這孩子時，感覺他的精神已瀕臨崩潰。下課了，所有的同學都躲他遠遠的，他像個孤魂一樣在走廊裡漫無目標地遊蕩著，眼神迷茫又充滿敵意，還有哀怨和絕望。他的狀態令我震驚。如果這樣下去，小春今生大約只有兩個去處了，不是監獄就是精神病院，而某些無辜的師生可能會受到他的傷害，所以必須趕快想辦法改善他的情況。

我找了幾位和他接觸較多的老師，詳細了解他的情況，尤其是他的家庭背景。小春父母離異，爸爸很少去看他，媽媽是很強勢的人，自己開一家小公司，很少管孩子。小春出生後一直和外婆外公生活在一起。小春外公很懦弱，外婆也很強勢。在小春剛上學的前兩年，外婆不時地來學校，總是說同學和老師欺負了小春。以前的班導師一談起小春的外婆就搖頭，說沒見過那麼不講理的家長。只是近一年多，因為小春的在校表現實在很有問題，學校幾次委婉地勸他們給孩子轉學或退學，外婆才有所收斂。但她也放話說，學校不可以讓小春轉學或退學，因為小春有病，學校不要小春就是歧視，她要去向教育局投訴，找媒體。嚇得學校再也不敢說什麼，只好這樣湊合著。

這些資訊已足夠讓我猜測小春出生以來遭遇了怎樣惡劣的教育環境，也讓我能判斷出小春為什麼會是現在這樣子。孩子從一出生就沒得到正常的父愛和母愛，長期處於那樣不堪的一種家庭生活中，到學校又經常被老師們用大道理批評教育一番，似乎過錯都是他的，把他的情緒通道全堵上。這樣，孩子的精神怎麼能正常呢？真是想想就令人心疼啊！

我知道幫助小春的工作會很困難，必須找到一個突破口，首先打破和小春的溝通障礙，取得他的認同，然後再改善他的心理。

小春愛閱讀，讀過不少書。我想這是我可以入手的地方，也是我對小春還抱以希望的前提。我相信，一個愛閱讀的孩子，他心底向善向美的本能不會輕易死去，這是他在被嚴重損害的情況下，仍有可能變得正常的最後的火種。

我從找小春來幫我忙開始入手。我找來一篇適合放到學校網站上的文章，一千多字，故意把其中幾個字寫錯，把一兩個句子寫成病句，列印出來，然後把小春叫來。我對他說，聽你的班導師說你很愛讀課外書，我估計你文字水準肯定比一般同學高。我這裡有篇稿子適合放到學校網站上，但發現裡面有錯別字，我沒時間校對，你可不可以幫我校對一下？

我的話可能讓小春覺得意外，他看我一眼，然後把目光躲開了，表情冷漠，不置可否，既不說行也不說不行。他也許是沒自信，也許不相信還會有人看得上他，讓他幫忙。我沒在意他的表情，很信任地對他說，幫老師一個忙吧，我實在沒時間校對。來，我給你說一下怎麼修改。

他用狐疑的眼光看看我，又微微點點頭，低頭看地面，不吱聲。我感覺他是很想做這件事的，就沒再說什麼，給他簡單講了一下編輯修改符號，並告訴他如果看到哪些句子寫得不合適，也可以修改，然後讓他把稿子拿走。

第二天早上，小春就把稿子送來了，還是一句話也不說，面無表情地站在辦公桌旁。我快速地把稿子看了一遍，他修改得很好，不僅所有錯別字都改過來了，連病句也做了修改。我真誠地表示出讚賞，然後又拿出一篇稿子，對小春說，你校對得這麼好，能不能再多幫老師點忙，再幫我校對一下這篇？

他什麼也沒說，面無表情地頓了片刻，接過了稿子，扭頭走了。我能明顯感覺到，他這一次來我辦公室的情緒比上一次好很多。

我把小春校對過的兩篇稿子交給學校網站管理者時，特意叮囑不要把後面校對者的姓名刪掉，我相信小春會上網看的。

以此為突破口，我後來又找這孩子校對過幾次，每次他來取送校對稿時，我都會隨意地和他聊上幾句。並且，我開始借書或送書給他，這樣我們的話題就更多了。總之，我要做的就是讓他放鬆，心理上一點都不緊張。

孩子開始信任我，從那以後，他每次和同學或老師發生衝突，怒火一定是需要來我的辦公室平息。初期的一個多月，他幾乎天天會哭泣著走進我的辦公室，有時是班導師或其他老師送過來，有時是他自己過來。不管多忙，我都會放下手中的工作，和他交談。

小春在其他老師的描述中，是個從來不和別人交流、不會對話的人。確實，他剛開始來我辦公室時，也什麼都不對我說，只是哭泣，或狠狠地自言幾句，似乎在罵什麼人。這種情況下我並不強行和他對話，友好而平靜地聽著他哭罵，完全不刺激他。待他平靜些後，不管他有沒有回應，和他簡單說幾句話，然後給他本書看，或給他幾張紙亂塗亂畫，我繼續做我自己的事，互不干涉。他往往會在我辦公室待上一兩節課的時間，直到情緒平復了，才回到教室。

慢慢地，小春開始願意在我面前訴說他的委屈和忿怒。剛開始，他是一個勁地自言自語，和我沒有任何互動。儘管我能聽出他經常不講理，總是持有強盜邏輯，而且廢話很多，但我並不打斷，很少正面開導他，也沒給他講過什麼道理。有時為了安撫他的情緒，甚至會故意順著他的話批評別人幾句。

小春對我越來越信任，在我面前越來越放鬆，不管他表現出低落還是倨傲，情緒上完全不和我對立，於是我們開始能對話，儘管他經常前言不搭後語，答非所問，但很明顯，他願意打開心扉，能夠表達和交流了。

漸漸的我有一個發現，他不管在學校和哪個同學或老師發生衝突，最後不知不覺地總是把情緒落到他媽媽和外婆身上。我從他的話語中慢慢拼湊出他的家庭生活真相。

媽媽和他見面不多，一會兒愛他愛得要命，一會兒恨他恨得要死。經常給他買很多衣服、電子產品及其他吃的用的等，捨得花錢，可一回家就和他發生衝突，然後把他打一頓。

有一次，小春用非常平淡的口氣對我說：昨晚我媽又冷不防地抽我一個耳光。我問為什麼，他說：「不為什麼，她喜歡這樣，三句話說不對就打我耳光。」小春說這話時口氣平淡，波瀾不驚，我驚詫地看看他，他一臉冷漠，不看我，自顧自地說：「我現在一看她抬胳膊，就不由自主地要躲一下，其實她有時候只是弄一下頭髮。」

他外婆對他的愛也很畸形，不是包辦就是打罵，處處控制他，和他媽媽的做法如出一轍。有一次小春居然說，「我外婆早點死就好了，可我媽還得活很多年，她們要怎樣才能快點死了呢？」雖然詫異，但我不阻止他說出這樣的話，也不對這樣的話做出過度反應，像聽任何一句平常話一樣，平靜而友好。

我幾乎沒給小春做過正面開導，我會在他盡情宣洩後，誠實而客觀地和他一起分析媽媽、外婆的問題，告訴他她們做得不對，還和他分析過這幾年遇到的一些老師的問題，我就是想讓小春知道，他不是天生的壞孩子，他現在是有些問題，但這些問題全部是家庭和學校帶來的。

同時我也努力捕捉他的各種優點，讓他知道，他是個多麼正常可愛的孩子。有一次，他說正在看第二遍《哈利波特》，並且自己也在寫魔幻小說，但他的小說不給任何人看。我相信他其實是想讓我看的，否則不會告訴我他在寫小說，所以我對此表示出興趣，問他可不可以給我開個後門，拿來給我看看。他沒有答應，搖搖頭，然後不理我就走了。第二天，他卻帶來一本大本子，裡面是他寫的小說，當時已寫了五、六頁，大約有三千字。他的故事有模仿《哈利波特》的痕跡，但文筆流暢，全部是手寫，很少有修改，看來是一氣呵成的。

在我的教師職業生涯中，確實很少遇到文筆這麼好的學生，我發自內心地欣賞他的才華。小春很少交作文本，只要他上課不鬧事、考試能及格，老師們就覺得很好了，所以也不強求他交作業。從這個小說來看，他的寫作能力要高出班上同學很多，將來很有可能走文字創作的路，寫出自己的作品。

這件事讓我和小春走得更近一些，我們有了更多的話題。他每寫完一個段落就拿來讓我看看，我只分享他的創作快樂，盡量避免點評，不擾亂他的構思和信心，呵護他的寫作熱情。我讓小春感覺到，我閱讀到的是一位小作者寫的小說連載，而不是一名小學生給老師看的作文。我相信，一個孩子，只要他尚存一息自尊，覺得自己有被人認可的地方，就不會完全墮落。

在和小春所有的交流中，我把握的原則就是不矯情，不強勢，平和，理性。我能感覺到孩子有一種終於被理解的快樂，他每次走出我的辦公室，都帶著愉快。不過，我的重點工作其實是他的家長，內容就是制止家長再打罵孩子，要求家長放棄嚴格的家規。但這是最困難的部分，花費的時間和精力最多。

我先找小春媽媽談一次話，讓她知道她一直以來對孩子的嚴厲和孩子現狀之間的關係，要求她回家不再打罵孩子，不要用各種家規來限制孩子。小春媽媽一開始對我有些戒心，並不承認自己經常打孩子，她居然說自己很少打小孩，然後抱怨孩子太不聽話，沒法溝通，自己為孩子付出多少辛苦等等，言語間表示出對小春的厭惡和無可奈何，似乎要證明一切問題都是孩子天性所致，是來自孩子父親的遺傳。同時，她特別強調小春有過動和自閉的傾向，並說因為找的醫院不同，醫生診斷也不同，她一定要確診孩子到底是哪種病。但我能感覺出她說這些時並不十分自信，這反而讓我對改善她的教養方式有了信心。

我知道她在短時間內不能接受小春的問題是來自她的教養失敗這樣一個事實，所以當時沒有生硬地給她講道理；相反的，我處處表示出理解的態度，目的是不讓她在情緒上和我對立。

接下來我按自己的計畫，不斷地和她溝通，經常給她打電話，在接觸的第一個月，平均每天打一次。我不斷強化孩子不可以打罵的資訊，並就一些具體問題給她具體的指導，讓她知道確實有比打罵更好的方法。同時也不斷告訴她小春具有聰明懂事的潛質，讓她對孩子有信心。

這個過程令我非常為難和痛苦，非常耗費精力，但我一直堅持著，並盡量想辦法做得自然。事實證明我的努力是有效的，小春媽媽的態度開始轉變，開始控制自己打孩子的節奏。她本來是個很強勢的人，但在跟我溝通中，漸漸學會了傾聽。

我不斷地想辦法強化她對小春的正面思維和正面態度，讓她知道自己做得越來越好，小春也在越變越好。還給她編派任務，讓她監督孩子外婆，不允許老人家再打罵孩子。這樣，她有意識地去制止外婆打罵小春時，自己也就更有意識地克制自己的脾氣。她後來居然能做到天天回家陪孩子，一方面想多給小春一些關愛，另一方面也是要防止外婆再打小春。小春挨打的次數越來越少，約半年後，就不再聽說他回家挨打了。

不挨打的小春很快表現出可喜的變化，和同學及老師的衝突開始下降，越來越少。班導師時不時地表揚他一下，說他越來越懂事了。

班裡的同學其實都非常單純，一旦感覺小春不再威脅他們，不少同學也就很自然地和小春一起玩。就這樣，事情慢慢進入了良性循環。小春開始有了玩伴，到我辦公室的次數也就少多了。半年後，小春就不再和同學、老師發生嚴重衝突，抗憂鬱藥也停了。

當然，並不是小春的全部心理問題都解決了，我沒有能力擦掉他全部的傷痛，創痕還在他心裡，他偶爾還是會出現一些問題。智商出色的小春，在情緒上卻顯得比同儕幼稚，比如因某件事不快，不是號啕大哭，就是趴在桌子上一動也不動，誰都不理。但是，現在已經不會像以前那樣找碴打人，即便生氣也不過分暴烈，有了自我約束力，整體狀態基本趨於正常。學校一些不明就裡的老師很驚奇地說，這個小春怎麼一下子變得懂事了，看來長大一歲就不一樣啊，換了個人似的。

我離開這所小學後，和小春的媽媽還保持聯繫，隔一段時間就給她打一次電話，她偶爾和小春發生衝突，不知該怎麼解決時，也會打電話向我傾訴或諮詢。我知道她一直在努力改變自己。我和小春直接聯繫並不多，兩三年間總共通電話約四、五次。我記得最後一次和他們聯繫是小春上了中學，成績很好。電話中的小春變聲了，他興致勃勃地講了進中學的一些事情，還講了他最近看到的有意思的書。從電話中可以感覺到，他的狀態比我離開學校時更好了。

只要不出意外，小春將來一定會上大學。未來他也許會成為一個文學家，也許會成為一個專業技術人員。無論成為什麼，他至少是個正常人，可以擁有正常的人生，這才是最重要的，也是我作為教師想到一個學生時最感欣慰的。

# 第五篇

# 完善家長自身

# 1 沒脾氣才會有教育

家長脾氣大造成的後果是什麼，我們大約可以這樣描述：輕度後果，孩子叛逆、消沉、多疑；中度後果，孩子成年後脾氣暴躁、愛抱怨或抬槓、為人苛刻；重度後果，嚴重憂鬱症、性變態、精神病人格。

很多家長在和孩子相處中總是喜歡發脾氣，習慣於把每次發脾氣歸咎於孩子不聽話，或孩子某種行為太不像話，認為自己發脾氣是不得已而為之，是為了教育孩子。事實是，脾氣不但沒有教育功能，而且是反教育的。脾氣越大，教育效果越差。壞脾氣不僅像一把亂揮的錘子，破壞當下的一時一事，甚至造成不必要的人生悲劇；更像擴散的有毒氣體，形成深遠而廣泛的損害。

壞脾氣造成的後果是什麼，我們大約可以這樣描述：輕度後果，孩子叛逆、消沉、多疑；中度後果，孩子成年後脾氣暴躁、愛抱怨或抬槓、為人苛刻；重度後果，嚴重憂鬱症、性變態、精神病人格。家長發三分脾氣，會對孩子形成七分損害。說壞脾氣是教育的死敵、人生的陷阱，並不為過。

脾氣的壞處其實大多數人都明白，只是做不到不發脾氣。不少家長經常下決心要改掉壞脾氣，每每事到臨頭，火氣一上來，就什麼都忘了。所以，本文想著重談談如何克制壞脾氣。

克制脾氣不能光靠一個「忍」字。古話說得好，「忍」字心頭一把刀。一位家長給我的郵件標題是「我忍，我忍，我忍忍忍」，且不說郵件內容如何，標題已夠驚人。刀鋒之下，如何能躲開傷害？一個人心上這麼多帶血的刀子，若不去掉，遲早是要割傷自己或他人的。

這就說到一個問題，脾氣大的人為什麼心中常有怒氣？他們的「火」到底從何而來？知道病因，對預防和治療都非常重要，所以有必要在這裡對壞脾氣先追根溯源一下。

脾氣很差的人，童年經歷往往有兩個特徵：一是身邊有個愛發脾氣的人，二是內心常常有委屈感。正是童年時代的這兩種遭遇，埋下了壞脾氣的隱患。

因為兒童的性情是向成人習得的，家長的行為示範作用要遠大於口頭訓誡作用。壞脾氣家長動不動向他人、配偶或孩子發火，這首先是做了反面示範，無意中教會孩子用破壞性方式來表達不同觀點。同時壞脾氣的人讓家庭生活經常充滿火藥味，讓孩子的心理總是充滿負面情緒，積澱越來越多的負能量，成年後便習慣以傷害性的方式表達分歧，尤其容易衝著配偶和孩子嚷嚷，甚至動手，因為這兩者離自己最近，對自己威脅最小——於是我們看到，壞脾氣代代相傳，老子火氣大，兒子脾氣差，到了孫子也不怎麼樣——家族輪迴鏈就這樣形成，正如蒙特梭利所言，「每一種性格缺陷都是由童年的不幸所造成」。

脾氣的本質是恨意，恨意和思考力呈反比，恨意越深，思考力越淺。一些愛發脾氣的人經常說的一句話是：我這脾氣就這樣，天生的，改不了。把壞脾氣等同於雙眼皮一樣的生物遺傳，這反映了很多人對自己壞脾氣的無可奈何，以及對自我改變的逃避。追溯脾氣的成因不是為了指責誰，而是為了看清楚自己的缺點從何而來，往何處去。看清事情的來龍去脈，才能避免把壞脾氣合理化，才有力量斬斷這輪迴的鏈條，並且容易對原生家庭的缺陷給予原諒。

如何改變壞脾氣？關鍵一步是立即行動。也就是從今天、從這件事開始，不發脾氣。脾氣這個東西，不發就不發了，你不縱容它，它就不會張牙舞爪。反之，如果不加以約束，脾氣就會被餵養得越來越大。這不僅在心理學上觀察到，生物學也證明，慣於擺出暴力姿勢的人，只會增加自己的憤怒。

克制脾氣可以從每一個想要發火的事件中開始練習，哪怕覺得自己在「演戲」，也要演下去，情緒沒到位的情況下，努力讓行動先到位。心理學研究發現，「任意表露情緒，可以強化情緒。相反，盡可能地抑制情緒，則會削弱情緒」①。並且人的情緒有互動性，投射出去的情緒往往會反彈回來，每一次反彈都是強化。好情緒有好的強化，壞情緒有壞強化。古希臘哲人亞里斯多德（Aristotle）曾說過：「我們由於行使正義而變得正義，由於練習自我控制而變得自我控制，由於做出勇敢行為而變得勇敢。」所以，如果我們想要變成「好脾氣」，就要讓「好脾氣」不斷和我們相逢，盡量不讓壞脾氣出來露臉。

大部分情況下，人只要體驗過一次克制脾氣帶來的愉悅，後面就會更容易控制情緒。

有位家長說她一直對兒子要求嚴格，但還在讀小學五年級的兒子脾氣不好，一點小事就大發雷霆，大吼大叫，而且從不認錯，經常氣得她簡直要發瘋，只是因為知道打孩子不好，才強行忍著不動手，但和孩子吵架卻是頻繁發生。有一次她實在黔驢技窮了，憤怒地對孩子大喊：你就不能讓媽媽高興點嗎？兒子大聲回敬說：「我不知道如何讓你高興，就知道如何讓你不高興。」她當時感覺都要氣到吐血了。

有一天，兒子從學校打電話回來，說一本作業本丟在家裡，今天必須交，要媽媽送來。這不是第一次了，這孩子整天丟三落四的，動不動就把什麼東西丟在某個地方，所以當她黑著臉把作業本送到孩子手上，剛說了句「每天叮囑你多少次……」兒子立即嗆她一句「好了好了，你快走吧！」扭頭就離開，沒有一點認錯的意思，也沒有對媽媽的辛苦表示一點感謝。可能只是因為在學校裡，才沒大喊大叫。晚上她很想指責兒子幾句，只是害怕他發脾氣，才硬忍住了，心想等你下次再忘了帶東西，一定要好好教訓你一頓。

沒想到第二天兒子又從學校打電話回來，說他把今天要交給老師的一張表格丟在家裡了，要媽媽再送一趟。她一聽，火氣一下就上來了，沒好氣地說，媽媽今天忙，沒時間，你明天再交吧，便生氣地把電話掛斷。過了一會兒，老師打電話來說，這張表格必須今天交，現在班裡就缺她兒子這一張，希望家長配合老師的工作，否則孩子沒法放學回家，老師也沒法下班。老師口氣強硬，不容商量，她只好放下手頭的事，開車往兒子學校趕去，內心簡直可以用怒火萬丈來形容，恨不得當下抓住兒子痛罵一頓。

快要到兒子學校時，她想到有可能遇到兒子的老師，突然有一點點膽怯，感覺沒有勇氣面對，害怕老師給臉色看。然後又想到，自己還這麼害怕見到老師，兒子此時不知有多難堪。老師顯然很生氣，應該已是狠狠地訓了兒子。全班那麼多孩子，就他一個人忘了帶表格，這讓兒子多麼尷尬啊。想到這裡，她忽然有點心疼兒子了，心裡的怒氣一下消解了不少，然後，不知怎麼突然生出一個想法，今天連提醒也免了，反正提醒也沒用，還讓他嗆自己兩句，這次什麼也不說，看看他以後會怎樣。

到了學校見到兒子，她一反常態地沒有生氣，把表格交給兒子時，還順便把水壺遞到孩子手上，和顏悅色地說，水壺也忘了帶了，是不是一上午沒喝水，渴嗎？媽媽的表現讓孩子大吃一驚，有些不相信地看著媽媽，一時不知該說什麼，眼睛裡流露出感動。要知道，以前如果忘了帶水壺，也是一個過錯，回家後總會受到一頓責罵。

看著孩子的表情，媽媽忽然覺得孩子那麼可憐，自己沒發火，居然讓他那麼意外，可見自己對孩子發了多少火。媽媽一下感覺有些心酸，忍不住溫柔地拍拍孩子的背。當孩子確信這次媽媽真的沒生氣時，眼中突然泛起淚光，有些不知所措地低下頭，囁嚅著低聲說一句「媽媽，又讓你跑一趟……」孩子雖然沒把話說完整，但能聽得出他的歉疚，幾乎可以確信，孩子在強忍著眼淚，或已流下眼淚。媽媽一瞬間也眼眶一熱，又輕輕摸摸孩子腦袋說，沒事，反正媽媽今天也不忙。嗯，沒別的事了吧，那媽媽走了。孩子輕輕地嗯一聲，還是沒抬頭，媽媽能感覺到她和孩子間有某種溫暖的東西在交流著。

回家的路上，竟是從未有過的幸福感，原來寬容竟有這麼大力量，可以讓一個從來不肯低頭認錯的孩子主動說出對不起。晚上孩子回家後，居然也一反常態地變得非常溫順，媽媽讓他幹什麼，他總是情緒愉快地去做了，完全沒有以往的故意頂撞。

這次經歷讓她看到克制脾氣的成果，給她帶來信心和鼓舞。後來這位家長開始不斷地約束自己，發脾氣的次數確實是越來越少，脾氣也越來越小。很多事情如果在以前，一定會覺得不可容忍，非得暴怒一場不可，現在卻發現所有的事情都沒什麼大不了，不發火並沒有那麼難，而孩子也變得越來越懂事。

當然，並不是所有的孩子都像這個孩子一樣，家長一改變脾氣，馬上就懂得「領情」，很多孩子對家長初期態度的轉變並沒有積極的回饋，似乎無動於衷。如果出現這種情況，也不要氣餒，哪怕是遇到孩子主動挑釁也不要發火，讓他「拳頭打在空氣中」。雙方的負面情緒都得不到釋放和回應，時間久了，自己的脾氣、孩子的脾氣都會在不知不覺中變好。

有位爸爸說他下決心不再跟還在上幼兒園大班的兒子發脾氣，但小傢伙卻是給三分顏色就想開染坊，弄得家長越來越沒信心，擔心把他慣壞了。但有一天傍晚，這種印象改變了。當時，孩子媽媽把一盤剛炒好的馬鈴薯絲端到桌上，又進廚房炒第二道菜，孩子馬上爬到椅子上要吃，爸爸說菜剛炒出來太燙，再說媽媽還沒過來呢，等一會兒吧。孩子一臉不愉快，手裡的筷子不肯放下，啪啪敲擊桌子，趁爸爸不注意，突然往菜盤裡吐一口口水。

這實在太過分了，爸爸幾乎把持不住地想發火。也許是小傢伙自己也知道這動作太不應該，看著爸爸，目光既挑釁，又有些怯怯的。爸爸強壓怒火，鎮靜地看孩子一眼，沒吭聲，低下頭繼續看手機，努力平息心裡的火氣，然後思考對策。

片刻後，媽媽端著另一道菜出來，不知道剛才發生了什麼事，爸爸也沒說什麼，一家人開始吃飯。爸爸心裡憋得有些吃不下飯，小傢伙也許確實覺得自己理虧，也許是因為又沒等到爸爸的火氣，心裡有些忐忑不安，在飯桌上表現得出奇乖巧，一直老老實實地坐著吃飯，不像平時吃兩口就跑了，還把碗裡的飯吃得乾乾淨淨的。媽媽驚奇地說寶寶今天表現怎麼那麼好，爸爸心裡則忽然有些感動，覺得自己堅持不發脾氣有了成果，慶幸自己沒有輕易放棄「好脾氣」。他反思自己平時對孩子管得多，又老發火，孩子不唱反調才怪。比如今天，孩子想先吃幾口馬鈴薯絲，這要求對一個小孩子來說其實很正常，家裡又沒有外人，為什麼不允許呢？這麼點事都要限制他，他當然會覺得你總是很不友好，就要故意在你面前搗亂。如果自己沒壓住火，又打罵孩子一頓，事情會變得多麼糟啊。

在這麼具有挑戰性的事件上還能控制不發火，爸爸自己也有成就感，此後更注意減少限制孩子，努力克制脾氣。

脾氣與脾氣的對峙就像拔河，對方的屹立不倒是以你的堅持為前提的。如果想讓對方不再堅持，最好的辦法是放開手中的繩子——家長心中沒怒火，孩子的脾氣就發不起來。這一點小小的改變，對孩子的未來影響深遠。

在改善壞脾氣的路上，家長要經常問自己幾個問題：我的孩子不如別人的孩子好，是不是我做得不如別的家長好？或者是我沒看見自己孩子的好？在和孩子相處中，我原諒過他什麼錯誤？對他的什麼缺點能一笑置之？給孩子做個好榜樣重要，還是我出口惡言重要？比起那些天生殘疾或生大病住院的孩子，我的孩子四肢齊全，身體健康，這是不是他給我的回報呢……這些問題不妨常在心裡想想，就是對壞脾氣的不斷緩解。

控制脾氣，多數家長只要在意識上到位了，行動就會自動調整。但也有人發現，克制脾氣對自己來說是件特別困難的事，雖然明明白白地知道發脾氣的壞處，卻常常控制不住。每次發完火都後悔得要死，可到了下次，照樣大發雷霆。

如果是這種情況，可以試試下面幾種方法：

第一，半小時效應。給自己立個規矩，不管有多憤怒，都不馬上發作，即便無意中發作了，也要馬上收住，告訴自己等半小時，一切都等到半小時後再說。在這半小時裡，一定要去做點別的事，凡是能讓自己感覺好些的事都可以做，比如流覽網頁、玩遊戲、吃東西、到外面走走、洗個澡或給好友打個電話等等。一切有可能挑動脾氣的事都不做，且最好不要和孩子在一起。脾氣是一種激情，爆發都是瞬間的事，挨過半小時後，人就會變得理性，該怎麼樣做不該怎樣做，基本上就清楚了。

第二，紙條儀式。在特別想改變壞脾氣時，寫兩張紙條。第一張描摹自己的壞脾氣，把它的可惡白紙黑字地寫出來，此紙條象徵自己的壞脾氣。第二張寫下自己改變壞脾氣的願望，以及有提醒作用的一兩句話，此紙條象徵自己的決心。然後把第一張狠狠地撕碎、燒掉或用其他方式銷毀，感覺把壞脾氣埋葬掉。第二張貼在牆上或放到自己方便看到的地方，規定自己不管在什麼情況下，只要想發火，就必須先跑去看這張字條，看完後再決定發不發脾氣。如果已經開始發火，突然想到紙條，也要跑去看看。若紙條有效控制了火氣，給自己一點任何形式的獎勵，讓自己高興；如果看過紙條後仍不管用，還是發脾氣了，也不要氣餒，把這一張撕了，再寫一張，重新給自己鼓勵。看紙條這個儀式化的行為一直堅持下去，上面提醒自己的話經常在心裡複習一下，壞脾氣一定能有效抑制。

第三，意念疏散。當火氣一下子起來時，先趕快把意念投注向自己身體內部，宛如立即把身邊惹你生氣的人丟棄掉一樣。集中注意力尋找一下身體哪部分被怒火弄得不舒服了，是胸口憋悶，還是腦袋隱痛，或是手臂顫抖，然後把意念集中到那個不舒服的地方，想像有一團純淨的氣體或清澈的水流，輕柔地包圍那裡，旋轉按摩，並絲絲深入，把那裡的濁氣驅趕出去，可經由身體任何地方揮發到空氣中，身體越來越乾淨。這個過程最好伴有深呼吸，感覺純淨之氣被吸入，然後長吐氣，濁氣被呼出……一次驅散不完就再來一次，直到自己感覺變得乾淨、平靜而鬆弛。

以上三種方法可以同時做，也可以只做一種。關鍵是堅持，一直堅持，給自己反覆練習的機會。西方流傳一句笑話：如何像卡耐基一樣成功？答案是：實踐，實踐，再實踐。套用這句話，要如何成為一個不發怒的人？答案是：不怒，不怒，就不怒！在即將發脾氣的時刻，沒有比停止發脾氣更重要的事。

任何自我控制的手段只有建立在強烈的自我改變意識上，才會有效。在和孩子的「較量」中，家長要時時記住，只要發火，就輸了。家長若不和孩子鬥狠比強，遇到事情有定力，有變通力，那麼孩子學到的就是這些。

當然，必須承認的一點是，天下沒脾氣的人很少，正如天下沒有私心的人幾乎沒有一樣。所以也不要期待自己成為完美父母，不要有教育潔癖，否則會太焦慮。而過度焦慮對改善脾氣並沒有什麼好處。大家都是凡人，偶爾發點脾氣也正常。如同正常範圍內的私心是健康的，也是必須的一樣，正常範圍內的脾氣也可以存在，並可以理解。

如果實在沒忍住，脾氣發作了，至少要守住兩條底線：一是堅決不動手，只動嘴；二是趕快結束，不糾纏。不要非得講什麼理，明明白白開始的事，可以糊裡糊塗結束，這並不影響以後的日子變得清朗。當我們變得越來越習慣於自我克制時，自我克制就變得越來越容易。

亞當・斯密認為，具有最細膩敏銳的慈悲性格的人，自然也是最能夠高度自我克制的人。②我們俗稱的體貼、善解人意、感同身受、有同理心等等——這些簡單的辭彙不簡單，它標幟著人性可靠的寬度和高度。人若不固執於自己的想法，多站在他人的角度看問題；若善於從生活中發現美好，而不總是著眼於些許的不如意，脾氣可能就會小得多。

孩子唱反調，說明他有獨立思考能力和選擇的勇氣，這總比事事聽命於家長、沒主見好得多；孩子成績不理想，但他身體健康，心地單純善良，這該多麼令人欣慰；錢包被小偷偷了，要慶幸銀行的存款沒被人騙走；挨老闆一頓訓，就慶幸自己好歹有工作有薪水；邁腳出門，平直的馬路已鋪到腳下；輕輕點擊電腦滑鼠，世界就展現在眼前……太多太多的恩惠藏在我們看不見的地方。如果日子充滿感恩，你投送出去的心情都將回報給你；為孩子營造一個健康的成長氛圍，家長自己更受滋養。

「身是菩提樹，心如明鏡台，時時勤拂拭，不使惹塵埃。」——這是自勉境界。「菩提本無樹，明鏡亦非台，本來無一物，何處惹塵埃。」——這是超脫境界。對於一個超然的靈魂來說，有什麼事會讓他煩惱到失態呢？境界的昇華不可能輕鬆地一步登天，而需要一點修行。當我們能對一人一事給出豁達和寬容時，已不知不覺中開始對世界抱有無怨的情懷。沒有脾氣的胸臆，才能裝滿教育的正能量。

① 戴維・邁爾斯，《社會心理學》，侯玉波等譯，人民郵電出版社，2006年1月第1版，116頁。
② 亞當・斯密，《道德情操論》，謝宗林譯，中央編譯出版社，2010年4月第1版，183頁。

# 2 放手，才是真正的母愛

強烈的母愛不是對孩子恆久的占有，而是一場得體的退出。母愛的第一個任務是和孩子親密，呵護孩子成長；第二個任務是和孩子分離，促進孩子獨立。

成長和分離是對同一件事情的主次描述，成長是孩子的變化，分離是父母角色的調整。父母對孩子生活的參與程度逐步遞減，角色範圍一點點縮小，才能給孩子的生活騰挪出空間。

在我小時候生活的大院中，有個叫小四的男孩。小四家有三個女孩，只有他這一個男孩，媽媽極其寵愛。他媽媽是文盲，在我的印象中有些窩囊，似乎很少和人說話，每天只是買菜做飯。聽說自從小四長大，開始談論婚嫁後，他媽媽一下變得非常強勢。先是不同意小四自己談的兩個對象，小四不聽她的，她就喝藥上吊，鬧得很凶。後來小四終於妥協，和他媽媽相中的一個女孩結婚，他媽媽對媳婦很快由愛得要命變成恨得要命，除了挑撥小四夫妻關係，還常常找各種藉口把小四扣留在自己家裡，不讓他回家。小四硬要回去，他媽媽就找個理由跟過去，晚上就住在小四家。

當時小四住在一間小平房裡，只有一盤小炕，他媽媽就和兒子、媳婦擠在一個小炕上睡覺。小四的孩子出生後，他媽媽更找出各種理由不讓小四和媳婦在一起。在孩子兩歲多時，有一天，小四失蹤了，只給媳婦留了一張六個字的紙條：「我走了，不用找。」二十多年過去了，小四沒再出現，沒有人知道他是死是活。他媽媽在他失蹤幾年後也去世了。真難想像她在去世前，心裡會想些什麼。每每想到小四，那個我們童年的玩伴，想到他小時候天真無邪的淘氣樣，以及二十五歲時決絕的離去，我都惆悵萬分，歎息母愛可能是一座宮殿，也可能是一間牢獄。

在這裡我不想對小四的媽媽進行人性的、倫理的分析，只想用這個極端的故事引出一個既普通、又非常重要、卻常被忽略的教養守則：母子間的感情應該是綿長而飽滿的，但對孩子生活的參與程度必須遞減。

強烈的母愛不是對孩子恆久的占有，而是一場得體的退出。母愛的第一個任務是和孩子親密，呵護孩子成長；第二個任務是和孩子分離，促進孩子獨立。母子一場，是生命中最深厚的緣分，深情只在這漸行漸遠中才趨於真實。若母親把順序弄反了，就是在做一件反自然的事，既讓孩子童年貧瘠，又讓孩子的成年生活窒息。

本文談及的「母親」，泛指「父母雙親」，只在某些段落獨指媽媽這個性別角色，相信讀者能自行甄別這一點。

曾有一位初中生的媽媽向我諮詢，她的困惑是感覺和已經上初中的兒子越來越陌生。兒子一回家就把自己房間門關上，她想多了解兒子，進兒子房間不敲門，事實上是為了突襲檢查。兒子對此表示很不高興，抗議過幾次，媽媽不聽，兒子就在自己房間的門上貼了一張「閒人莫入」。當媽的感覺很受傷，她覺得自己努力去愛孩子，卻成了兒子眼中的「閒人」，心裡備感失落。她說，我現在會按他的要求敲門後再進入，可是心裡還是擔心，萬一孩子做點什麼事真的就一點都不知道了，那我以後怎麼幫助他，怎麼教育他？

持有這樣思維的父母，習慣於把自己的功能擴大化，不習慣隨著孩子的成長調整自己的行為界限。上幼兒園的孩子獨自在某個房間時，確實需要父母不時地過來關照一下，而一個初中生需要這樣的關照嗎？從這位母親的話中可以看到，她的擔心不過是孩子「萬一」做的那個事情，這個「萬一之事」可能是什麼呢？玩遊戲？和女同學聊天？上色情網站？手淫？不管什麼事，哪一種是需要突然推門進來解決的呢？

喜歡越界的父母總是表現出對孩子的極度關心，事無巨細地關心，其實他眼裡沒有孩子，只是變相地表達了對孩子的不信任和不尊重。儘管都是打著「關愛」和「教育」的旗號，但傳遞的總是令人厭煩的氣息，孩子不會從中體會到愛和教育，只能體會到被侵犯。

有自尊的父母不會刻意去抓孩子的什麼把柄，也會羞於面對孩子的窘迫。他要呵護孩子的面子，也不肯降低自己的修養，這樣的心境在父母和孩子間自然營造出合理的距離，開始得體地分離。

所謂「分離」，並不是慢慢放棄對孩子的關愛，而是慢慢調整關愛的方式。沒有哪個母親會明確地知道應該從哪年哪月哪天哪件事上開始和孩子「分離」，就像她不會發現孩子哪年哪月哪天比她長得還高一樣。成長變化伴隨著孩子的每一天，分離也伴隨始終。從孩子脫離母體開始，整個成長過程就是不斷的脫離：脫離乳房獨自吃飯，脫離懷抱獨立行走，脫離監護單獨外出，脫離供養自己賺錢，脫離支配發展自我，脫離家庭組建另一個家庭——父母從第一親密者的角色中退出，讓位給孩子的伴侶和他自己的孩子，由「當事人」變成「局外人」，最後是父母走完人生旅程，徹底退出孩子的生活。

我們甚至可以這樣理解，成長和分離是對同一件事情的主次描述，成長說的是孩子的變化，分離說的是圍繞這種變化父母所做的角色重要性的調整。父母對孩子生活的參與程度逐步遞減，角色範圍一點點縮小，這樣才能給孩子的生活騰挪出空間。

在健全的母子關係中，這是非常正常的心理調整。例如在女兒幼小時，幾乎所有的爸爸懷抱著可愛的女兒時，都會泛起醋意，想著將來哪個毛頭小子敢來搶走我的女兒，就打斷他的腿！可當女兒二十年後出落得亭亭玉立，和一個小伙子牽手親密時，被冷落在一旁的當爹的卻會滿是欣慰，欣慰於女兒長大成人，有了自己的生活，有人代替自己去愛女兒，自己可以少操心了。

哲學家弗洛姆是對母子關係解析得最好的思想家之一，他認為：「母愛的真正本質是關心孩子的成長，也就是說，希望孩子與自己分離。這裡體現了母愛與性愛的根本區別。在性愛中，本是分離的兩個人成為一體；在母愛中，本是一體的兩個人分離為二。母親必須容忍分離，而且必須希望和支持孩子與她分離。正是在這一階段上，母愛成為一個至為困難的任務，它要求無私，要求能夠給予一切，而且除了所愛者的幸福以外一無所求。也正是在這一階段上，許多母親未能完成母愛的任務。自戀、盛氣凌人、占有欲使婦女只有在孩子尚小時才能成為一個愛孩子的母親，愛幼小的孩子其實再容易不過了。而檢驗一位母親是否真正具有愛的能力，就看她是否願意分離，並且在分離後繼續愛著。」①

不懂得分離的父母，即使孩子成年、結婚，也要努力保留住對孩子的控制。他們往往喜歡一邊事無巨細地包辦，一邊抱怨孩子的無能。這樣的家長，其潛意識並不想讓孩子獨立，他要讓自己在孩子的生活中顯得重要，於是會有意無意地製造孩子的不重要感。與其說他極愛孩子，不如說他極愛那種對孩子的全面掌控，這種控制給他帶來的成就感和強大感，讓他對自己滿意。

有位年輕媽媽告訴我說，她的父母一直對她管得多，管得嚴。比如她從小熱愛閱讀，愛看古典小說、歷史書籍，卻常常遭到父母的白眼和阻攔。他們希望她只看課本，認為看「閒書」沒用。到她現在成家且有了孩子，假期中偶然拿本小說看看，她父親都會批評說，怎麼不看專業書？看小說有啥用？這位媽媽說，雖然知道父母愛她，但和父母相處的感覺卻是「簡直是生活在地獄裡」！

沒有被包辦的人可能很難想像被過度包辦的痛苦。我曾收到一封讀者來信，寫信人也是一名年輕女子，最後的簽名是「一個絕望的人」。她在信中陳述了她媽媽無止境的包辦帶給她的痛苦，並把她曾給媽媽寫的一封信一併發給我，問我要不要發給她媽媽。信是這樣寫的：

從小到大，無論什麼事你總是衝在我前面，那些我應該自己去做，或者我應該學著去做的事情，你全部包辦了，卻又總是挑剔我，說我自理能力很差，甚至在別人面前說我這個做不好那個不會幹。這導致我做什麼都沒自信，結果確實是什麼也做不好，於是你就更有理由衝在我前面。你一直用這樣極其殘忍甚至殘酷的方式對待我，我怎麼可能不自卑？怎麼可能有自理能力？怎麼能學會和別人打交道？你為什麼老是要衝到我前面？後果只有兩種：要嘛，我終於有一天不堪忍受，自殺了。要嘛，將來你老了，先我而去了，留下我一個人，不會燒飯，不會自己買衣服，不會討價還價，不會和人打交道，不會保護自己……最後悲慘地死去。總之，你是在往絕路上趕我！

（原信中，女孩在此處用了二十多個驚嘆號！）

父母如果固執地霸占孩子的生命空間，孩子的世界只能狹小，甚至殘缺。前面那位被降為「閒人」的媽媽其實應該感到慶幸，因為她的孩子尚小，且會反抗，敢於公開拒絕家長對他自由的侵犯，說明孩子體內的「自我」還比較強大，他的世界還比較完整。而這個女孩子敢於鼓起勇氣寫出這樣一封信，也是出於自救的本能，所以我贊成她把這封信發給媽媽。如果孩子對家長的操控完全麻木了，喪失了對「自我」邊界的守衛，受到的傷害也許是致命的。

有一次我聽一位心理專家談到一個剛做媽媽的年輕女子自殺的案例，他稱這名女子為小周。小周工作穩定，丈夫體面，家境殷實，父母對她也很好，又剛有了一個健康可愛的孩子，沒有人理解她為什麼會自殺。最後，大家都歸因於產後憂鬱，也就是說，這是個純生理問題。但心理專家不這樣認為，他間接認識小周的一位好友，對她的家庭生活細節有所了解，他的判斷是，產後憂鬱只是壓死駱駝的最後一根稻草，根本上，小周是死於父母的過度包辦。

小周有一對極其喜歡包辦的父母，從小到大的包辦自不必說，上大學時她想報考離家很遠的學校，父母不同意，強迫她報考了離家只有兩小時火車車程的另一個城市的一所大學。在專業選擇上，小周當時對心理學很感興趣，父母說學金融吧，這方面我們有路子，可以給你找人安排工作。小周當時極不情願，父母就軟硬兼施，最後迫使小周就範。小周上大學後週末不願回家，媽媽就每週搭火車去女兒的學校，除了帶一大包吃的用的，還要帶去洗好的衣服床單等，然後再帶一大包髒衣服回家。

畢業後工作是爸爸找的，丈夫是父母幫忙確定的，新房的所有傢俱，哪怕是一個廢紙簍都是媽媽給買來的，沒有小周自己插手的餘地。她結婚後，雖然家裡鍋碗瓢盆一應俱全，卻幾乎沒開過伙，都是在父母家吃。兩年後孩子出生，母親更以一個過來人的身分，包辦了嬰兒的一切。不管小周幹什麼，媽媽都會說，看你笨手笨腳的，我來吧。小周經常像個局外人似的看著媽媽給小孩穿衣、換尿布、洗澡，自己可以做的唯一一件事就是哺乳，其餘幾乎插不上手。

小周一直睡眠不好，有了孩子後，半夜要起來餵幾次奶，媽媽覺得女兒太辛苦，就不讓小周晚上給孩子哺乳，代之以自己晚上起來幾次給孩子餵牛奶。滿月後，乾脆把嬰兒抱到自己房間，說反正將來這個孩子是由我來帶，從現在開始讓他習慣和外婆睡在一起。小孩三個月後，小周快要恢復上班了，媽媽要小周乾脆給孩子斷奶，一心一意去工作。小周在自己的孩子面前徹底變成了旁觀者、局外人，就在要回去上班的前一天，這個剛做了媽媽的年輕人打開窗戶，從高樓上跳了下來。

我不忍心譴責小周的父母，只想用這個悲傷的例子提醒家長，氾濫的母愛和氾濫的洪水一樣，已不是河床裡奔流的能量，而是破壞力和災難了。真愛孩子的父母不會一味放縱自己的感覺，而是懂得適時約束自己。自我滿足感上欠缺一些，也許才是對孩子更好的疼愛。

我小時候看過一個故事，某天某縣官在衙門辦案，堂上跪了兩名婦人，中間放一個不懂事的幼兒。兩名婦人都聲稱孩子是自己的，自己才是親媽，對方是假冒的。縣官思忖片刻，對兩名婦人說，既然沒有人能說清楚孩子到底是誰的，這樣吧，你倆搶吧，誰搶到就是誰的。兩名婦人同時撲向孩子，孩子立即殺豬般地大哭起來。一個小孩子怎麼受得了兩個成人的撕扯，這樣搶奪下去會揪斷孩子的胳膊或腿，甚至會要了孩子的命。一個婦人很快表現出不忍，放手了，得到孩子的婦人臉上露出勝利的微笑。縣官看看這兩人，一拍驚堂木，立即斷定孩子是先放手的婦人的，讓衙役把搶到孩子的婦人拿下，眾人無不對此表示贊同和欽佩。

死活不放手的母親，不能說她不愛孩子，但比起占有欲來，她更愛後者。

二〇一三年，媒體報導一位媽媽陪兒子睡到十九歲，甚至孩子上大學到另一個城市後，媽媽也辭職到大學附近租房子來陪兒子，理由是兒子離不開她。人們對這位媽媽多有批評，網路上甚至有人猜測這位媽媽是否有亂倫傾向，或至少是「精神亂倫」。

亂倫之說我倒不怎麼相信，但在這個問題上，我贊成心理學家阿德勒對類似問題的觀點：戀母情結

（或稱伊底帕斯情結）是由於教育錯誤所造成的人工產品。我們不需要假設這是由遺傳得來的亂倫本能，也不必想像這種變態的本源和性有什麼關聯。②所以我寧可相信這位媽媽的做法，是由於教育上的蒙昧和人性中的自私所致。而且這種蒙昧和學歷無關，在當代生活背景下，它是自然天性退化的後果。

現在越來越明顯的一個社會問題是，父母在孩子年幼時不肯和孩子親近，把孩子扔給長輩或保母，理由是要賺更多的錢，給孩子創造更好的生活條件。或者是迷信某種冷酷的「育兒經」，比如「挫折教育」、「孩子不能多抱」、「哭聲免疫法」等育兒邪教，故意不和孩子親近，任由幼小的孩子哭泣悲傷，美其名曰培養獨立性。這些錯誤認識讓母子間喪失早期的親密接觸機會，沒有建立起暢通的理解管道，彼此理解就變得困難。可待孩子成年後，父母往往是一方面對當初冷落孩子的做法感到後悔，有強烈的補償心理，便生硬地要塞給孩子很多東西；另一方面又有討債心理，希望孩子回報自己的付出，聽話並且和自己親近。而孩子又不可能配合得很好，於是摩擦不斷。顛倒的親密順序，讓母子雙方都感覺困惑。

母親如果只是單方面發展自己的專業知識和職業前途，而不發展作為母親的智慧，那麼她在對孩子的控制上，可能不亞於一開始所提到的小四的母親。

有一次我參加一個旅遊團，團裡有一對母子，母親是退休大學教授，兒子是獨生子，當時已三十六歲，有份不錯的工作，尚未結婚，也沒有女朋友。母子關係看起來很融洽，走到哪裡都形影不離。但在十幾天的旅行中，大家慢慢發現，教授對兒子管得實在太多了，像管一個七、八歲的小孩子。從吃飯到買紀念品，什麼事都要干涉一下，而兒子總是很聽話，母親要他怎樣就怎樣，整個人顯得有些幼稚。有一天晚上我們十幾個人在一起喝啤酒，一邊聊天一邊唱歌，十分愉快。教授不喝酒，也不喜歡聽歌，和大家聊了一會兒說累了，要早些回房間睡覺，然後一邊起身一邊很自然地喊兒子「咱們走吧」。她兒子很明顯當時並不想回房間，還想再喝一會兒，但似乎不敢提出這個要求，有些猶豫。看他這樣，我們幾個人忍不住替他求情，希望教授自己先回房間，讓兒子再玩一會兒。教授淡淡一笑，輕柔卻不容置疑地說：我知道他酒量，可以了，今天不能再喝了，走吧，早點回去休息。兒子尷尬地對我們笑一笑，無可奈何地站起身，乖乖跟著媽媽走了。大家雖然都沒再說什麼，但我相信每個人心裡都很遺憾，也很感歎。媽媽不允許兒子獨立，兒子就只能永遠做小男孩，哪個成年女人願意和一個小男孩結婚呢？

阿德勒曾在他的書中舉過一個例子，一個七十五歲的農婦，她的兒子在五十歲時還與她住在一起。兩人同時得了肺炎，母親活下來了，兒子卻死了。當母親得知兒子的死訊時，悲傷地說：「我早就知道我沒法把這個孩子帶大的。」這位母親覺得自己要對孩子的一生負責，從來沒打算讓他成為獨立的社會人。我們開始明白，如果母親未能擴展孩子與其他人的聯繫，未能引導他與生活中其他人平等地合作，那麼她是犯了多麼嚴重的錯誤！③

現在社會上有一種「啃老」現象，不少年輕人大學畢業後不去找工作，或是結婚了還事事依賴父母，不僅經濟上不能獨立，心理上也離不開奶嘴。批評者的矛頭總是指向年輕人，認為他們之所以「啃老」，是出於懶惰和不思進取，但把所有的責任都推給子女的做法並不公平。孤立地對年輕人進行道德否定，使人們無法看清問題的真正根源，也無法找到解決的出路。

自己會走路的人，誰願意被人天天攙著走？如果能自立，誰願意一直被父母供養？「啃老族」在本該蓬勃發展的年齡卻出現意志癱瘓，這種狀態和他們的成長史脫不了關係。我接觸過一些「啃老」的年輕人，他們的成長歷程總是驚人的相似，那就是父母很少有分離意識，一直包辦，不肯讓孩子獨立；與此同時，又一直對孩子的種種不能獨立充滿指責和鄙視。孩子在不知所措中慢慢變得惰性十足並且厚臉皮，最終罹患自尊缺乏症和精神侏儒症。

「出於愛收回展開的手，並且作為贈予者保持著羞愧之心，這乃是最艱難的事了。」④這道難題在當代社會中，更有賴於通過文化進化獲得良好的第二稟性而完成。

要防止過度干擾孩子的生活，除了樹立相關意識，另一個重要辦法是母親應該發展自己的事業和愛好，把自己的生活打理好。

全心全意關愛孩子，並不意味著需要失去自我。愛孩子的媽媽也可以穿得漂亮，吃得優雅，玩得愉快。如果一位母親除了工作或家務之外沒有其他的愛好，沒有朋友，不愛逛街、不愛看書、不打麻將、不懂時尚，那麼很可能她的唯一愛好就是全面參與孩子的生活，這會使得分離變得分外困難。不願分離的媽媽往往會以一個苦情媽媽的形象出現，從年輕到老都活得苦兮兮的，這會讓孩子難過和歉疚，對他的成長和幸福並沒有好處。所以，不要做苦行僧式的媽媽，要做享受人生的媽媽。只有媽媽活得幸福快樂，孩子才能真正幸福快樂。

此外，作為已成年的子女，為避免父母對自己的過度包辦，出外工作後就應盡量獨立生活，成家後更應該避免和父母住在一起。不要對父母心存依賴，也不要被「孝」或「不孝」的繩索捆住。要堅定地拒絕父母跨界，但要溫和地抵抗。遇到父母無端的干涉時，最好的辦法當然是好好和父母溝通，如果無法溝通，就一笑置之，說句「媽媽你說得對，我知道了」，然後讓父母的話左耳進右耳出，自己該怎樣做就怎樣做，堅持進行「非暴力抵抗」。忍不住時，偶爾頂撞父母一句、吵一架，不是什麼問題，但盡量不頂撞，不吵架。自己要牢記的是：父母沒有惡意，只是做事不妥，天下沒有完美父母，我的父母也可以有缺點。這樣想來，自己的心就拓寬了。

愛包辦的父母，最初遇到孩子的「獨立戰爭」時，會悲傷和不適，但從長遠來看，肯定是欣慰的，畢竟絕大多數父母都希望自己的孩子生活得幸福。如果他們看到你離開他們也過得不錯，就會慢慢適應這種變化，並慢慢悟到母愛是個逐漸分離的過程這個道理。

最後，以黎巴嫩詩人紀伯倫（Kahlil Gibran）的一首詩作為本文的結束，這首詩值得每個母親去傳誦和牢記。

〈你的孩子〉⑤

你的孩子不屬於你
他們是生命的渴望
是生命自己的兒女
經由你生　與你相守
卻有自己獨立的軌跡

給他們愛而不是你的意志
孩子有自己的見地
給他一個棲身的家
不要把他的精神關閉
他們的靈魂屬於明日世界
你無從闖入　夢中尋訪也將被拒
讓自己變得像個孩子

不要讓孩子成為你的複製
昨天已經過去
生命向前奔湧
無法回頭　川流不息

你是生命之弓　孩子是生命之矢
幸福而謙卑地彎身吧
把羽箭般的孩子射向遠方
送往無際的未來
愛——是孩子的飛翔
也是你強健沉穩的姿態

① 弗洛姆，《為自己的人》，孫依依譯，三聯書店，1988年11月北京第1版，271-272頁。
② A.阿德勒，《自卑與超越》，黃光國譯，作家出版社，1986年9月第1版，11頁。
③ A.阿德勒，《自卑與超越》，黃光國譯，作家出版社，1986年9月第1版，109頁。
④ 尼采，《查拉圖斯特拉如是說》，上海人民出版社，2009年4月第1版，101頁。
⑤ 尹建莉譯。

# 3 做個「不講道理」的家長

天下沒有不懂事的孩子，如果要孩子懂道理，家長首先要做得有道理。做得有道理，比說得有道理重要得多。把「講道理」當成教育，這幾乎是「問題家長」的通病。殊不知「講道理」是下策，發脾氣是下下策，發脾氣加虛偽是下下下策。

「講道理」是很多家長喜歡的一種教育方式，一直以來被正面推崇。但人們也往往發現講道理對於很多孩子來說沒用，越喜歡講道理的家長，他的孩子往往越不聽話。

有位家長說她七歲的女兒特別喜歡唱反調，不讓做什麼就偏要去做，她經常苦口婆心地給孩子講道理，孩子卻不聽，惹得家長常發脾氣。她知道打罵孩子不對，但不知該怎麼辦。我讓她舉個孩子如何不聽話的例子，她講了這樣一件事。

她家住公寓五樓，沒有電梯，走樓梯上下。最近女兒特別喜歡這樣下樓：一條胳膊搭到樓梯扶手上，胳膊用力腳不用力地向下溜。媽媽不允許孩子這樣做，說樓梯扶手平時沒人擦，那樣會把衣服弄髒磨壞。但再一次下樓時，孩子又那樣，屢說屢犯，家長終於失去耐心，大發脾氣。孩子當著家長的面不敢那樣做了，卻找各種機會偷偷地那樣下樓，衣服袖子下面經常是髒的。陳述完事情後，家長用失望的口氣加一句：我那孩子，天生就不如別的孩子懂事，我其實挺尊重她的，不知給她講了多少道理，可她好像一句也不聽。

我對家長說，你既然已經發現講道理沒用，那至少說明在這件事上，講道理是不對的，發現不對，就應該立即停止。家長一臉迷惑，情緒上略有不快地問我，講道理不對嗎？那該怎麼教育她呢？

我說，很簡單，回家找兩塊抹布，你和孩子一人一塊，自上而下把樓梯扶手擦乾淨，既做了公益，又滿足了孩子手腳並用下樓的樂趣，試一下，看看效果如何。家長一聽，恍然大悟，對啊，這麼簡單，我怎麼沒想到呢！我怎麼就光想著給她講道理呢？

這位家長之所以沒想到，應該在於她一直以來只注意自己如何說得「有道理」，沒去想自己做得多麼沒道理。就這件事，孩子不過是想變個花樣走樓梯，家長卻不體恤孩子，這麼微小的一點童趣都不給孩子，對這麼簡單的嘗試都不能容忍，這和家長所說的給孩子「尊重」就完全不搭。天下沒有不懂事的孩子，如果要孩子懂道理，家長首先要做得有道理。做得有道理，比說得有道理重要得多。

教育家杜威認為，教育並不是一件「告訴」和被告知的事情，而是一個主動的和建設性的過程，這個原理幾乎在理論上無人不承認，而在實踐中又無人不違反。要使兒童「明白道理」，不要僅僅把道理告訴兒童，必須首先讓兒童有機會在實踐中獲得連續不斷的經驗。①

我曾看過一則新聞，廣州番禺張中良夫婦收養了十個孤兒，孩子做錯事，張中良與妻子不會責罵他們，也不講大道理，而是讓孩子們通過體驗，來完成對一個道理的認識。比如，有一次，張中良讓家中的小女兒慕恩帶著眼睛看不見的姐姐美春出去玩，不知為何慕恩將美春一個人丟在了外面，獨自回來了。張中良知道後並沒有多說什麼，只是讓小慕恩做了一個體驗：用毛巾蒙住慕恩的眼睛，讓她自己在外面走一段路。從此以後，慕恩變得特別懂事。這一個細節，足以讓我們對張中良夫婦更加敬佩，他們也許沒學過教育學、心理學，對教育的理解卻那樣透徹，沒有對孩子的真愛，是不可能有這份悟性的。

「處無為之事，行不言之教」是傳誦千古的經典教育方法，理論上人們都認可，可遇到問題時，大多數人的第一個念頭總是如何勸說孩子，如何給孩子講道理。比如我經常收到這樣的來信：年輕父母詳細陳述了老人家帶孩子如何包辦溺愛，導致孩子有許多毛病，後面提出的問題卻是：「這種情況下，我如何給孩子講道理，讓孩子改正缺點？」也有不少家長，他的孩子遭遇學校老師的冷暴力，導致孩子厭學。家長不去想辦法向學校反映，解決老師的問題，也不去做任何和老師溝通的努力，卻來問我「如何給孩子做心理建設，讓孩子不再厭學」——這樣奇怪的邏輯經常遇到，明明是成年人做得不對，傷害了孩子，卻把改造的矛頭對準孩子，指望動動嘴皮子，說點什麼，就可以改善孩子的狀態，這怎麼可能呢？

人們對「講道理」的偏好往往源於思維慣性。從小在家庭、學校接受太多「大道理」教育的人，往往會成為講道理愛好者。在他們的經驗和認識中，教育者和受教育者的關係，就是告知與被告知的關係；所謂教育，就是「明白人」對「不明白人」說話。所以他們對孩子表示負責和愛，就是大事小事都要告訴他們如何做。不過，這種單邊主義思維方式，最容易讓人陷入教育困境中。

一位家長說他在沒孩子時，很瞧不上那些打孩子的人，覺得成人靠武力征服孩子，真是無能。因此當他自己有了兒子後，遇到問題，總是耐心地跟孩子講道理。但是，隨著孩子慢慢長大，他發現自己奉行的「以理服人」越來越行不通了。孩子經常很固執違逆，不管家長怎麼說，就是不聽。所以他開始懷疑自己做得對不對，周圍又不時有人對他說，教育男孩子就要粗野一些，只要告訴他什麼是對的什麼是錯的，想讓他做什麼事，沒什麼好商量的，必須服從，不行就動用武力。所以，有兩次他和孩子發生衝突，真的沒能控制住，就對孩子動了手。到這時，他才發現自己黔驢技窮，也墮落成自己曾經不齒的那類家長了。

這位家長的做法很有代表性，不少家長，包括很多學校老師，面對孩子的一些問題時，經常脫不了這樣的模式：先講道理，講道理不行就批評，再不行就透過發脾氣來征服，或者在孩子的感情上做文章，比如陳述我為你付出多少辛苦，你卻這樣不懂事……以此來「感化」孩子。

思想家盧梭說過，三種對孩子不但無益反而有害的教育方法是：講道理、發脾氣、刻意感動。②這句重要的提醒已存世百年，可這三種辦法恰是很多家長身體力行，運用最純熟的。每當我在不同場合引用盧梭這句話時，總會引起別人的疑問和困惑：如果講道理孩子不聽，除了生氣或感化他，還有什麼方法呢？難道不要教育他嗎？

把「講道理」當成教育，這幾乎是「問題家長」的通病。

孩子當然要教育，但以大道理壓人，強迫孩子接受來自家長口頭的「道理」，這是在使蠻力，是思維懶惰和粗糙的表現，不但無助於問題的解決，反而會使問題越來越複雜，越往死路走。教育是門藝術，講究的是簡單和精巧。改變「講道理」的思維模式，變通一下，效果可能會好得多。

有位媽媽，從孩子一歲半開始，每晚給孩子刷牙，可小傢伙怎麼都不肯配合，任憑媽媽講多少道理都沒用，刷牙成了天天必打的戰爭，總是弄得雙方都不愉快。後來，這位媽媽想了一個辦法，孩子有一個很喜歡的小熊玩具，媽媽在晚上要刷牙前跟孩子說：「寶貝，小熊這麼長時間沒刷牙，牙疼了，長蛀牙了，你幫它刷刷牙好嗎？」孩子很樂意地接過媽媽準備好的牙刷幫小熊刷起來。給小熊刷完牙後，媽媽表揚孩子刷得好，並說：「小熊真乖，給它刷牙它配合得真好。」然後問孩子：「寶寶想不想讓小熊看看你也很乖，也會好好配合媽媽刷牙？」孩子高興地說好，史無前例地配合媽媽刷牙。這樣幾天下來，孩子再也不厭煩刷牙了。

還有一位家長，說他四歲的孩子有兩個毛病，一是不聽話，二是愛哭。問我怎麼辦。我讓他舉出最近的一個不聽話的例子。

他說孩子這幾天總是在晚上臨睡覺前要下樓玩，無論家長怎麼給他講外面天黑了，小朋友都回家了，明天再玩之類的話，孩子都不聽，就是哭著要下樓。

我說，你說的兩個毛病其實是一個，可以一起解決。從今天開始，一切事情盡量聽孩子的。如果他臨睡前想下樓，你就辛苦點，抱他下樓，他想在樓下待多久，就待多久，在其他事情上也採取類似的做法。家長有些吃驚，很顧慮的樣子，但回去還是按我說的做，結果讓他意想不到。

他後來告訴我，當天孩子在臨睡前又要下樓，家長沒說什麼，愉快地給他穿好衣服，帶他下去。外面很黑，冷風颼颼的，樓下空無一人，他剛把孩子放下，孩子就要他抱著回家。家長故意說既然下來了，多待一會兒吧，孩子說什麼也不肯多待，說想回家睡覺。回家後，孩子一下變得很聽話，讓刷牙就刷牙，讓脫衣服就脫衣服。此後其他的一些小事上，家長也都少說多做，盡可能傾聽孩子的意見，結果孩子哭鬧的問題也大大減少。

兩千多年前的荀子把有效教育和無效教育區分為「君子之學」和「小人之學」。「君子之學」是從耳朵進來，進入心中，傳遍全身，影響到行為；而「小人之學」則是從耳朵進來，從嘴巴出去，只走了四寸長，所以難以影響到整個人。用思想家盧梭的話來說就是，「冷冰冰的理論，只能影響我們的見解，而不能決定我們的行為；它可以使我們相信它，但不能使我們按照它去行動，它所揭示的是我們該怎樣想，而不是我們應該怎樣做」③。

現代心理學研究也證實了東西方先哲們的觀點：從講道理到接受道理，中間的距離可能很遠。一個人能否接納別人的觀點，首先取決於情緒，其次取決於對方的行為，最後才是對方的話語——成年人尚且如此，何況孩子。

孩子有時候確實會有些令人不可理喻的想法，給家長帶來麻煩。遇到這種情況，除了想辦法和孩子溝通，也要站在孩子的角度感覺一下他的想法和願望，不要輕易下論斷，說孩子「不聽話」。家長當然可以直接跟孩子講一些正確的道理，但如果孩子不聽，就應該考慮換一種說法。實踐證明，想要孩子接受一個觀點，從情緒上入手最容易，通過問答的方式，調動孩子去思考，刺激他天性中善良的一面。這樣的方法屢試不爽。

有位媽媽說在兒子三歲前，她上廁所並不注意關門，孩子經常跟進來。後來她覺得孩子越來越懂事了，讓他看到自己蹲馬桶的樣子不好，就不再允許孩子跟進來了，但孩子不聽，非跟進來不可。媽媽很耐心地跟孩子講道理，總沒什麼效果，媽媽只好強行把門閂上，孩子每次都在外面拍打著門，哭得聲嘶力竭，有一次甚至哭到吐了。從此，孩子的注意力都放在媽媽去廁所這件事上，即使他正和外婆玩著，或正在看電視，媽媽想悄悄地溜進廁所，他不知為什麼總能發現，會馬上丟下正在做的事，衝過來高喊「不讓媽媽上廁所」。這位媽媽非常發愁，每天上廁所成了一件警察抓小偷的較量，感覺真累人。

我對她說，既然前面已講過道理，沒用，就不要再講了，換一種方法，用問題的方式來跟孩子溝通，效果也許更好。我建議她問孩子三個問題。

第一個問題：「你不讓媽媽去廁所，那你覺得媽媽尿褲子裡好還是尿馬桶裡好？」大多數孩子在第一個問題時就可以解決問題了，他們很快就能判斷出，尿褲子不好。孩子一旦給出這個答案，多半不會再阻攔媽媽去廁所。也有些個別的孩子，因為和家長為這事已經彆扭了很久，可能會故意回答說尿褲子好，那麼接下來家長可以問第二個問題。

「你喜歡媽媽高興，還是喜歡媽媽不高興？」一般情況下，孩子肯定會選擇喜歡媽媽高興。就像父母本能地會愛孩子，孩子也本能地會愛父母，願意討好父母，所以在這個問題上，幾乎很少有孩子會選擇要媽媽不高興。這樣問的目的，是引導孩子對第一個問題重新做一下選擇。如果孩子重新做出正確選擇，要真誠地表示出愉快，肯定孩子非常懂事。然後讓孩子在外面等著，並給他一個期待，讓他看看一會兒媽媽出來後，是高興還是不高興。

對一個幼兒來說，只要有一兩次，他體會到正確選擇的快樂，看到媽媽因為自己的選擇而高興，正面心理得到強化，問題多半就解決了。萬一你的孩子實在很特別，到這裡還不行，固執地選擇要媽媽不高興，那繼續問第三個問題。

「你希望媽媽只是今天不高興，還是明天也不高興？」我幾乎不相信哪個幼兒會繼續選擇讓媽媽不高興，只要他選擇了明天要媽媽高興，事情就又可以回到第一個問題上，按前面的模式來解決。最意外的是孩子繼續選擇明天也不讓媽媽高興，媽媽在第二天可以接著問同一個問題：媽媽今天因為不能正常上廁所而不高興了，你希望明天媽媽高興嗎——家長問話的態度要拿捏好，要平和而真誠。誇張的口氣會誤導孩子，讓他以為這只是個遊戲，故意做出錯誤的選擇，以延長遊戲時間；當然更不能表現出生氣，那樣會讓孩子覺得自己壞，刺激其負面心理。只要孩子感覺媽媽內心沒有恨意，他是絕不可能一直要媽媽不高興的。

這位媽媽後來告訴我，她問到第二個問題時，問題就解決了，很有效。

工作中，我的確見過一些「屢教不改」的孩子，確實讓人感覺棘手。但如果深入了解一下他們的家庭生活，總會發現根源在於家長的固執。許多家長可以為孩子付出生命，卻不肯在孩子面前放下自己的想法，不管大事小事，一旦孩子的想法和他的不一樣，就會毫不猶豫地勸說孩子服從，讓弱小的孩子豎起想法的白旗。

如果有人告訴他說要改變的是家長自己，他會覺得被冒犯、被挑釁，非常生氣。他們愛自己的想法超過愛孩子，而孩子在這樣一次又一次的「投降」中，心理逐漸被打垮，如果沒有閱讀或其他思想導師扶植其精神之樹成長，思想就會逐漸萎縮或變態，思維方式也會慢慢變得畸形。

在這種家庭中長大的孩子，會首先喪失傾聽的興趣，發展出超過常人的防禦心理，同時產生「道理免疫力」，哪怕這個道理本身很有道理，他也本能地排斥，嚴重的甚至會發生道德免疫力；其次，獨立意識喪失，不能對一件事進行誠實、深入的思考，失去正常判斷力，思維流於膚淺和平庸；第三，心態變得苛刻，對理解他人沒有興趣，興趣只在如何用自己的觀點征服對方，占據上風——這樣的人生活中常見，他們和「他人」幾乎沒有共同認可的觀點，幾乎從來不能在一件事上持有相同的看法。

有人說不要濫用藥物，他就說生病了還是要吃藥的，不能一概而論；有人說孩子不能打、要尊重，他就說每個孩子都不一樣，有的孩子是需要打的；甚至有人說六十歲以上婦女不適合穿高跟鞋，容易扭傷或摔倒，他也會發表自己的見解，說不穿高跟鞋的老人也有摔倒扭傷的……我老家管這種偏愛抬槓的人叫「槓房出生的」。表面看，這些人說話總是一分為二，又全面又客觀，其實他們只有兩種觀點：你的觀點，我的觀點。並且前者總是錯誤的，後者才是正確的。「槓房出生的人」思辨力特別弱，原因是他們的能量不能用於真誠的思辨上，主要用於不停地反抗別人的話語上，一生也往往在這種無端的消耗中庸碌地度過。而這樣一種心理，如果不自知，會通過言傳身教，產生代代相傳的惡習。

做「不講道理」的家長，並非完全否定言語的必要性，而是強調口頭教育的適度性和行為教育的重要性。這裡另有三條建議。

## 第一，「講道理」一定不要口是心非。

想給孩子講點什麼道理，必須首先確認這「道理」你自己也相信。我在工作中經常遇到心口不一的家長，比如有的家長明明對孩子的考試分數斤斤計較，向我討教的問題卻是：孩子考試成績不好時，如何讓他不要在意分數？

把「如何說」僅僅理解為一種說話技巧，這是一些人在教育上始終不得要領的重要原因之一。就像文字所到之處是一個人的思考所到之處一樣，語言所到之處，也應該是一個人觀念所到之處。與其向別人討教說話技巧，不如靜下心來想想，我自己到底是怎麼想的？

## 第二，避免向孩子灌輸庸俗價值觀。

生活中經常可以看到這種情形，一些家長自己並不怎麼樣，卻熱中於向孩子傳達一些並不高明的見解，甚至是一些庸俗的人生經驗。比如有的家長暗示孩子不必在學習上幫助同學，免得浪費時間又容易被別人超過。生活就是競爭，別人走得前了，你就落後了。孩子從這些所謂的人生道理上，學會了小鑽營、小算計，卻學不到大胸襟、大情懷。這樣的「講道理」，實際上是在降低孩子的視野和胸襟，束縛限制了他的發展。

教育的真正準備是完善自己，想要給孩子講出能讓他飛翔的道理，家長自己就要具有藍天的胸懷和高度。如果感覺自己的高度不夠，不知道該如何說，什麼也不說總比胡說好得多。

第三，切不可把「不講道理」做成「不講理」。

有一些家長確實很少對孩子講道理，他們很直接，三句話不對就把孩子罵一頓或打一頓，這就不是我們這裡所說的「不講道理」，而是不講理了。更有些家長，對孩子簡單粗暴，卻在事後美化自己的行為。例如，打了孩子，然後又深情地講「孩子，我為什麼打你」，通過煽情來為自己的行為找遮羞布。這簡直是強盜邏輯，矯情得十分了得，卻是更深層面的不講理。

「講道理」是下策，發脾氣是下下策，發脾氣加虛偽是下下下策。

總之，教條不重要，教養才重要。盧梭說過，事事講一番道理，是心胸狹窄的人的一種癖好。有氣魄的人是有另外一種語言的，他通過這種語言，能說服人心，作出行動。④想讓孩子懂道理，家長就要口頭少講道理，行為符合道理，這樣孩子才能明白道理——像繞口令了——這就是教育的道理。

①杜威，《民主主義與教育》，王承緒譯，人民教育出版社，2001年5月第2版，46頁。
②盧梭，《懺悔錄》，黎星等譯，人民文學出版社，1992年6月第1版，254頁。
③盧梭，《愛彌兒》，李平漚譯，人民教育出版社，2001年5月第2版，476頁。
④盧梭，《愛彌兒》，李平漚譯，人民教育出版社，2001年5月第2版，473頁。

# 4 嘮叨是把小刀子

從一大堆沙子上抓走一把，不影響沙堆大小；抓去兩把，也不影響；抓去三把，還看不出什麼變化……一把一把抓下去，大沙堆一定會變成小沙堆，巨大的反差形成得那樣悄無聲息。嘮叨也是這樣，說一句沒事，說兩句也沒事，天天說似乎也沒什麼，但傷害早已悄悄發生。

家庭生活中，並不是說話多就叫嘮叨。稱得上「嘮叨」的，是那些隨口而出的、不斷重複的、總給人帶來負面情緒的話語，既沒用又不中聽。最簡單如這樣一幕：奶奶帶著剛學會走路的小孫子在一塊空地上玩，孩子一邁步，奶奶就在旁邊連聲說「慢點慢點，別摔跤」。請設身處地想一想，這樣的話對一個剛學走路的幼兒有意義嗎？學走路摔跤是問題嗎？奶奶的話，會讓孩子走得更好，還是僅僅降低孩子的邁步信心，並給孩子帶來羞愧？

嘮叨的特點是負面、無效、重複，這些特點被加到被嘮叨者身上，就是自我體驗不斷被干擾，心理不斷受阻。所以我們會觀察到一種現象，一個人在什麼事上被嘮叨得越多，往往這方面做得越差。

例如有的孩子原本有音樂方面的天才和興趣，這天才和興趣被家長注意到了，就希望能培養出一些成就來，於是購置鋼琴、聘請老師，開始天天把學鋼琴的事當成教育大事，並為此開始不斷批評和管制孩子，幾年嘮叨下來，孩子對鋼琴既無興趣，技法又平庸，學鋼琴成為大人和孩子都很痛苦的一件事。嘮叨的人總以為別人需要他這幾句話，其實只是他自己需要。自己拿來當食物飲品的東西，到了別人那裡實際上是殘渣污水。

大約二〇〇七年的一天，我乘火車從北京到天津，旁邊是外婆和媽媽帶著一個八、九歲的小男孩。小男孩可能是第一次搭火車，對車上的一切都充滿好奇，從一上來就想動動各種東西，不是前後調整一下坐椅、弄一下窗簾，就是打開靠背上的小桌子等等。但不管他做什麼，媽媽和外婆全部是阻攔和訓斥，不停地說「你動那個幹嗎？別動！」「這有什麼好看的？乖乖坐著！」火車啟動後，小男孩終於安靜地坐了一會兒，好奇地看著窗外，看了一會兒，扭過頭問媽媽，怎麼他覺得不是火車在走，是外面的樹在往後移。媽媽一臉不耐煩地說：「行了行了，那是你看花眼了，整天就你問題多。」男孩沮喪地把頭轉向窗外。

過了片刻，男孩說想上廁所，外婆一臉懷疑地說，你不是剛在車站上過了嗎？怎麼又要上？小男孩說他就是想上，媽媽不滿地站起來，「你整天就是這樣麻煩人，我都不能安穩地多坐一會兒。」男孩說我自己去，你不用去。媽媽說：「你自己怎麼能行，你又沒上過這樣的廁所，門你都打不開。」男孩說我能打開，媽媽一臉不屑，「你覺得你自己啥都能幹呢。」一邊說邊站起來，在前頭走，男孩無可奈何地在後面跟著。從廁所回來時，媽媽對外婆說，我就知道他沒尿，他是想看看這廁所什麼樣子，廁所有什麼好看的？男孩嘟囔著辯解說，我看看和飛機上的一樣不一樣嘛。媽媽和外婆都白孩子一眼，嗔怪地說「就你事多」，孩子灰溜溜地坐下了。在半個小時的車程中，媽媽和外婆的嘴一直沒閒著，絮絮叨叨，卻幾乎沒說一句有用的話。

嘮叨沒有惡意，卻是一種惡習，是對「控制」的不知不覺的上癮。上面這個男孩的媽媽和外婆一定希望男孩聰明好學，卻不知道她們的嘮叨是多麼傷害孩子。人當然不是脆弱到不能接受一點廢話，每個人都有自我排毒本能，會自動化解嘮叨帶來的不適。就像扎一根小刺或割一個小傷口，只是痛一下，無關緊要，很快就自動癒合了。

人最怕的是經常性的嘮叨，負面影響在深遠的歲月中慢慢呈現，發生的過程幾乎感覺不到，但對一個生命的抑制作用卻是肯定的。它如同一把小刀子，會一點點削去一個人體內的正面生長力量，如好奇心、自信心、責任感、判斷力等。

我又想起一樁火車上的見識。那次是從呼和浩特到北京，路程要十三個小時，我坐的是夜車，買了臥鋪車廂的上鋪，下鋪是一位媽媽帶著一個小男孩。

孩子也是對一切都很好奇，一上來，就去翻窗戶邊掛的旅客意見卡。他媽媽說，你又不認識字，翻那幹什麼？確認了自己是哪個鋪後，孩子就去翻動鋪上的被子和枕頭。媽媽說，別動那個，現在又不睡覺。孩子對窗邊小座椅好奇，跑過去坐上又下來，看椅座自己彈回去，然後又坐上又下來，讓椅座又彈回去，非常快樂的樣子。媽媽說，要坐就乖乖地坐著，別老弄那個椅子，你不嫌煩啊？孩子仰頭看看層疊的床鋪，想踩著梯子到上面的鋪位看一下，媽媽一把把孩子拉下來，那是別人的，你不能上去！

小男孩一刻都閒不下來，但幾乎不管孩子做什麼，媽媽都要隨口阻攔一下。

我和孩子打招呼，問他幾歲了，孩子忽然變得扭捏羞澀不肯說，和剛才的莽撞判若兩人。媽媽又說，你看這孩子，這麼沒禮貌，快告訴阿姨你幾歲了。孩子還是不肯說。我擔心媽媽又逼孩子，馬上對孩子說，你先別說出來，讓阿姨猜猜你幾歲了。

我看孩子五歲左右，故意先猜他兩歲，再猜他七歲，離譜的猜測把孩子逗得嘿嘿笑起來，然後我又猜他三歲、六歲，一點點地接近他的年齡，引得孩子一次次地發笑，說「不對！」待我終於猜出他五歲時，孩子又興奮又羞澀地說了句「對了！」宛如他自己猜中了謎語，高興地在地上蹦跳兩下。他媽媽又笑著白了孩子一眼說，別蹦了，坐下吧，小心摔倒。

我委婉地對這位媽媽說，她的孩子非常可愛，不必總這樣說他。這位媽媽也許沒在意我說什麼，表現出不以為然的樣子。

在我和他媽媽說話時，小男孩故意過來拍我一下，然後跑回媽媽那裡，看我的反應。他是想引起我的注意，於是我盡量和他多說話。但孩子的溝通能力不強，我說的話他似乎經常聽不懂，或是心不在焉，不注意聽，很少正常回答。他的興趣只是「招惹」我，引起我的注意，然後觀察我的表情。我盡量回應他，讓他感覺到我的友好，我看得出來，孩子越來越放鬆，越來越愉快。

後來我感覺睏了，跟他說阿姨要睡覺了，說了晚安，就爬到了上鋪。孩子看我到了上面，也想跟著上來，媽媽又阻止。我說，讓孩子上來看看吧。然後告訴孩子上來時一定要抓緊，不要掉下去，並提醒他媽媽護著他。孩子非常高興地上來了，很新鮮地在上鋪東張西望，問我這是什麼那是什麼，我一一告訴他。很快，媽媽要求他下去，我也告訴孩子說，阿姨要睡覺了，明天早上你再上來玩好不好？小傢伙沒說什麼，下去了。

我剛躺下幾分鐘，頭被拍了一下，原來是小男孩踩著梯子又上來了。我抬頭對他笑笑。他詭異地一笑，沒說什麼，下去了。我閉上眼睛不到三分鐘，頭頂又被拍一下，又是這孩子。他調皮地笑笑，趕快又下去了。再過一會兒，頭頂又被拍了一下。我裝作睡著了，沒再理他。這個過程一直伴隨著他媽媽的訓斥聲，她三番五次地警告孩子，不許再偷偷爬上去，不許打擾阿姨睡覺。

正常的五歲兒童能準確感覺別人的態度和需求，會適時地調整自己的行為，但這個孩子在這方面似乎有所欠缺，既膽怯又挑釁，既魯莽又畏縮。

孩子認識世界的過程，是心理秩序建立的過程。在這個過程中，如果他的一切行為總是被阻攔，被負面評價，他就會時時處於茫然失措中。小小的人，既要發展自己，又要反抗外部壓力，然後又要不斷屈服，經常處於這種糾結中，本該正常建立的心理秩序就會被打亂，心理功能在某種程度上開始失效，無法對外界事物做出正常的反應，給人的感覺就是沒分寸、魯莽或傻乎乎的。

這個孩子尚小，還非常單純天真，如果他媽媽能減少嘮叨，以不危險、不過度打擾他人為底線，給孩子充分自由，真正把孩子當作一個「人」來尊重，孩子就會慢慢變得更懂事可愛。

嘮叨有很多種表現，不管形式如何，都會讓孩子產生負面反應。不僅是心理方面，甚至有可能表現在生理方面。

有位家長跟我講她所觀察到的一件事。她一歲八個月的女兒小寧因肺炎住院，入院時，病房裡已有一個同年齡的男孩因為相同的疾病住了幾天。兩天之後，小寧的病情就大為好轉，第五天就出院了，但同病房的男孩住院已有一個多禮拜，病還是不好。這位奶奶羨慕小寧好得這麼快，對孫子說，你看人家好得多快，你總也好不了。接下來又嘮叨她每天都要不停地對男孩說的話：你不乖，你不聽話，不好好吃飯，身體不好，你的病就總是好不了……男孩彷彿在用自己的表現印證奶奶的這些話，真的就不乖，不聽話，任何治療都反抗，不好好吃飯。

小寧入院後的第二天，又進來一個稍大一點的孩子，也是肺炎，父母輪流陪床。令人莫名其妙的是，爸爸陪床時懶懶散散的，孩子看起來沒什麼問題，還不時和爸爸一起玩或聽爸爸講故事。但每逢媽媽來陪床就出狀況。媽媽總是從一進門就不停地忙，每兩分鐘給孩子量一次體溫，只要超過三十七點五度，就開始緊張，一個勁地說，燒起來了燒起來了，不停地念叨。孩子也像配合似的，每量一次就高一點。媽媽越量越焦慮，完了完了，快到三十九度了，又要發高燒，這可怎麼辦啊！孩子幾乎回回有回應，體溫越來越高，開始發抖，甚至抽風。

這位家長觀察到的這兩個孩子的情況，也許有偶然的因素。但在孩子生病住院時，家長這樣嘮叨肯定無助於孩子康復，只能讓孩子不快，客觀上確實會降低孩子的免疫力。

嘮叨家長扮演的都是監工或碎嘴婆婆的角色，能意識到自己扮演了這樣的角色，是件非常困難的事。我自己也曾進入這樣的角色，卻一直不自知，如果不是孩子表示不滿，肯定還要一直繼續下去。

從圓圓上小學開始，每次她考試出了錯，我總是說「錯在什麼地方，現在知道了吧」。這個確實有效果，讓她對分數不是很計較，而是把注意力放在會不會的問題上，所以總能夠在考試後及時查找答案，彌補不足，養成踏實的學習習慣。為此我覺得這句話很有效，很得意，一直沒覺得有什麼不妥。圓圓從小學到初中、高中，大大小小數不清的考試，幾乎每一次都會有錯誤，所以我這話就跟著說了無數次。直到她上了高中，一次考試後，我又這樣說，她生氣了。「你這句話都說過多少次了，最煩你這句話了，以後不要再說了！」我大吃一驚，一時不能接受，甚至有些委屈。事後靜下來想一想，確實是，我是多麼低估她的自我認識能力啊。如果我這句話是被她接受的、有效的，那麼她早就知道該如何做，我早不必說了；如果她不接受，不這樣做，我說多少遍都沒用，那也沒必要再說了。一直重複一句廢話，除了讓孩子煩，給孩子壓力，有什麼用呢？

家長如何發現自己愛嘮叨？經常看看孩子的反應，如果孩子常為你的某些言語或指令不愉快，那就要注意了。

也許有人會說，圓圓在考試方面不需要你操心，你當然可以很容易地停止嘮叨，但如果孩子有某個壞毛病，總也不改正，難道還不說嗎？確實，這幾乎是所有一直堅持嘮叨的家長的共同難題，他們雖然意識到自己說得有些多，但無法停下來，孩子不改變，嘮叨不停止。

嘴巴有兩個功能，吃和說，控制好這兩件事都不容易，需要努力克制自己的欲望。如何減少嘮叨，在這個問題上，我有三個觀點。

第一，孩子的某個或某些缺點，是不是真的不能容忍？家長要反思的是，你要的是一個完美兒童，還是可以有些缺點的孩子？是不是對孩子的要求有些高了？如果你認為每個人都可以有些不足，那是否可以接納孩子的這些不足，允許他在某些方面表現不佳而不去嘮叨？

第二，如果的確有個問題需要改善，可是說了很多遍，孩子還是依舊，那麼再用「說」或「提醒」的辦法肯定是不行的。很可能孩子的壞習慣正是被「說」得太多了，小缺點固化成了大缺點，臨時的缺點強調成了恆久的缺點。最好的做法是改變策略，換種說法或以某種行動，不動聲色地幫孩子矯正。關於這一點可參看本書〈只要方法對，四兩撥千斤〉。

第三，實在沒有好辦法，那就什麼也不做。知道自己的有限性，不再做力有未逮的事。每個人都有自我完善的本能，相信隨著孩子年齡增長，他會自己想辦法修復自身的問題。問題交給時間，交給孩子自己，也許是最聰明的辦法，不嘮叨至少給孩子提供了一個最適宜的改善環境。比如我們很多人小時候不知「禮貌」為何物，也不太講衛生，長大了，照樣做得樣樣得體。

盧梭說：「當上帝希望人做什麼事情的時候，他是不會吩咐另一個人去告訴那個人的，他要自己去告訴那個人，他要把他所希望的事情記在那個人的心裡。」①中國民間也有「媽媽最好用一隻手來愛孩子，爸爸最好用半張嘴來愛孩子」這樣的說法，即父母少包辦，少嘮叨，才是最好的。

我們一定有這樣的常識，從一大堆沙子上抓走一把，不影響沙堆大小；抓去兩把，也不影響；抓去三把，還看不出什麼變化……一把一把抓下去，大沙堆一定會變成小沙堆，巨大的反差形成得那樣悄無聲息。嘮叨也是這樣，說一句沒事，說兩句也沒事，天天說似乎也沒什麼，但傷害早已悄悄發生。它像一把小刀子一樣，慢慢切割著孩子，不經意間一點點地把孩子的自覺意識、快樂情緒，以及想像力、創造力都切碎了，破壞了。

想來，嘮叨真是教育中最隱秘又極其悲哀的一個錯誤。

①盧梭，《愛彌兒》，李平漚譯，人民教育出版社，2001 年 5 月第 2 版，289 頁。

# 5 如何培養好習慣

培養習慣的原則應該是「順應自然，適當推動」這八個字。真正的好習慣，或者說最大的好習慣，是孩子有能力也有興趣安排自己的一切事物。

一個生命對另一個生命表達關愛的方式，首先應該是尊重，而不是改造。再親密的關係都必須建立在兩者各自獨立的基礎上，這樣才能在習慣的養成上取得進步，在生命與生命之間達成和諧。

教育有責任培養兒童某些良好的習慣，前提是，我們必須知道什麼叫「好習慣」。

判斷一種習慣的價值，可以從三個方面考慮：它是小習慣還是大習慣，是外部習慣還是內部習慣，是別人的習慣還是自己的習慣。

比如，有兩個孩子，一個依家長的要求，嚴格遵守作息時間，每天按時坐到書桌前，開始寫作業，心裡卻總是惦記著看電視或玩遊戲，不時走神，心裡痛恨作業，但也不敢離開書桌。另一個孩子可以自由安排時間，有時先玩遊戲，有時先寫作業；如果玩的時間太長，擠占了寫作業的時間，只好熬夜寫作業，或某一天因為著急，把作業寫得太潦草。總的來說，不管怎樣，都能正常完成作業，在學習和玩耍中不斷調整自己，不用家長操心。

前者的這種「學習習慣」就是外部小習慣，同時也是別人的習慣。一旦外部控制不存在，這個習慣就立即消失；並且由於孩子自己的習慣沒有形成，所以會出現失控現象，陷入糟糕的狀態。後者表面上看，他的生活似乎不太有規律，有些亂，習慣不好，事實上他形成了一個適合他自己的內部習慣，這個習慣使得他獨立，對自己負責任，即使外部條件和環境有什麼變化，也能基本適應，所以他養成的是大習慣。

最理想的當然是大習慣和小習慣吻合，但事實是，大多數人都在用一生的時間努力進行這樣的調整，不過大多數人也做不到讓這二者完全吻合。

研究一些傑出人物的成長史，他們並不是從小被要求形成什麼「好習慣」，相反的，他們都有寬容的父母，甚至成年後他們大多數人在生活小事上是不拘小節的，但往往有很好的直覺和判斷力，對某些事物有濃厚的興趣，變通力強，懂得取捨，把力量用在最值得用的地方。世上很少有面面俱到的人，能得諾貝爾經濟學獎的人不一定能準確地記錄家庭財務表，傑出的文學家可能做不了小學數學題。我們可以照著理想去培養孩子，但不能照著理想直接去硬性要求。

習慣對於一個人來說確實重要，更重要的是我們要明白，我們正在著力培養的是孩子的什麼習慣。曾有一名初中生的父親寫信給我，說他兒子學習很好，愛閱讀，缺點是太懶，不肯做家事。他其實只要求孩子每天把自己的屋子收拾乾淨，被子疊整齊，自己的衣服自己洗。做父親的認為這樣可以培養孩子愛勞動的好習慣，而孩子在學習之餘也完全有時間和能力去做這點事。但孩子不是不做，就是胡亂應付，為此父子間總是發生衝突。

我反問這位父親，你的目的是要把孩子培養成五星級酒店的客房服務員嗎？否則何必為此整天糾結？孩子的時間有限，學習之餘本來已沒有多少時間，還要閱讀，還需要玩耍，他能把自己成長中的主要任務安排得當，就已經很好了，何必要求他面面俱到呢？屋子凌亂一些，衣服由媽媽交給洗衣機洗，讓孩子有學習有娛樂有閒暇，輕鬆愉快地成長不好嗎？一個身心健康的孩子，用得著擔心他將來不會收拾屋子或不會洗衣服嗎？

杜威指出，人們在對「習慣」的理解上有一種錯誤，「把習慣等同於機械的和外部的動作模式，而忽視智力的和道德的態度」。事實上「習慣的重要性並不止於習慣的執行和動作的方面，習慣還在於培養理智和情感的傾向，以及增加動作的輕鬆、經濟和效率」。①兒童不需要早早形成一種可識見、可總結的習慣，不要先制定出一個「習慣」的框架，然後強制孩子用行為去填充。兒童事事都聽命於一個成天教導他的權威，疲於應付，他的能量無法聚集，就會越來越不會動腦筋了。一個凡事都令家長滿意的「聽話」的孩子，他習慣性的服從，到頭來也往往成為他人生發展的最大絆腳石。

一切培養習慣的行為都要首先順應兒童的天性，讓他在愉悅感中慢慢形成。習慣既是一種表達人與人之間差異的相對性行為，又有其普世適用的絕對價值標準。真正的好習慣，或者說最大的好習慣，是孩子有能力也有興趣安排自己的一切事物。

生命是一個宏大工程，精美的裝飾只有在大構造完善的前提下才能最終實現，小習慣的價值必須依附大習慣的價值而存在。要養成學習的習慣，而不是在規定時間內做出學習樣子的習慣；要養成好的生活習慣，而不是在教條中刻板地重複某些行為的習慣；要養成好的品行習慣，而不是見什麼人說什麼話的世故習慣……面對一個有無窮可能的孩子，成年人應該有敬畏感，不要以為自己吃的鹽多，就具有指點孩子一切的能力。

在生活中，成年人確實顯得比孩子聰明；可在天地間，比成年人更聰明的是自然。兒童是自然交到成人手上的精靈，他是帶著靈性來的，要讓他靈性不滅，就要遵循自然法則，不能做反自然、反天性的事。培養習慣的原則應該是「順應自然，適當推動」這八個字。前四個字是培養者應有的心理基礎，看不見卻非常重要，決定行為的大方向；後四個字是具體做法，可從以下幾個方面來理解和實現：

第一，不要把「養成好習慣」這句話掛在口頭上，不要在細節上和孩子糾纏。

「養成」必須是件自然發生的事，許多好習慣往往不容易總結，甚至不會被意識到。家長在這方面不需要太有作為，對孩子體恤些、寬容些、信任些，允許他做得不好，不過分指導和控制，讓他有機會慢慢練習和調整自己。一個孩子能健康自然地發展，他其實就是在養成好習慣。他越是意識不到自己在形成一種習慣，這種習慣越是自然地生發在他身上，成為他牢不可分的一部分。像盧梭說的那樣：兒童應該自由成長，對他們來說，最好的習慣就是沒有習慣。

第二，家長要從孩子所有的壞習慣中看到自己的壞習慣，然後加以改善。

教育家杜威在他的書中講過一個故事，一個四、五歲的孩子，他母親三番五次地喊他回家，但他沒有什麼反應。別人問他是否聽到了母親的喊聲，他鄭重其事地回答說：「啊，聽到了，可是她並沒有拚命地喊我啊！」②由此可見，如果家長自己用有問題的習慣對待孩子，兒童也只能發展出有問題的習慣。幾乎所有行動慢吞吞的孩子背後，都有位心急如焚、動作麻利的家長；所有不愛吃飯的孩子背後，都有位喜歡一勺接一勺往孩子嘴裡餵飯的家長；所有不自覺學習的孩子背後，都有位對作業和分數過分計較的家長……如果想培養孩子的好習慣，先打量一下自己有沒有壞習慣。

第三，欲強化某種好習慣，要用正面的或暗示的方法，杜絕批評和責罰。

兒童特別容易受到暗示，也珍惜成人的讚美，他從中體會到好習慣的樂趣，好習慣就開始成為他真正的一部分了。比如當孩子出現馬虎的態度時，給予寬容和理解，一笑置之，什麼也不說，或最多簡單地提醒一句，讓他以後細心一些。當孩子表現認真細緻時，表達出你的喜悅和欣賞；只有孩子內心沒有壓力，輕鬆面對學業，不為自己作業或考試中的小過失感到羞愧和恐懼，不為成績的優劣患得患失，把注意力放在發現問題和解決問題上，他才能體會到學習的樂趣，產生主動學習的願望。而凡主動學習的過程，都是一個人克服低級錯誤、使思維和動作精細化與準確化的過程，失誤才能轉化為正面經驗，精準度才能慢慢提高，馬虎才會越來越少。

總之，不要讓孩子在某件事上有被否定的感覺，而要讓他體會到成就感和榮譽感。好情緒中，事情才會往良性循環的方向走，壞情緒只能讓事情陷入惡性循環。用令孩子不快的壞方法來清除壞習慣，幾乎都會失敗，只會製造出更大的壞習慣。

如果孩子在學習或玩耍方面已形成一種壞習慣，矯正的方法除了上面幾種，最重要的是耐心等待。

時常聽到家長說，我以前做得不好，讓孩子養成了壞習慣，可現在如果我不管，他會變得更差。確實，如果孩子已有壞習慣，家長如果不再管，事情似乎一下子進入更糟糕的狀態。其實這是孩子在開始調整自己的心理秩序，他要去收拾這個爛攤子，只能讓情況暫時變得更亂一些。

正像我們的屋子，如果開始為了表面的整齊，胡亂往櫃子裡塞東西，整齊的表面下其實是個爛攤子。到需要整理時，就得把櫃子裡的東西都拿出來堆在床上、椅子上和地上，家裡顯得更亂了。但只要不焦躁，一點一點的做，經過一段時間的整理歸類，屋子終會變得內外井然有序。收拾好一間屋只需要幾小時，最多幾天，而孩子心理秩序的調整可能需要比較久的時間，幾個月，甚至幾年、十幾年。病來如山倒，病去如抽絲，壞毛病也是病，必須假以時日慢慢修復。家長如果不從根本上改變自己的認識，用「忍耐」的心態來對待孩子的調整，很可能忍不了幾天就又要嘮叨或管控孩子，那麼孩子的自我調整會立即中止，心態會陷入更差的境地，甚至會完全失去自我調整的力量。只有用不焦慮不蔑視的心態全然接納，把信任還給孩子，他才會慢慢獲得改善的力量。十年樹木百年樹人，誰能把眼光放到十年、二十年後，誰才是教育的勝出者。

第四，家長要有始終如一的言行，尤其要做出榜樣，多身教，少言傳。

在培養孩子好習慣上，家長最有作為的方法是做個好示範，然後一直堅持，並且從不為此和孩子發生衝突。

以杜絕垃圾食品為例，有的家長不會給孩子買垃圾食品，但遇到別人熱情地給孩子遞來油炸、染色的食品時，往往礙於面子，不好意思拒絕，就讓孩子接受了。有的是一家人自己意見不統一，奶奶買了垃圾食品，媽媽不給吃，奶奶又背後偷偷給孩子吃。還有家長既往家裡買垃圾食品，又不讓孩子多吃，或自己吃而不讓孩子吃。這些分裂的行為都會弄得孩子不知所措，更有可能激起他對垃圾食品的興趣。

我有一位朋友做得非常好，她認為一個人的口味是從小培養出來的，因此認真地給孩子料理一日三餐，從不把垃圾食品帶回家，也從不讓孩子吃外面的東西。她平時為人隨和，但遇到有人往孩子手上遞這些東西時，卻一概拒絕，哪怕得罪人也不肯通融一次。為了避免孩子看到這些小食品而眼紅，她對孩子說，這些東西既沒營養又有害，咱們看都不看它一眼！說這話時，口氣裡表示出很同情那些亂吃東西的人，讓孩子覺得吃那些東西真是不幸。所以她的孩子後來再遇到有人遞上這些小食品時，不但不要，甚至眼睛都閉上了。這位家長還培養了孩子的運動習慣，她從孩子能和她一起運動開始，就堅持天天帶孩子跑步或打球，遇到颳風下雨天，她會在家裡把餐桌搬到相對寬敞的客廳，和孩子打乒乓球。這位家長和她丈夫的個子都比較矮，但她孩子卻長得高高大大的，結實勻稱。這應該和她一直用統一的言行、良好的榜樣來培養孩子的飲食及運動習慣有關。

一個生命對另一個生命表達關愛的方式，首先應該是尊重，而不是改造。再親密的關係都必須建立在兩者各自獨立的基礎上，這樣才能在習慣的養成上取得進步，在生命與生命之間達成和諧。

如果我們站在江邊只是為了等一艘船的到來，體會的往往是「過盡千帆皆不是」的失落；如果沏一壺茶搖一柄蒲扇，坐在江邊欣賞那波光粼粼，看到的就是「斜暉脈脈水悠悠」的美景。「處無為之事，行不言之教」，是中國傳統的教育大法，也是培養孩子好習慣的最高宗旨。

① 杜威，《民主主義與教育》，王承緒譯，人民教育出版社，2001年5月第2版，56-57頁。

② 杜威，《我們怎樣思維·經驗與教育》，姜文閔譯，人民教育出版社，2005年1月第2版，57頁。

# 6 求完美是最不完美的做法

在完美期待中成長的孩子，天性被過度馴化，作為獨立的「自我」無法正常舒展，卻耗散太多的精力去適應他人的要求。不求完美不是一種懈怠，而是一種勇氣。人必先征服自己的自卑和虛榮，才有力量面對生命中的種種不完美。

我們都聽說過一個寓言故事，一個窮漁夫的老婆，利用一條貴為王子的小金魚的報恩機會，不停地索取，先是要來不漏水的木盆，然後要來好衣服、好傢俱，接下來要豪宅以及成群的僕人和一輩子花不完的錢，小金魚都給了她。她成為貴婦，卻還是不滿足，最後竟索要當女王。小金魚被驚呆了，震怒了，不再理她，默默游走了。已成為貴婦的她一瞬間發現自己又變回漁夫的老婆，眼前擺著一個漏水的破木盆和一堆要洗的髒衣服。

每個看寓言的人都會嘲笑漁夫老婆的貪婪，但在教育孩子這件事上，很多人卻不曾意識到自己正是充當了「漁夫老婆」這個角色。

二〇一二年，媒體報導了一名姓郭的年輕中國女孩自殺的事件，引起人們的討論。小郭青春靚麗，是大學裡的最佳畢業生，華爾街的白領，世界頂級名校麻省理工學院ＭＢＡ，遊學走訪三十五個國家，在學業、商業、藝術、體育等方面都表現出色，甚至成為某知名教育培訓機構的形象代表……她的死令人震驚，這樣一位優秀的女孩子，沒有理由自殺啊，為什麼？

人們對她自殺的原因有種種猜測，但那些原因，也許只是壓死駱駝的最後一根稻草，根本的原因，藏在她自己寫下的這些文字中：「我非常精確地按照父母的旨意在二十六歲生日那天辦完了我中西合璧的婚禮，並開始準備完美的二十八歲在頂尖商學院生小孩的計畫。生活到這個時候，雖然很辛苦，但一直都是所謂的完美。然而，關上門回到家裡，問題卻非常深刻。」

據媒體報導，小郭的父母都能力非凡，對女兒一直要求甚高，所以我們可以想像小郭是如何一步步走進死胡同的——當一個人一直被要求完美，連哪年結婚、哪年在什麼地方生孩子這樣不可預期的人生大事都要按父母的「旨意」精確完成，她如何能和不完美的自己相處？她被馴化到只是為「優秀」、「成功」而活著，家門外得到的讚譽和回家關上門自己的感覺，無法統一到一副身軀裡，這種分裂的痛苦，讓她選擇以決絕的方式結束自己的生命。

小郭最後留下的文字是：「一切都不管了，我再也不要被人唾棄地以他人的標準去循規蹈矩地爬了。」她的自我評價之低，外人無法想像，「被人唾棄」、「循規蹈矩地爬」，她對自己何等地不滿意！

這是樁悲劇，我們可以理解她父母的悲傷，同情他們的不幸，但一個年輕而美好的生命一步步走上絕望的懸崖，卻讓我們不能不反思這種家庭影響的失誤。

教育的目標是要盡可能讓一個孩子優秀，但教育最要提防的是求完美的心態。「求完美」之所以是一種破壞性的教育行為，在於它是一種反自然行為。大自然原本賦與每個孩子以成長的正能量，只要生長條件正常，都會正常表達，健康成長。在完美期待中成長的孩子，天性被過度馴化，作為獨立的「自我」無法正常舒展，卻耗散太多的精力去適應他人的要求。

幾乎是從剛剛懂事，他們就有一個宿敵——「鄰家的孩子」——聰明懂事性格開朗，有禮貌習慣好，功課門門都出色，既會彈琴畫畫，又會下棋打球，既懂得如何花錢，又懂得如何節儉，上名校，事業有成，孝順父母，婚姻美滿……「鄰家的孩子」作為標竿只是襯出他的不完美，讓他自慚形穢，內心衝突不斷，正常心理秩序被破壞，氣場混亂，負能量就越積越多。

一個內心積澱太多負能量的人，最終也許會取得世俗意義上的「成功」，在別人看來也許很完美，但內心世界則不柔和不自在，是僵硬的、衝突的，較少體會到生活的幸福。像小郭一樣，會經常感覺活得「很辛苦」。但哪怕是這表面的光鮮，也只屬於少數人，更多的負能量太多的孩子不但不能獲得世俗意義上的「成功」，作為自然人的屬性也被嚴重破壞，成為人們眼中的窩囊廢。

站在教育的出發點上，沒有一位家長會承認自己要培養完美小孩；在話語層面上，所有的人都會贊成「寬容」、「接納」等理念。但在實際生活中，不少人卻很少接納孩子的「毛病」，見不得孩子身上的「缺點」。孩子活潑，他認為不夠安靜；孩子安靜，他嫌缺少運動；孩子喜歡到外面運動，他又要求他坐下來畫畫；孩子喜歡畫畫，他希望孩子也喜歡唱歌；孩子喜歡唱歌，他要求他游泳也不能差；孩子音體美樣樣行，他還希望孩子功課好；孩子功課好，他要求孩子學會做家務……如果家長不知自己是否求完美，讀到這裡請捫心自問，我允許過孩子哪些方面的不足？

就在我寫這篇文章時，我在微博中發了一條不要對孩子「求完美」的建議。有位家長在後面留言說：「我從不要求女兒完美，真正困擾我的是怎麼讓孩子不要對自己要求完美。女兒三歲，做錯事不敢和我說，怕我生氣不喜歡她，有時做錯事我說她，她就哭著讓我別說了。」

這位家長沒有意識到他自己正是「求完美」的代表，我們完全可以從他的留言中推斷，他對孩子何等的不寬容。才三歲的孩子，有什麼事可以稱之為「錯事」呢？打壞東西是錯嗎？說句髒話是錯嗎？把牛奶灑在地毯上是錯嗎？不吃某種蔬菜是錯嗎？……如果不是平時家長處處挑剔，不原諒孩子的任何過失，並經常用喜不喜歡來威脅孩子，這麼小的孩子，怎麼會對家長的愛憂心忡忡？怎麼會經常意識到自己做了「錯事」，並哭著求家長不要再說呢？

很多家長之所以像這位家長一樣，不知不覺陷入「漁夫老婆」的思維困境，是因為他們往往從一開始就以某種社會標準來要求孩子，而孩子在這樣的標準面前，顯得那樣不合格，於是家長拿出規矩、目標、批評、懲戒等概念和手段，對孩子進行規範。

求完美的潛台詞是：你必須完美，我不接納你的任何不足和過錯。所以伴隨求完美的，必定是事無巨細的要求和完美的目標，以及為實現這些「要求」和「目標」而衍生出來的繁瑣苛刻的家庭法則。這種情況特別容易發生在強勢父母身上。

「求完美家長」和「強勢家長」幾乎是同義詞，這樣的家長，他們主要關心的是自己要培養怎樣的一個人，不斷以成年人的強勢改造孩子，較少關心或根本不關心孩子作為自然人的天性和需求——破壞就這樣形成了。過度求完美，是教育中的欲望癌症，會演變出一系列問題。所以我們可以注意到這樣一個事實：孩子的無力感總是和父母的強勢呈正比，父母越強勢，孩子越懦弱。

「求完美」不僅發生在家庭中，也同樣會發生在學校裡，「漁夫老婆」的現象同樣會發生在一些教師身上。

有位家長說她一直對八歲的兒子很滿意，在生活方面，孩子很自立，早上鬧鐘叫醒，自己會做早點，平時看到父母忙，還會幫著做家事，學習上也不用家長操心，成績一直很好。課餘時間愛閱讀，愛玩遊戲，且性格開朗，禮貌懂事，在學校和同學關係也不錯。

但是有一天，孩子的老師找家長談話，說雖然家長對孩子非常用心，可是孩子在學校並不是家長以為的那樣，孩子應該更加出色才對。

家長很吃驚，忙問孩子有什麼問題，老師說這孩子上課好像沒有激情，對一些簡單的問題毫無興趣，對於一些難度大的問題又積極得不行。現在的課堂作業比較多，下課了老師要求同學們做完作業再出去玩，他兒子卻一下課就往外跑，回來發現作業沒做完，才慌慌張張地趕作業，寫得不認真，不是發自內心，好像是做給老師看的。而且這孩子好像能猜透老師的心理，知道老師有時候表揚他的目的是什麼。總之，老師覺得這孩子很聰明，卻不是一個踏踏實實的人，很浮躁，希望家長配合，給孩子一些挫折。

在一個天性純美又聰慧的孩子面前，這老師的智商顯得多麼相形見絀，所謂「不踏實」、「浮躁」的大帽子，不過是老師潛意識中企圖壓抑孩子個性的藉口而已。即使一個孩子真的有某些小問題，但他能做到在家裡、學校裡都不用父母和老師操心，並且懂得盡力配合老師，這已經是多麼難能可貴！為什麼還要求他「應該更加出色」，並且為了這個目的而要人為地給孩子一些「挫折」呢？

不少學校老師會對某個比較出色的學生說這樣的話：「因為你平時表現很好，所以才對你有更嚴格要求，這是為了讓你更加出色。」我們相信大多數說這句話的老師沒有主觀惡意，他是想揚鞭策馬，讓孩子更完美。但「更加出色」的期許實質上是一種貪婪，是得寸進尺。不必做太多的分析，只要反過來想一想，老闆對一個工作十分努力的員工這樣說話行不行，或是配偶對另一半這樣說話行不行？

孔子說：「中庸之為德也，其至矣乎！」即中庸這種道德應該是最高的。用這句話來確立一個恆常的教育標準，也就是：孩子不需要做得更好，在大部分事情上做到「大致齊」就已經很好了。

人是有靈性的生物，之所以成為萬物主宰，就在於他的獨立性和豐富性。每個人都帶著不同的性格、愛好和使命來到這世上，而且所有的人都能量有限，只能在某一個或某幾個方面做得好，想要面面俱到，到頭來反而所有的事情都平庸無奇。你真的可以代表上帝賜福給孩子，辦法就是用賞識的目光滋養他，而不是用求完美的眼光挑剔他。

有人說，所謂天堂，是一個有著美國房屋、中國食物、英國員警、德國汽車、法國藝術的地方——世上不可能有天堂，世上也不可能有完美的孩子。不完美是構成完美生命的一部分，它是平衡力，是潛力。老子說「大盈若沖，其用不窮」，盈，即完滿；沖，即缺憾。也就是說，有缺憾才是真正的完善，才有永續發展的動力。

當代家長文化程度普遍較高，它意味著家庭生活首先給了孩子良好的教育，但這也可能意味著一些問題。越是文化程度高的家長，越可能對孩子的教育非常認真；越是認真，則越是細膩；過分「細膩」，就有可能開始苛刻，不知不覺陷入「求完美」的泥淖。

這種情況也曾發生在我自己身上。儘管我在和女兒的相處中能經常提醒自己不求完美，對孩子很寬容，但事後也會發現，我更容易在一些淺表的事件上對她做到寬容，而在一些較深入的問題上，也會不小心走入求完美的地雷區。

圓圓像很多女孩子一樣，自小就很愛漂亮，幾乎從她懂事起，對於自己買什麼衣服、怎樣穿就有主張。這當然是我有意培養的一個方面，我認為女孩子應該學會如何穿衣服，所以我從她兩三歲起，就盡量把選擇衣服的自主權交給她。那麼小的孩子當然是亂選，她可能僅僅因為喜歡一顆鈕扣或一個局部的小圖案，就去選一件整體設計庸俗的裙子。在衣服搭配上更是沒概念，經常是即興亂穿。我會給她一些建議，但不強求，她願意聽就聽，不願意聽就隨她的便。圓圓長大後看小時候一些穿著豔俗或衣服亂搭的照片，會吃驚地責怪我說：我當時穿成這樣，你怎麼就好意思把我領出去呢！

圓圓從上中學後，對衣服的選擇已有了很好的判斷力。我們一起逛街時，如果我發現她特別喜歡哪件衣服，而我恰好不喜歡，為了不影響她的選擇，我會找藉口走開，對她說：「你先在這裡看，媽媽到那邊看看有沒有適合我的衣服。」這個時候這樣做，不是出於接納幼稚，而是出於自知之明。第一我不是那個掌握了絕對穿衣秘訣的人，第二衣服好不好看，在某種程度上完全是因人而異的，哪怕是最頂級的服裝設計師，他們對同一款衣服的評價有時也大相逕庭。我不需要事事讓她都按我的意思來，儘管在自我感覺中，我的想法是最好的。

圓圓現在很會穿衣服，很有品味了。如果我在她小時候一次都不允許她買難看的衣服，如果我的審美標準總在戰勝她幼稚的喜好，她可能到現在還沒有這方面的感覺。

但在買衣服這件事上，我也會在另外的層面上犯錯。而我知道這個錯誤，則是在圓圓上大學後。有一次，我們隨便聊天，聊到她初中三年有諸多不快，學校老師有很多問題時，圓圓告訴我，其實我和她爸爸當時的錯誤，除了把她送進這個寄宿學校外，還因為她想把衣服穿得更好些而批評她虛榮，讓她很受傷。她講到當時的一些細節，說著說著，居然哭起來。這讓我大吃一驚。

潛意識中，我也很庸俗地認為中學生不可以愛美，我一直認為中學生穿著舒適大方就行，沒必要買超過需要的衣服，更不必在乎品牌。所以當她上初中後，表現出對穿著的在意，想多買幾件衣服，甚至希望買一些品牌服裝或名牌運動鞋時，我斷然拒絕了。

我一直對虛榮有所警戒，覺得虛榮最坑人，因此當時並沒有細膩地體察孩子的感受，完全站在自我角度上判斷她的要求，把「買名牌」和「愛慕虛榮」等同起來，武斷地認定她這是虛榮的苗頭，一點點也不能要，不但沒買給她，還三番五次地批評她「虛榮」，給她講一通大道理，讓她無話可說。

我清楚地記得圓圓讀初中時，話突然變少了。我一開始只是以為她進入青春期，心理越來越成熟內斂了。後來發現不是這麼回事，感覺孩子內心很苦悶，並且這種苦悶慢慢表現在學習、性情等很多方面，比如成績下降，愛發脾氣等。當時我知道學校方面在一些事情上做得比較差勁，把圓圓的狀態全歸咎於學校。我努力用自己的方式一邊和學校對抗，一邊努力保護著孩子。我的保護當然是有效的，而且初中三年很快就過去了，她讀高中時，遇到的老師大多非常好，所以圓圓的狀態恢復得越來越好。我為圓圓後來的表現而備感欣慰，卻從沒意識到在她灰暗的初中三年，自己也參與了對她的傷害。

圓圓一直是個心地純潔、性情平和的孩子，從小不愛哭，整天笑。而這時，她都上大學了，居然會為初中時的一件「小事」流下眼淚。我的第一反應是驚訝，不肯承認。慢慢冷靜下來，真誠反思，才開始意識到自己當年確實是錯了。

一個開始進入青春期的女孩子，本能地想要穿更好看的衣服，讓自己更漂亮可愛，這是多麼正常的一件事啊。而且她當時上的是一所收費較高的寄宿學校，班裡同學的家境都比較好，不少孩子都穿戴名牌，和同學朝夕相處，怎麼可能沒有一點模仿之心？

退一步說，即使孩子真有些虛榮，我又為什麼不允許她有呢？哪怕我現在成年了，對虛榮多有警惕，其實也不能百分之百袪除虛榮。我自己都做不到的事，為什麼要求我的孩子做到呢？

這件事給我帶來的懊悔，隨著圓圓的成長，隨著我的研究和反思的深入，越來越強烈。真難想像，一個十一、二歲的小孩子，在學校備受一些老師的不公正對待後，又需要用多大的努力來消化我的強權。我為什麼對孩子那麼不信任？為什麼對人性那樣沒有信心？難道多買幾件好衣服，孩子就虛榮了？而我當時對她犯下的錯誤似乎還不止這一件。她剛滿十歲，就被我們愚蠢地抛到這所寄宿學校。學校掛著某優質公立中學分校的金字招牌，卻在很多方面做得既粗暴又勢利，給了孩子很多傷害，我還在她原本灰暗的歲月中雪上加霜……想到她當時的小模樣，想到她小小的心中裝滿的委屈和痛苦，想到她持續好久的沉默和消極，我內心都隱隱作痛，恨不能時光倒流，好去修改曾經的過失。

這樣的時刻，最能安慰我的，居然也是這樣的念頭：我作為母親也可以有缺點，不要企望去做「完美母親」。這個念頭，讓我的懊悔減輕好多。我不想活在懊悔中，最重要的是如何做好當下。

在我寫這篇文章時，圓圓已是二十出頭的大姑娘，性格開朗，氣質出眾，剛從美國一所著名的常春藤盟校碩士畢業，我和她爸爸去參加了她的畢業典禮。上午參加完在中心廣場舉辦的學校畢業典禮後，下午在一間小教堂參加她所在學院的畢業典禮。學院的畢業典禮其中有一個環節，是給一些優秀畢業生頒發獎項。每個上台領獎的學生都會得到熱烈的掌聲，也一定給他們在場的父母帶來無限的欣慰。我一直期待著圓圓會上台領一個什麼獎，但沒有，她像大多數人一樣，領過碩士學位證後就一直在下面坐著。必須承認，我在那一瞬間有些遺憾。但在典禮結束，走出小教堂時，我就意識到自己的問題。

圓圓能來這裡讀書，順利畢業，已經是多麼可貴的一件事。她出國後還學會了自己做飯，把自己的生活安排得很好——這些已經該讓我多麼欣慰多麼自豪了啊，在一個優秀學生會聚的地方，為什麼我還要在乎她是不是得了什麼獎呢？我為自己的貪得無厭而慚愧萬分。事實上，也就是慚愧感出現時，我的幸福感才更加飽滿。

這種對「求完美」越來越清晰的認識和警惕，最大化地消解了我和孩子相處時的負面情緒，我們的相處進入了一個新的、更美好的時期。比如她偶爾耍小脾氣、因貪玩誤了正事等等，我以前會或多或少有不愉快或有所擔憂，現在則完全用正面的情緒看待這些事。並不是說這些缺點是好的，而是覺得，有缺點，這是多麼真實、多麼令人踏實的一種情況，如果她再連這些缺點都沒有，那也許才是令人不安的。放下「求完美」的心態，一切都顯得更加完美。

不求完美不是一種懈怠，而是一種勇氣。人必先征服自己的自卑和虛榮，才有力量面對生命中的種種不完美。不僅在教育上，在一切人與人的相處中，包括和自己的相處，求完美都是一種思維缺陷，凡求完美，必有傷害，接納不完美才是一種完美行為。

接納配偶的不完美，彼此幸福又放鬆；接納朋友的不完美，獲得尊重和真誠；接納自己的不完美，讓自己自信而心理平衡……我們都羨慕一些人的瀟灑，不論遇到什麼，都可以微笑面對，坦然地說一句：沒什麼大不了的……這樣一種瀟灑，不可能憑空產生，它必須有一種生長基礎，那就是從童年時代起，他從成年人那裡學會了正面看待一切事情，他是有容量的，因而他的天地分外寬廣、分外和諧。他的生命可能會有風浪和波折，卻不會出現「漁夫老婆」的失控和潰敗，而始終像一位女王一樣具有主宰的力量，活得優雅、尊貴而幸福。

# 後記

這本書的交稿時間一再延宕，當我終於把全部書稿發給編輯時，有一種跑完馬拉松的感覺，既輕鬆又疲憊。

本書創作歷時五年，對於一本專業書籍的寫作來說，這也許是正常的；但在當下這樣一個快節奏的時代，在出版社的催促下，在很多讀者透過各種管道表達的期盼中，以及我自己的願望裡，本書的寫作顯得耗時太長。

一拖再拖的原因主要是內外兩種。

從外部來說，儘管我對各種誘惑和打擾已做了最大的抵抗，但在這五年中，時間上一直捉襟見肘，經常無法靜下心來投入寫作。

從內部來說，因我的書要面對的讀者十分廣泛，如何把教育學和心理學理論轉化為有趣的文字，把專業知識進行通俗而準確的呈現，並且緊貼現實，這是比較艱難的一件事，是耗時較長的主要原因。

本書的理論程度及理性程度比《好媽媽勝過好老師》更強，但「雅俗共賞」仍是追求的目標，案例寫作仍是秉承的風格。

雅俗共賞是個平易的詞，做起來卻不容易。在讀者那裡越精準流暢的文字，越需要寫作者在背後下功夫。尤其是專業寫作，想把一件簡單的事寫複雜了比較容易，想把一件複雜的事寫簡單了比較難。

在教育領域，雖然現在案例研究的價值還沒有得到學術界的普遍認可，個案寫作尚未得到足夠的重視，我還是在本書中堅持了這種敘事風格。

我一直不喜歡用宏大話語來談教育。宏大話語不一定都是站得高看得遠，其實也常常出於思維的懶惰和粗糙。教育學應該是平易近人的一門學問，教育理論的價值應該體現在對實踐的指導上，而不應該遠離教育生活，更不能高高在上。案例寫作的長處，在於個案既能反映差異化的東西，又具有某種理論內涵。可以說，每個典型案例都是一個理論加實踐的強有力教育範例。

法布爾（Jean-Henri Fabre）是法國昆蟲學家，為了觀察昆蟲，孤身一人在野外生活了四十年，他所著的《昆蟲記》不僅是一部研究昆蟲的科學巨著，也是一部充滿人文情懷、謳歌生命的詩篇。這部著作浩大深遠，卻通俗易懂，吸引了從學者到小朋友不同年齡、不同文化層次的人，形成了最廣泛的閱讀人群。但當時這部作品卻被一些人貶低，認為《昆蟲記》不過是一部簡單的科普作品，算不上科學著作。法布爾為此說了一段話：「一些人指責我的風格，說我不夠嚴肅。不對！我的風格比乾巴巴的教科書好得多。對這些人來說，如果有一頁紙讀起來不那麼令人心智衰竭，他們就害怕，以為那樣就不能闡述真理。要是我也使用他們的辭彙，只會深感頭腦含混不清。」①

學術的歸宿不應該僅僅在書架上，應該在豐富的現實生活中。理論不是飄浮在事實之上的高貴空氣，而是潛藏在事情內部的規則和原理。通俗的表達不等於思想的淺陋，學問的本質應該是樸素、簡單和明瞭。

感謝我的導師朱旭東先生對本書的推薦。繼《好媽媽勝過好老師》之後，朱老師再一次對本書給出中肯的點評。朱老師工作繁忙，但他並不因為了解我的研究和寫作，就輕易發言，而是一篇不落地堅持看完全部書稿，才談他的看法。朱老師對學問的態度及為師的態度令人尊敬。

本書的寫作及出版，得到數位老同學、老朋友不同形式的幫助，感謝張春媚、竇紅梅、郭小利、高穎、郭瑞璋，感謝你們對我的無私幫助。尤其感謝好友王月鵬，你用文字表達的友情賞評，代表了老朋友們對我的支持和肯定，讓我欣慰，也讓我誠惶誠恐。謝謝你們遞上的美酒，請允許我一飲而盡，生命因你們的情誼更顯得迷人。

感謝我的親人，父母、姐姐哥哥們，先生和女兒，此生有你們相伴，與你們血肉相連，我是何等幸運。

感謝作家出版社，感謝所有的讀者，感謝所有幫助過我的人。

願每個孩子都有美好的童年，每個家長都有幸福的笑容。願生活更加美好。

謝謝大家，祝福大家！

①《清澈的理性》，上海教育出版社，2005年1月第1版，240頁。